Regine Zweifel

PARIS IN KLEINEN DOSEN

Über die Autorin

Regine Zweifel bereist Paris seit ihrer Kindheit. Die große Liebe zur „schönsten Stadt der Welt“ wurde der Dolmetscherin von ihren Eltern vorgelebt.

Seit einiger Zeit führt sie Paris-Besucher zu den großen Sehenswürdigkeiten, aber besonders gern zu den verborgenen Schätzen hinter den berühmten Fassaden.

Und sie nimmt sich dabei viel Zeit für die kleinen Geschichten hinter der großen Geschichte von Paris.

www.paris-in-kleinen-dosen.com

Regine Zweifel

PARIS IN KLEINEN DOSEN

Ein Zweitbuch über Paris

1. Auflage Juni 2009

Umschlagkonzept und -foto: Regine Zweifel
Umschlaggestaltung: Anita Hrsak, GHID Informationsdesign
Autorenfoto: Fotostudio Brefort, Krefeld
Satz und Gestaltung: Anita Hrsak, GHID Informationsdesign
Fotos: Regine Zweifel
Druck und Bindung: Stünings Medien GmbH
Printed in Germany: ISBN 978-3-00-028114-3
Übersetzungsrechte: Juni 2009 bei Regine Zweifel

www.paris-in-kleinen-dosen.com

Für meine Mutter et son légionnaire, meinen Vater.
Für meinen Mann und meine Söhne.

Ich danke Anita Hrsak und Christina Schulte, die mit professioneller Disziplin und Inspiration zu diesem Buch beitrugen.

INHALT

Vorwort		9
Allgemeines		12
	Anreise	12
	Taxis	14
	Metro und Bus	15
	Die letzte Metro	17
	Stadtplan	18
	Straßencafés	18
	Restaurants	19
	Eiffelturm	20
	Bevor ich es vergesse...	21
Kapitel		
1	CONCORDE	22
2	RUE ROYALE/MADELEINE	39
3	OPÉRA	50
4	LOUVRE	60
5	PALAIS-ROYAL	81
6	VOM LOUVRE ZU LES HALLES	98
7	CENTRE POMPIDOU	111
8	LE MARAIS	124
9	ÎLE DE LA CITÉ	157
10	ÎLE SAINT-LOUIS	176
11	PASSAGEN (I)	185
12	PASSAGEN (II)	196
13	QUARTIER LATIN	220
14	PONT-NEUF	239
15	BASTILLE	254
16	GRANDS BOULEVARDS	269
17	MONTMARTRE	290
Stichwortregister		316

Viele Regeln der deutschen Rechtschreibung sind der Autorin bekannt.

VORWORT

Dieses Buch gilt in Verbindung mit allen anderen Reiseführern über Paris, den Erstbüchern. Und ohne sie. Es macht das unsichtbare Paris sichtbar und das sichtbare Paris deutlicher. Es ergänzt die Fakten, Abmessungen und Geschichtsdaten der zu Recht geschätzten Erstbücher in grün, rot oder bunt. Es erzählt die kleinen Geschichten hinter der großen Geschichte der Stadt. (Natürlich werde auch ich mir ein paar Zahlen nicht verkneifen können und Sie mit einigen Eckdaten versorgen. Aber nicht so oft.)

Viele der kleinen Sensationen, von denen die Rede sein wird, liegen ganz in der Nähe der berühmten Pariser Drei-Sterne-Sehenswürdigkeiten und bleiben vielen Besuchern trotzdem verborgen. Dabei sind sie unbedingt zu empfehlen, wenn man sich mit ein paar Feinheiten dieser aufregenden Metropole vertraut machen möchte. Wer träumt nicht von diesen kleinen Ecken, die uns auf Fotos oft begegnen, aber scheinbar unauffindbar sind? Hier finden Sie sie – mit Adresse!

Auf der Place de la Concorde, dem Pont Neuf, im und um den Louvre, vor dem Centre Pompidou und an vielen anderen Orten werden Sie viele kuriose Kleinigkeiten erfahren, die sich hinter den Fassaden verstecken. Nicht die gängigen Informationen, sondern das, was ihr freundlicher Pariser Stadtführer vielleicht nach der Stadtbesichtigung bei einem Gläschen Wein erzählt, wenn er noch Zeit hat.

Ereignisse aus der Vergangenheit werden aufleben, deren Spuren heute noch immer gut zu erkennen sind, wenn man weiß, wo man suchen muss.

Sie werden erfahren, warum Karl der Große auf seinem Sockel direkt neben Notre-Dame so grantig guckt. Wo König Heinrich III.

sich die Augen aus dem Kopf heulte und um wen. Warum Héloïse die ideale Gefährtin für den Macho Abélard und obendrein eine blöde Kuh war. Warum die letzten Worte Ludwigs XVI. auf dem Schafott fast ungehört blieben. Was selbst Heinrich IV. nicht aus dem Ärmel schütteln kann. Warum der Louvre zu klein ist. Warum Notre-Dame asymmetrisch geplant und ausgeführt wurde und warum das kaum auffällt.

Einige Kapitel bieten Ihnen Spaziergänge durch die unbekannten Viertel, manche keinen Steinwurf entfernt von den viel besuchten Stars der Stadt. In Passagen und Hinterhöfe, in schmale Durchgänge, zu ganz kleinen Parks. Zu Bäckern, Metzgern, Buchbindern und Möbelschreinern. Und zu einem friedlichen Museum für Hohlköpfe.

Wählen Sie, wo Sie sich ausruhen möchten: im Schatten der Guillotine, im Yachthafen, in einem Kino-Wintergarten, unter einem Viadukt, in einem früheren Freudenhaus, am Wasser, oder in den Tuileriengärten.

Nicht jeder braucht einen Stuhl: Tuileriengärten.

Gute Schuhe sind keine Voraussetzung. Allerdings wird abseits der großen Boulevards nicht ganz so häufig gekehrt ...

ALLGEMEINES

Anreise

Die Rubrik „Anreise“ entfällt, denn ich bin sicher, dass Sie das allein schaffen, auch ohne dass hier sämtliche Anreisevarianten mit ungefähren Preisen aufgeführt werden! Lassen Sie sich vom Reisebüro Ihres Vertrauens unterstützen, fahren Sie Zug oder fliegen Sie. Der Zug bietet den Vorteil, dass Sie mitten in der Stadt „landen“. Die Flughäfen sind ca. 10 km (Orly) und 25 km (Charles-de-Gaulle) vom Zentrum entfernt. Taxi ist teuer, von beiden Flughäfen gelangt man allerdings auch kostengünstig per Bus in die Stadt. Sie können Paris sogar per Schiff, über Frankreichs gutes Kanalnetz erreichen.

Sollten Sie allerdings mit dem Auto nach Paris fahren, dann bedenken Sie bitte, dass das Innenstadtgebiet keine (suchen Sie nicht, es ist zwecklos!) kostenlosen Parkplätze bietet. Tankstellen sind dünn gesät und schwer zu finden. Im Pariser Innenstadtbereich sind sie so klein, dass man sie kaum erkennt – kaum mehr als zwei Tanksäulen auf dem Bürgersteig. (Irgendwie wohltuend: keine Tempel für die heilige Kuh, sondern karge Futterstellen mitten im Nirgendwo.)

Bedenken Sie bitte ferner, dass Franzosen im Allgemeinen und Pariser im Besonderen Vorfahrtsregeln und Fahrbahneinteilungen weder zu ihren noch zu Ihren Gunsten auslegen. Sie beachten sie halt nur, wo es ihnen sinnvoll und angebracht erscheint. Und das ist auch gut so!

Selbst wenn Sie der Meinung sind, Sie seien im Recht und bräuchten jetzt dringend eine neue Stoßstange, um die alte mit dem frischen centstückgroßen Kratzer zu ersetzen, steigen Sie auf Pariser Straßen nur aus diesem Grund nicht aus!

Denn dazu müssen Sie stehen bleiben. Und dann würden Sie es erleben, dieses Gefühl, dass Ludwig XVI. beim Anblick der Guillotine beschlichen haben muss. Machen Sie sich keine Feinde, taufen Sie den Kratzer auf den Namen „mein Pariser Souvenir“ und fahren Sie einfach weiter. So etwas nennt man in dieser Stadt nonchalant. Oder fahren Sie Metro und Bus. Das nennt man verkehrsberuhigend.

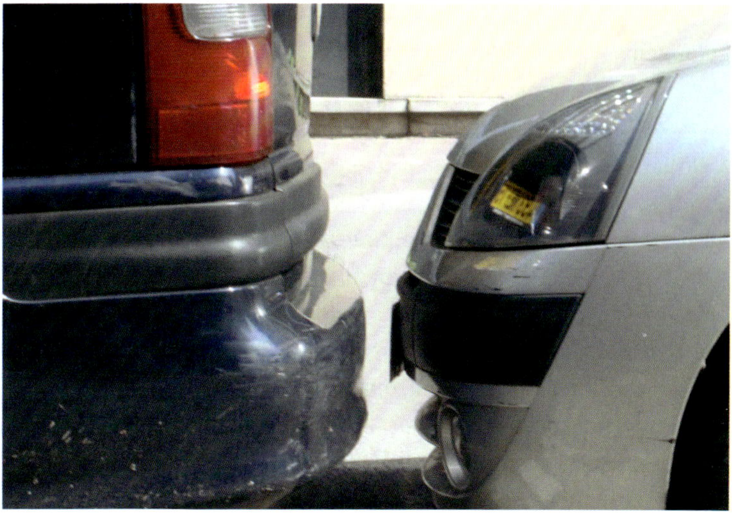

Auf ebenen Pariser Straßen werden Autos verschoben. Ziehen Sie nicht die Handbremse an.

Sollten Sie trotz allem nicht auf Ihr Auto verzichten wollen: Die meisten Parkhäuser in Paris gehören zu "Vinci Parc"*. Auf der entsprechenden Homepage im Internet finden Sie bestimmt eins in der Nähe Ihres Hotels. Im Innenstadtbereich kostet das Vergnügen um 30 Euro für 24 Stunden. Die genauen Preise sind ebenfalls auf der Homepage aufgeführt.

Auf der Autobahn aus Norden kommend können Sie an der Ausfahrt "Saint-Denis Centre" die Autobahn verlassen, Richtung "Centre" oder "Basilique" folgen und dann ins Parkhaus „Basilique" einbiegen. Das kostet nämlich nur aktuelle acht Euro für 24 Stunden, sonntags noch weniger. Direkt neben dem Ausgang des Parkhauses liegt die Metro-Station „Saint-Denis Basilique", die Sie ohne Stau direkt in die Stadt bringt. Wenn Sie wieder nach Hause fahren, folgen Sie A1 Paris, auch wenn das erstmal nicht Ihre

*www.vinciparc.com

Richtung ist. Irgendwann kommt dann auch Ihre Richtung: „Lille"... wenn Sie Richtung Aachen fahren wollen. Ansonsten fahren Sie Richtung Paris und auf den Boulevard Périphérique, von dem aus Sie mit ein bisschen Geduld in jede gewünschte Himmelsrichtung gelangen.

Taxis

Taxifahren am Tag ist ein Abenteuer, das morgens bis 11 Uhr und dann wieder von 16 bis 20 Uhr vor allem Stehvermögen voraussetzt, bis man eine der 1800 Pariser Fuhrkutschen erwischt. Ihre Anzahl ist seit den 20er Jahren unverändert, die Taxilizenz wird innerhalb der Familie vererbt, oder muss zu einem so hohen Preis erkauft werden, dass dem glücklichen Erwerber nichts anderes übrig bleibt, als bis zu seinem Lebensende Taxi zu fahren, um die Raten abzustottern. Zurzeit wird auf Geheiß von Herrn Sarkozy geprüft, ob sich die Zahl der Taxilizenzen nicht aufstocken lässt.

Wenn Sie eine der heiß umkämpften Droschken erwischt haben, ist es am Fahrer, „Stehvermögen“ zu beweisen: Die Staus in Paris sind immer noch das, was sie mal waren! Viel Vergnügen! Falls Sie während des Staus unterhalten werden möchten, lassen Sie ein leises „Sarkozy“ ins Gespräch einfließen. Das sollte für einen anregenden Tobsuchtsanfall seitens eines alteingesessenen Chauffeurs mit sozialistischer Gesinnung reichen.

Hier zur Abrundung des Taxiplaisirs die aktuellen Preise: auf dem Taximeter erscheint neben dem Preis der Buchstabe A, B oder C. Tarif A gilt von 6.00 Uhr bis 20.00 Uhr in der Pariser Innenstadt (intra-muros) bzw. auf dem Boulevard Périphérique, Tarif B während der Nachtstunden bis morgens 6.00 Uhr. Falls Sie die Innenstadt verlassen, wechselt der Fahrer unter Tags in Tarif B, bzw. in Tarif C während der Nachtstunden. Außerhalb des Boulevard Périphérique gilt immer Tarif C.

Für Gepäckstücke, die im Kofferraum verstaut werden müssen, wird ein Aufpreis erhoben. Wenn Sie an einem der Pariser Flughäfen einsteigen, wird für alle Gepäckstücke ein Aufpreis erhoben. Versuchen Sie nicht, ein Taxi zu rufen, wenn Sie sich in weniger als 100 Metern Abstand zu einem Bahnhof befinden: Taxifahrer dürfen ihre Fahrgäste dort nur an den Taxiständen aufnehmen, und das auch nur in Pole-Position. Sie haben also die Wahl: Entfernen Sie sich weit genug vom Bahnhof oder gehen Sie bis zum Taxistand.

Metro und Bus

An den Stationen kaufen Sie Einzelfahrscheine oder ein Carnet (zehn Tickets) am Schalter oder an den Automaten, an denen Sie bar oder mit Kreditkarte zahlen können. Die Anleitung dafür gibt es am Automaten sogar auf Deutsch, was Sie am Schalter in den wenigsten Fällen erwarten können.

Ein Tagesfahrschein für unbegrenztes Fahren („Mobilis“) kostet zur Zeit 5,80 Euro, für die Innenstadt, Zone 1-2. Die Tarifzonen sind am Automaten genau aufgeführt. Sie können auch einen „Pass Navigo“ erwerben, der immer wieder geladen werden kann. Der Pass kostet einmalig fünf Euro und man muss mindestens eine Woche für 16 Euro draufbuchen lassen. Er ist sehr praktisch und sieht an den Zugangssperren viel lässiger aus, als das umständliche Gefummel mit den Einzelfahrscheinen. Gilt im gesamten Metro-Netz und in den Bussen im Innenstadtbereich.

Erkunden Sie auf dem Stadtplan die Ihrem Ziel nächstgelegene Metro-Station, stellen Sie fest, welche Linie dorthin fährt. Verfolgen Sie dann die Metro-Linie Ihrer Wahl auf dem Metro-Plan, der in und vor allen Stationen aushängt, bis zur Endstation der Richtung, für die Sie sich entschieden haben. Beim Zugang zum Quai hängt zur Sicherheit noch einmal ein Schild, auf dem alle Stationen aufgeführt sind, die in dieser Richtung angefahren werden. Ist Ihre Station nicht dabei, haben Sie entweder die falsche Richtung oder die falsche Metro-Linie erwischt. Schauen Sie halt noch einmal in Ruhe nach. Sind Sie an der gewünschten Station angekommen, konsultieren Sie den „Plan du Quartier“, damit Sie den richtigen Ausgang erwischen. Dadurch ersparen Sie sich überflüssige unterirdische Kilometer und gelangen auf direktem Weg an Ihr oberirdisches Ziel.

Vermeiden Sie, wo es möglich ist, das Gewirr der riesigen Stationen an den Bahnhöfen, sowie die Stationen „Châtelet“ und „Les Halles“. – In der Station „Abbesses“ gibt es einen Aufzug. Natürlich auch in anderen, tief gelegenen Metro-Haltestellen, aber da es zu den Gleisen 30 Meter tief hinab geht, ist der Aufzug hier ganz besonders wertvoll. Sie sparen 112 Stufen.

Die Metro-Linie Nr. 1 erfreut sich der größten Beliebtheit, bei Paris-Besuchern und Taschendieben gleichermaßen. Geld, Kreditkarte und Metro-Tickets am besten „am Mann“, in der Hosentasche tragen. Schmuck: Werden Sie misstrauisch, wenn Unbekannte Ihnen die Hand schütteln wollen bzw. Sie grundlos berühren, vor allem am Handgelenk. Beliebt ist auch der Trick, sich an Opfer „ranzumachen“, indem man vorgibt, einen vermeintlich wertvollen Goldring o.ä. zurückgeben zu wollen, der vorher wie aus dem Nichts vor Ihnen auf dem Trottoir auftauchte.

Falls Sie sich die endlosen und letztlich ermüdenden Metro-Treppen sparen möchten, fahren Sie Bus. Procedere und Tickets für die Metro gelten analog. Tickets gibt es in den Metro-Stationen, in den Bussen werden keine Tickets verkauft! Die Nummern der Buslinien sind auf den Dächern der Wartehäuschen angebracht. An der Rückwand finden Sie die Linienpläne. Die meisten der „abribus“ sind auch mit Anzeigen für die Wartezeit ausgestattet.

Die letzte Metro

Die letzte Metro fährt gegen halb eins in der Nacht. Um ein Uhr werden die meisten Stationen geschlossen.

Nachteulen haben für den Preis eines Metro-Tickets (Tagestickets gelten nur bis Mitternacht!) die Möglichkeit, mit den innerstädtischen Nachtbussen, den „Noctiliens“ No1 und No2, ihre Unterbringung zu erreichen. Die Nachtbusse verkehren von kurz nach Mitternacht bis ca. 5.30 Uhr auf den Boulevards rund um die Innenstadt. Die genauen Routen finden Sie an den entsprechenden Wartehäuschen. (Und im „Petit Parisien“, dessen Erwerb Ihnen an dieser Stelle wärmstens ans Herz gelegt sei.)

Stadtplan

Gratis-Stadtpläne liegen in allen Hotels aus und sind nicht das Papier wert, auf dem sie gedruckt sind. Sie führen zwar direkt in ein bestimmtes Kaufhaus, viele Gassen, kleine Parks, Museen oder Passagen werden aber gar nicht erst berücksichtigt. Und daher verläuft man sich mithilfe dieser Zettel gerne mal. Metro-Stationen sind mit Zahlen aufgeführt, deren Entsprechung man umständlich auf der Rückseite des „Plans“ nachschauen muss.

An jedem Zeitungskiosk verkauft man Ihnen für ca. 10 Euro „Le Petit Parisien“. Der ist genau. Die Version „Trois plans par arrondissement“ führt alle Wochenmärkte und Museen des jeweiligen Arrondissements an und weitere Einzelheiten auf. Außerdem – in den „trois plans par arrondissement“ – stehen Metro- und Buslinien auf je einer separaten Seite. Und natürlich alle Straßen, alle Parks, alle Passagen und alle Hinterhöfe. Falls „Le Petit Parisien“ gerade nicht auf Lager ist, verlangen Sie „L’indispensable“ (Ausgabe „Paris 20 Arrondissements“, „Edition Police Nationale“).

Straßencafés

Den schönsten Blick auf das Pariser Leben bieten nach wie vor die Café-Terrassen. Die Aufpreise an den Außentischen bewegen sich zwischen angemessen und happig. Da wünscht man sich manchmal direkt die mit Gesundheitsschuhen bewehrte, resolute germanische

Kellnerin aus der Kindheit zurück, die beim Eisessen mit der Oma immer wieder ihr „Draußen nur Kännchen!“ über die Terrasse trompetete, denn für Kännchen – draußen – erschienen die Pariser Café-Terrassen-Preise höchstwahrscheinlich nicht so enorm.

Die Preise staffeln sich wie folgt: Konsum an der Theke: Normalpreis, Konsum am Tisch (innen): erster Aufschlag, Konsum am Tisch (draußen): zweiter Aufschlag.

Apéritif im „Grand Bleu“ am Yachthafen (Kapitel „Bastille“)

Restaurants

„Wait to be seated“ gilt auch in den kleinsten Bistros. Sie werden an einen freien Tisch oder zu einem kleinen Wartebereich begleitet. Die meisten Pariser Kellner sind versiert, aber nicht sehr geduldig. Das hat nichts mit Ihnen zu tun. Man ist nicht unhöflich, man ist in Eile. Nehmen Sie es dem „Monsieur“ („garçon“ ist passé) nicht übel, wenn er Sie zwischendurch verlässt, da Sie sich für die Wahl Ihres Essens Zeit nehmen. Die Zwischenzeit wird für andere Gäste genutzt und dann wird er sich wieder Ihnen zuwenden.

Während des Essens werden Sie nicht gefragt, ob alles Ihren Wünschen entspricht. Man möchte einfach, tout simple et tout court, dass Sie Ihr Essen in Ruhe genießen. Alles andere wäre unhöflich.

Günstiges Mineralwasser heißt in Paris „Bâdoit“. Noch günstiger, sprich: gratis, ist eine „carafe d'eau“. Das ist Leitungswasser.

Ihre Rechnung ist "service compris", das heißt, dass das Trinkgeld bereits abgegolten ist. Natürlich können Sie umsichtigen Service belohnen, verpflichtet sind Sie dazu nicht.

Eiffelturm

Am Tag kann er sich trotz seiner eindrucksvollen Größe bequem hinter den vielen hohen Fassaden der Stadt verstecken. Nachts findet man ihn immer, denn dann wandert sein Lichtstrahl, wie von einem überdimensionierten Leuchtturm aus, über die Stadt. Und bei Dunkelheit funkelt er zu jeder vollen Stunde. Er ist vom 1. Januar bis zum 12. Juni, sowie vom 1. September bis zum 31. Dezember von 9 Uhr 30 bis 23 Uhr geöffnet, vom 13. Juni bis 31. August, am Osterwochenende und während der französischen Frühjahrsferien von 9 Uhr bis Mitternacht. Die letzte Auffahrt jeweils eine Viertelstunde vorher.

Er kostet eine Menge Zeit, in Spitzenzeiten bis zu fünf Stunden. Unten steht man für Tickets an, danach geht es fast ohne Anstehen und darob erleichtert mit dem ersten Aufzug hoch auf die zweite Plattform, dann mit dem zweiten Aufzug hoch auf die dritte Plattform. (Zwischendurch anstehen.) Wenn es voll ist, steht man oben ein bisschen an, um auf die Freiluftplattform zu gelangen, dann wird man von der Masse einmal rundum getragen, schließlich stellt man sich ganz oben wieder zum Runterfahren an, dann auf der zweiten Plattform noch einmal, wenn man den Aufzug wieder wechselt. Einen Blick auf die aktuelle Warteschlange vor den Kassenhäuschen gibt es im Internet.*

 *www.paris-live.com

Natürlich gehört ein Besuch dieses berühmtesten aller Pariser Bauwerke irgendwie dazu. Andererseits investiert man eine Menge Zeit, die man auch auf andere Sehenswürdigkeiten verwenden könnte, oder auf ein gutes Essen.

Die Aussichtsplattform auf der Tour Montparnasse erreichen Sie ohne großes Schlangestehen. Der Eintrittspreis ist niedriger, die Aussicht ist besser. Die Aussichtsplattform nimmt die ganze oberste Etage ein. Überall erklären große Tafeln das Panorama. Den besten Blick bietet die offene Dachterrasse, die jedem Thriller als Kulisse zur Ehre gereichen würde.*

Bevor ich es vergesse:

Ich übernehme keine Gewähr oder Haftung für die Angaben in diesem Buch, insbesondere für Preise, Öffnungszeiten, Hausnummern oder Jahreszahlen, römisch oder arabisch. Auch nicht für die Qualität der Küche oder die Tagesstimmung des Service in den angegebenen Restaurants, Bistros, Brasserien.

*www.tourmontparnasse56.com

1. CONCORDE

Ein extra lauter Tusch für den König, wunderschöne Pferdeburschen, ein serviceorientierter Henker, ein vergessener Mobilmachungsbefehl, „Sex and the City", Guillotine ohne festen Wohnsitz.

Metro: CONCORDE, Ausgang: CONCORDE/MUSÉE DU JEU DE PAUME

Vor Ihnen liegt die Place de la Concorde, 80.000 Quadratmeter Paris, mehr als 11 Fußballfelder. (Zum Vergleich: der Petersplatz in Rom misst insgesamt 35.300 Quadratmeter.) Am besten gehen Sie in die Mitte, zum Obelisken. Der ist übrigens keineswegs geklaut oder Raubkunst, sondern ein Geschenk des ägyptischen Vize-Königs Mehmed Ali an den französischen König Karl X., damit dieser ihm militärisch unter die Arme griff. Der Stein stammt aus Luxor, wo immer noch sein Zwilling steht, ist fast dreieinhalbtausend Jahre alt und wiegt beachtliche 220.000 Kilo. (Wie wiegt man eigentlich einen Obelisken?) Die Darstellungen auf dem Sockel beschreiben den Weg des Riesensteins nach Paris, samt Aufbau.

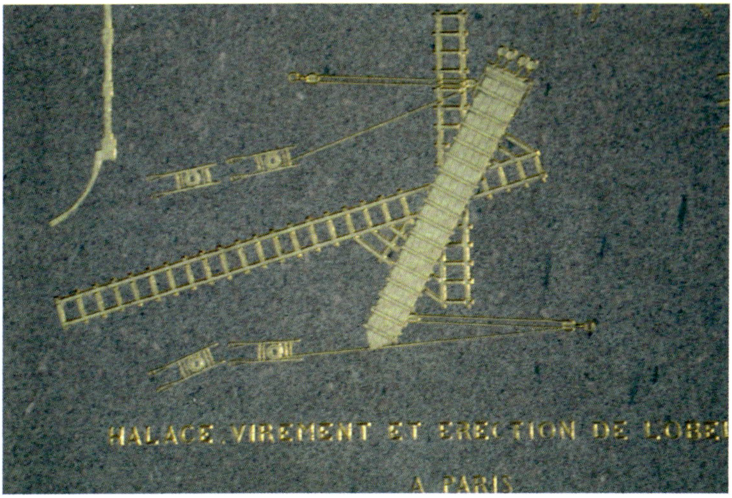

Obelisk-Aufbau – leicht gemacht!

Zwischen den wohl proportionierten Pferden von Marly mit ihren ebenso wohl proportionierten Pferdeburschen blicken Sie die Champs-Elysées hinauf bis zum Triumphbogen. 1130 Meter bei einer Breite von 70 Metern. Der Kurfürstendamm ist mehr als dreimal so lang (!), aber nur 53 Meter breit, 150 Jahre jünger und – wenn ich das so sagen darf – nicht von durchgängiger Pracht. Die Königsallee in Düsseldorf? Kürzer, aber 15 Meter breiter, wurde sie auf Befehl des Avenue-Kenners Napoleon angelegt.

Die Pracht der Avenue des Champs-Elysées ist allein aufgrund ihrer Größe erhalten geblieben, denn rechts und links ihrer breiten Trottoirs gibt es mittlerweile fast ausschließlich das, was man auch in London, Sydney oder Osaka findet. Globales Franchising.

An Nummer 25 immerhin das letzte der ehemals vielen Stadtpalais entlang der Champs: Es gehörte der Kurtisane

„La Païva“, die sich wacker hochgeschlafen hatte, bis sie in dritter Ehe Herrn Guido Henckel von Donnersmarck heiratete (wahrscheinlich haben Sie schon von Henckel von Donnersmarcks Florian gehört, Oscar-Gewinner 2007 - „Bester ausländischer Film“ - und über tausend Ecken ein entfernter Verwandter des braven Guido), der ihr in großer Liebe dieses Schlösschen bauen ließ.

Genauer gesagt: Sie ließ es bauen und ihn bezahlen. Wozu war man Kurtisane? Der gute Mann war ihr komplett verfallen, dieser geborenen Therese Lachmann, einer Webertochter aus dem Moskauer Ghetto, elf Jahre älter als er.

Er war siebenunddreißig und sie zweiundfünfzig und es war Sommer. Die Ehe währte, bis diese letzte große Kokotte des Zweiten Kaiserreichs im Jahr 1884 starb. Man ging selbstverständlich davon aus, dass sie nach ihrem Hinscheiden bestattet worden war und wie selbstverständlich zur Tagesordnung über. Am Wann und Wo der Beisetzung bestand geringes Interesse. „La Païva“

Der Aufstieg der Therese Lachmann

geriet fast augenblicklich fast überall in Vergessenheit.

Guido hatte sich unterdessen was Frisches geholt. 30 Jahre jünger als er und sehr neugierig sprang die Neue munter über die Flure des Donnersmarckschen Anwesens Neudeck und nichts war vor ihr sicher. Auch nicht diese ewig verschlossene Tür, hinter der sie – in einem großen Gefäß und in Alkohol eingelegt - ihre Vorgängerin fand. Die junge Donnersmarck war damit von ihrer Neugier kuriert und ihr Gatte scheinbar von seiner Besessenheit, denn er ließ „la Païva“ nun endlich begraben.

Zur Besichtigung des Païva-Palais finden sich die Interessierten sonntags gegen 9.30 Uhr vor dem Portal der Nummer 25 ein. (Vielleicht auch ein wenig später, aber niemals früher.) Im Innern erwartet Sie erlesener Kurtisanen-Geschmack an Halbwelt-Brimborium. Die Brüder Goncourt bemerken in ihren „Tagebüchern“*: „Man spürt die Kälte auf diesen prächtigen, mit Kristall überladenen, von der Feuersbrunst der Lüster erhellten Tisch herabsinken, die schreckliche Kälte, wie sie bezeichnend für die Häuser von Dirnen ist, die die Dame von Welt spielen. (...) In all dem Reichtum nichts, was künstlerisch wäre, bis auf den Plafond von Baudry.“

Auf Ihrem Weg zu Nummer 25, Champs-Elysées, kommen Sie zuerst am Petit Palais und dann am Grand Palais vorbei, beide zur Weltausstellung von 1900 erbaut. Viel (Guss-) Eisen, viel Glas, beide Gebäude unbedingt sehenswert, ganz unabhängig von der aktuellen Ausstellung.

Der Eintritt in die ständige Ausstellung des „Petit Palais“, direkt gegenüber, ist frei. Zum Ausruhen empfiehlt sich der schöne Garten im Innenhof mit kleinem Restaurant, oder das „Mini-Palais“ im Gebäude des Grand-Palais.

Auf der anderen Seite der Champs, Nr. 68, ein Relikt aus glanzvollen Tagen: Guerlain. Hier wehrt man sich seit langem standhaft und erfolgreich gegen die Plastifizierung der alten Prachtstraße.

*Edmond und Jules de Goncourt: Tagebücher, Insel-Verlag, Frankfurt 1996

Grand Palais

Très chic, le „Mini-Palais“!

Champs-Elysées, wie es sich gehört: Guerlain!

Hinter der eleganten Fassade erwartet Sie – so das Haus Guerlain auf seiner Homepage „ein verwunschener Ort, geschaffen für die Kunst des Parfums, für die Schönheit, das Wohlbefinden und die ‚art de vivre'". So viel Schönheit hat auch ihren Preis...

Zurück auf die Place de la Concorde. Auf dieser historisch schwer belasteten Verkehrsinsel stehen Sie mitten auf der „axe historique", der längsten Sichtachse der Welt – immerhin sieben Kilometer vom Louvre bis zur Grand' Arche im neuen Viertel La Défense. (Das Sie auf keinen Fall verpassen sollten, wenn Sie zu den Liebhabern windiger, seelenloser Viertel zählen.)

Vor dem Obelisk, Blickrichtung Arc de Triomphe, ist eine Bronzeplatte ins Pflaster eingelassen, die besagt, dass hier genau die Guillotine gestanden haben soll, als es der Königsfamilie an den Kragen ging. Eine andere Theorie besagt, sie habe an der Stelle der Statue mit Blick auf die Champs-Elysées ganz rechts, deren Sockel als Eingang zum „Parking Concorde" fungiert, gestanden.

Ihre ersten Schnitte tat „Madame Guillotine" vor dem Rathaus auf der Place de Grève – unter dem lauten Protest der zahlreichen Schaulustigen, denen das neue, humanere Verfahren viel zu schnell abging.

Im Oktober 1792 fiel das Fallbeil erstmals auf der Place de la Révolution – vormals Place Louis XV., später Place de la Concorde – und machte einige Kronjuwelen-Räuber einen Kopf kürzer. Nachdem im November der letzte Räuberkopf gefallen war, wurde alles wieder abgebaut, nur um bereits zwei Monate später wieder aufgebaut zu werden.

Dieses Mal musste ein König dran glauben. Der arme Ludwig XVI., der so viel lieber – und besser – Schlosser gewesen wäre. Seine letzten Worte sollen gewesen sein: „Ich sterbe unschuldig der Verbrechen, die man mir anlastet, ich verzeihe den Urhebern meines Todes, und ich bitte Gott, dass das Blut, das nach meinem Tod fließen wird, nie auf Frankreich zurückfällt."

„Schwert der Gerechtigkeit“! (Musée Carnavalet)

Den schönen Blick auf den imposanten Platz von seinem erhöhten Platz aus hat er garantiert nicht wahrgenommen.

Der König hatte am Morgen der Hinrichtung seinem treuen Kammerdiener sein Testament übergeben, weil die anwesenden Revolutionäre sich geweigert hatten, den königlichen Letzten Willen entgegenzunehmen. Erst nach langer Suche wurde das Original im Mai 2009 von einem französischen Sammler in Amerika aufgespürt und für viel Geld in die postrevolutionäre Heimat geholt.

Die letzten gesprochenen Worte von „Louis Capet“, wie er auf Revolutionsbefehl nach seinen Kapetinger-Vorfahren genannt werden musste, haben nur der Henker, Pseudonym „Monsieur de Paris“, und der königliche Beichtvater gehört, denn der Trommelwirbel des Exekutionskommandos war auf laut gestellt. Auf extra laut, damit weder die Schaulustigen noch die zwanzigtausend aufmarschierten Soldaten in letzter Sekunde wegen der letzten, aufwühlenden Worte des Königs ihre Liebe zur Monarchie wieder entdeckten und einen Aufstand anzettelten, um dem König den Hals zu retten. Das Kommando wurde von einem nachtragenden Halbonkel des unglücklichen sechzehnten Ludwigs, einem unehelichen Sohn Ludwigs XV. angeführt. Schnitt. Abbau der Guillotine. Nach neuerlichem Aufbau im Mai 1793 ließ man das „Rasoir national" der Einfachheit halber stehen. Es gab viel zu tun.

Für brave Revolutionskinder: die Spielzeugguillotine (Musée Carnavalet)

In Auftrag gegeben wurde die Guillotine von „Monsieur de Paris" persönlich, der mit bürgerlichem Namen Charles Henri Sanson hieß und dem es schwer zu schaffen machte, dass Enthauptungen mit dem Schwert sich sehr in die Länge ziehen konnten.

Er ging davon aus, dass das Gehacke nicht nur für ihn als Henker eine Qual war. Qual vielleicht, Ehre bestimmt, denn Enthauptungen mit dem Schwert waren dem Adel vorbehalten, für das einfache Volk gab es den Strick. Dieser finale Klassenunterschied ging nach dem Ausbruch der Revolution natürlich gar nicht, und so wurde die Guillotine per Gesetz ab 1792 zum einzigen offiziellen Hinrichtungswerkzeug, by appointment of revolution. Das lukrative Henkergewerbe wurde fast 160 Jahre lang innerhalb der Familie Sanson vererbt, bis der spielsüchtige Henri-Clément Sanson die Familien-Guillotine verpfänden musste.

Über 1100 Mal fiel das Beil bis April 1794 auf diesem Platz, dann zog die Guillotine um auf die Place de la Bastille, wo sich die Anwohner allerdings so vehement über das Gejohle während der Hinrichtungen beklagten, dass sie nach nur drei Tagen, oder 73 Köpfen, auf die Place de la Nation gestellt wurde (1306 Köpfe), damals freilich „Platz zum gestürzten Thron".

Am 27. Juli 1794 (9. Thermidor des Jahres 3 nach Revolutionskalender) und im Mai (Prairial) des Jahres 1795 (4) noch mal je ein Auftritt auf der „Place de la Révolution", inzwischen wieder „Place de la Concorde". In den darauf folgenden Jahren gehörte es bei Gemeinden ab einer gewissen Größe zum guten Ton, über eine eigene Guillotine zu verfügen. In Spitzenzeiten standen in Frankreich 50 Guillotinen zur Verfügung und so fielen die Köpfe mal hier, mal da und natürlich wie gehabt zunächst immer in den bereit gestellten Korb.

In Paris tötete man Delinquenten à la Guillotin von 1840 bis 1899 in der Straße vor dem Tor des Gefängnisses „La Roquette".

Die Verstärkungen im Straßenpflaster, dort, wo die Maschine aufgestellt wurde, sind heute noch gut zu erkennen*. Ab 1909 fanden die Exekutionen neben dem Gefängnis „La Santé" statt, Rue de la Santé Ecke Boulevard Arago. 1939 die letzte öffentliche Hinrichtung. Bis dahin war es gang und gäbe, nach einer durchzechten Nacht, in Frack und Abendkleid der Guillotine im Morgengrauen bei der Arbeit zuzusehen.

* Rue Croix-Faubin, Metro: Voltaire

Von 1939 bis 1972 (ja, bis 1972!!) werden die Exekutionen im „Ehrenhof“ der Santé vorgenommen. Bis 1978 wartete die Guillotine tatenlos auf ihren nächsten Einsatz. Danach zog „die Witwe“ ein letztes Mal in ein anderes Gefängnis um. Dort wurden ihre Dienste aber nicht mehr gebraucht.

Die letzte Enthauptung in Frankreich wurde 1977 in Marseille vorgenommen. Der letzte französische Henker, Fernand Meyssonnier, ist am 8. August 2008 gestorben, nicht ohne der Nachwelt im südfranzösischen Fontaine de Vaucluse das „Musée historique de la Justice et des Châtiments“, ein pittoreskes Museum für Folterwerkzeuge und Hinrichtungsinstrumente, zu hinterlassen.

Weg von der Bronzeplatte, im Halbkreis um den Obelisken herum. Vor Ihnen bieten die Tuileriengärten über ihre breite Mittelallee freie Sicht auf den Louvre. Von 1564 bis 1871 war dieser Ausblick durch das Tuilerien-Schloss versperrt.

Dieses Schloss wurde von Katharina von Medici angelegt und von ihrem Schwiegersohn, Heinrich IV., vollendet. Die Revolution hielt hier Ludwig XVI. und seine Familie gefangen. Später ließ Napoleon I. alles entfernen, was an die Bourbonen erinnern konnte und richtete sich im Schloss häuslich ein. Noch später ließ Ludwig XVIII. alles entfernen, was an Napoleon erinnern konnte und richtete sich im Schloss häuslich ein. In diesem Zusammenhang werden wir noch einmal auf die deutsche Hauptstadt zu sprechen kommen, allerdings viel weiter unten.

Als mit Ludwig XVIII. nach dem Kaiser die alte Bourbonenherrschaft wieder eingesetzt wurde, daher „Restaurationszeit“, beeilten sich die Hofdamen, Napoleons omnipräsentes Wappentier mit Bourbonenlilien zu verdecken und bei Napoleons Kurzrückkunft die königlichen Blumen wieder durch die kaiserlichen Bienen zu ersetzen. Nach Napoleons endgültigem Abgang kehrte Ludwig XVIII. zurück und mit ihm die Lilien... Stürmische Zeiten für alle, die ihr Mäntelchen nach dem Wind drehten.

Ludwig XVIII. war der jüngere Bruder des sechzehnten Ludwigs, ein Großer unter den kleinen Wendehälsen, der sich bei Beginn der Revolution schwupps! aus dem Staub gemacht hatte und solange im Exil geblieben war, bis man in Frankreich wieder ungestraft Bourbone und König sein durfte, was er dann auch wurde. König natürlich, Bourbone war er ja schon. Seine Regentschaft wurde unterbrochen, als Napoleon flüchtig von Elba zurückkam, seinem ersten Exil. Das „Kaiser-Intermezzo" erledigte sich nach genau einhundert Tagen mit der Schlacht bei Waterloo. Also deswegen Berlin? Weil Waterloo-Sieger, Napoleon-Bezwinger, Paris-Einnehmer und „Ich-wollte-es-wäre-Nacht-oder-die-Preußen-kämen"-Blücher Ehrenbürger von Berlin war? Moment noch, bitte.

Ludwig XVIII. war der einzige Monarch, der im Tuilerien-Schloss sein Lebenslicht aushauchte. Ihm folgte sein Bruder Karl X., zunächst gefeiert, aber zunehmend reaktionär. Als er immer sturer versuchte, seinen Traum von den großen monarchistischen Zeiten vor der Revolution in die Tat umzusetzen, wurde er abgesetzt. (Da hatte er sich vorsichtshalber schon aus dem Tuilerien-Schloss verabschiedet.) In der Juli-Revolution des Jahres 1830 entlud sich die Wut des Volkes, man verjagte den letzten Bourbonen auf französischem Thron und reagierte sich während der „trois glorieuses", der drei mörderischen Revolutionstage, derartig ab, dass man nach der erneuten Revolution tatsächlich den nächsten König akzeptierte.

Louis-Philippe, der Bürgerkönig, nicht mehr „König von Frankreich", sondern „König der Franzosen" – einen Titel, der vor ihm bereits einmal Ludwig XVI. von der Revolution aufgezwungen wurde –, kein Bourbone, sondern ein Valois und Sohn von „Philippe Égalité", um den sich die Guillotine gekümmert hatte.

Louis-Philippe, auch „Égalité fils" genannt, legte seinem Beinamen Ehre ein: ihm war wirklich fast alles egal – Hauptsache König! Zuerst gab er sich noch volksnah und sträubte sich sogar, aus dem Palais-Royal ins Tuilerien-Schloss umzuziehen. Aber das mit der gespielten Zurückhaltung hielt er nicht lange durch, royale Arroganz und Prunksucht brach sich Bahn, die Bürger, nach denen

wurde, war diese Brücke gerade im Bau. Man verband das Revolutionäre mit dem Nützlichen und verwendete die alten Steine für die Brückenpfeiler. Nun konnte die Bastille gleichzeitig verbinden und mit Füßen getreten werden. Feingeister, die Revolutionäre.

Die Place de la Concorde gehört zum achten Arrondissement. Die Tuileriengärten gehören zum ersten, die Assemblée Nationale liegt im siebten, denn die 20 Pariser Arrondissements sind wie in einem Schneckenhaus rund um das erste Arrondissement „Louvre" angeordnet. So passieren Sie beispielsweise, wenn Sie von hier aus auf geradem Weg ins zwanzigste Arrondissement gehen wollen, erst das erste, dann das dritte, dann das elfte Arrondissement.

Vis-à-vis der Nationalversammlung am Ende der Rue Royale tragen acht korinthische Säulen den klassizistischen Frontgiebel der Kirche Sainte-Marie Madeleine. „La Madeleine" sollte zunächst eine Kirche werden, die Revolution wollte einen Tempel, Napoleon I. angeblich eine Siegeshalle für seine Soldaten. In Wahrheit hatte er vor, für die in einem Massengrab bestatteten sterblichen Überreste von Ludwig XVI. und Marie-Antoinette eine Sühnekapelle in der Kirche zu errichten, die er plante, „aber das wird noch dauern, weil den Dummköpfen in meiner Entourage diese Idee nicht gefällt". Der Kaiser wollte ein Zeichen der Versöhnung mit den Bourbonen setzen, hatte aber so viel anderes um die Ohren, dass ihm die Sühnekapelle erst auf Sankt Helena wieder einfiel. Und da war es zu spät. Die Madeleine wurde 1845 tatsächlich zur Kirche geweiht. Die Sühnekapelle für den guillotinierten König und seine Königin finden Sie im Square Louis XVI. am Boulevard Haussmann.*

Das Eckgebäude vorne links, über dem die Fahne des noblen Automobile Club de France weht, beherbergt eben diesen Club und das eminent ehrwürdige Hôtel de Crillon. Finanziell kein großer Unterschied zum Ritz, aber im Ritz checkt man mittlerweile ein, hier steigt man immer noch ab. Das Gebäude auf der anderen Seite der Rue Royale ist der Sitz des Marine-Ministeriums.

 * Metro: Saint-Augustin

Betreten Sie die Tuileriengärten, umrunden Sie das große Becken und gehen Sie über die breite Mittelallee bis zur zweiten Allee links. Wenn Sie nun die Rue de Rivoli überqueren, müssten Sie fast vor der Nummer 228 stehen. Legendäre Adresse – das Hôtel Meurice. Immer noch steht in vielen Reiseführern nahezu ehrfürchtig, hier habe der „letzte Stadtkommandant von Paris sein Hauptquartier" bezogen.

Von Choltitz hieß der Nazi-General. Er bewohnte Zimmer 213 und war mit dem strikten Befehl eines österreichischen Anstreichers, dem er ewigen Gehorsam geschworen hatte, nach Paris versetzt worden, keinen seiner Soldaten ehrlos überleben zu lassen. Außerdem sollte er, wenn der letzte Soldat gestorben sei, die französische Hauptstadt in ein Trümmerfeld verwandeln und anschließend abfackeln. "Brennt Paris?" fragte der Anstreicher, als die amerikanische Rettung bereits bis zu den Pariser Stadttoren vorgedrungen war. Aber der heldenhafte General ließ die auf die Stadt verteilten Sprengsätze nicht zünden, ergab sich – wie es sich für seinesgleichen gehört – mit Glanz und Gloria in der großen Halle im ersten Stock des Hôtel Meurice und unterzeichnete wenig später im Billardsaal der befreiten Pariser Polizeipräfektur die Übergabeurkunde. Fama est. Böse Zungen behaupten, den Nazis sei ganz einfach der Sprengstoff ausgegangen.

In diesen Kontext gehört unbedingt das folgende Zitat eines renommierten deutschen Philosophen: „In Paris lebt doch noch etwas von unzerstörbarer Substanz, manches an Menschen und Dingen tritt gerade in diesen Wochen und Monaten in noch bedeutenderer Schönheit, fast schmerzhaft, hervor. Es ist die einzige Stadt, zu der ich ein Verhältnis besitze wie zu einer Frau. Sie erhielt sich auch auf weibliche Art, indem sie keinen Widerstand leistete. Welches Glück, daß sie auf den Ruhm von Warschau verzichtete. Ich sprach kürzlich noch mit Oberst Speidel darüber, als er mir die Stellen bezeichnete, die er im Angriffsplan für die Bombardierung bezeichnet hatte."* Hoppla, Herr Jünger...

* Ernst Jünger in „Ernst Jünger und Carl Schmitt: Briefe 1930-1983" (herausgegeben, kommentiert und mit einem Nachwort versehen von Helmuth Kiesel. Stuttgart 1999)

Zurück in die Rue de Rivoli: ebensoviel Tradition wie im Hôtel Meurice wohnt nebenan, bei „Angélina". Der prominenteste Teesalon von Paris ist seit über hundert Jahren ausgerechnet für seine heiße Schokolade berühmt. Falls Sie für den weiteren Tagesverlauf ein Essen planen, wird's schwierig. Das süße Gebräu, in dem der Löffel stehen bleibt, ist überaus sättigend, wird aber zur Sicherheit mit Sahnehäubchen serviert. Und selbst wenn Sie auf die Sahne verzichten, wird sich Ihr Magen erst mehrere Stunden später wieder melden. Gehen Sie zu irgendeiner unmöglichen Zeit dorthin, aber besser nicht zur „Teatime".

2. RUE ROYALE/MADELEINE

Freiheit, Gleichheit, amerikanische Unabhängigkeit, Benjamin Franklin und der König. Wo Proust jeden Tag zu Fuß hinging, zuckersüße Hinterteilchen, schlafen, wo auch schon viele andere sehr intim waren, eiskalte Törtchen, ein Örtchen mit (Jugend-) Stil und ein Sattler aus Krefeld.

Metro: CONCORDE,
Ausgang: CONCORDE/RUE ROYALE – CÔTÉ DES NOS IMPAIRS

Jetzt stehen Sie auf der Rue Royale, an der Ecke des Hôtel de Coislin, dem Gebäude, das sich das Hôtel de Crillon mit dem Automobile Club de France teilt. Von der Ecke zur Rue Royale aus erkennt man durch das Gitter zur Rechten eine marmorne Wandtafel. Ein Text mit einigen Namen. Nichts Besonderes eigentlich, wäre da nicht der Name Benjamin Franklin und der des Königs Ludwig XVI. von Frankreich.

Im Februar 1778 trafen sich im zweiten Stock dieses Gebäudes eine kleine Gruppe von Amerikanern und Franzosen, um Freundschafts-, Handels- und Bündnisverträge zu unterzeichnen, durch die Frankreich, als erste Nation überhaupt, die Unabhängigkeit der Vereinigten Staaten anerkannte, denn so richtig gab es die amerikanische Nation bis zu diesem Datum trotz Unterzeichnung der Unabhängigkeitserklärung noch nicht. Es gab auch keine Amerikaner, geschweige denn US-Bürger – die waren bis dato allesamt noch Untertanen der britischen Krone.

Drei Jahre lang hatte Franklin als Gesandter der hoffnungsfrohen 13 Kolonien, die sich 1776 unabhängig und 1777 zur Konföderation erklärt hatten, in Paris auf diesen Moment hingearbeitet. Dann hat es geklappt: Seite an Seite mit Frankreich wurde dem Vereinigten Königreich eins ausgewischt.

Die Marmortafel ist quasi die Geburtsurkunde der Vereinigten

Geburtsurkunde der Vereinigten Staaten von Amerika,
Place de la Concorde Ecke Rue Royale

Staaten von Amerika. Place of birth: France. Die Konföderierten mussten später noch jahrelang mit Unterstützung aus Frankreich im amerikanischen Unabhängigkeitskrieg gegen die Briten weiterkämpfen, die es einfach nicht wahrhaben wollten, dass ihre schöne Kolonie in Übersee perdü war. 1787 schließlich wurde die Verfassung der Vereinigten Staaten von Amerika unterzeichnet. Sie ist seitdem unverändert in Kraft.

Wenn Sie nun nach links in die Rue Royale einbiegen, übersehen Sie auf Ihrem Weg in Richtung der Kirche Sainte-Marie Madeleine fast den unscheinbaren Aushängekasten mit noch unscheinbarerem Aushang auf dem rechten Pfeiler neben dem Eingang der Nr.1. Ein Faksimile der Allgemeinen Mobilmachung des Jahres 1914. Erst lange nach Ende des Krieges, der in Frankreich „La Grande Guerre" genannt wird, bemerkte man, dass der Aufruf zu den Waffen immer noch hing und beschloss, der Nachlässigkeit an dieser Stelle ein

Denkmal zu setzen. Jedenfalls wollen wir hoffen, dass das der Grund ist. Jedes Mal, wenn der Gilb das Papier unleserlich gemacht hat, wird der Aushang ersetzt.

Liebhaber von Jugendstil und rotem Samt werden bei „Maxim's" im nächsten Haus bestimmt was Passendes finden. In den oberen Stockwerken kann man nächtigen, zum Beispiel in der Präsidenten-Suite für aktuelle 2.700,00 Euro Zimmerpreis pro Nacht.*

Bei „Maxim's" unterm Dach wartet noch mehr Jugendstil: das Musée Art Nouveau „Collection 1900" ist eine Anhäufung von Nippsachen im Stil der Jahrhundertwende auf 300 Quadratmetern und zwei Etagen. Die von Pierre Cardin in über 50 Jahren zusammengetragene Sammlung von Silber, Tafelgeschirr, Möbeln, Porzellan, Bronzen, Gläsern und Lampen ist erstaunlich. Im vierten Stock kann man – so verspricht es der Prospekt – die Welt der großen Kurtisanen der Belle Epoque in nachgebildeten „chambres d'amour" entdecken. Einlass nur am Nachmittag: Mi – So, 14 – 17.30 Uhr, Führungen: 14.00, 15.15 und 16.30 Uhr, Eintritt inklusive Führung 15 Euro. Wenn Sie ein „déjeuner", also ein Mittagessen

* www.hotelresidencemaximsparis.com

mitbuchen, dürfen Sie Di, Mi, Do und Fr schon um 12 Uhr rein. Das kostet zurzeit 110 Euro, plus Getränke.

Ein paar Häuser weiter, an Nummer 7, öffnete vor ein paar Jahren das Restaurant „Le Minim's". Das Preisniveau hier ist immer noch Rue Royale, aber erträglich. Champagner ist günstiger als im „Maxim's".

Überqueren Sie die Straße. Da es an dieser Stelle keine Ampel gibt, haben Sie vier Möglichkeiten, auf die andere Seite zu gelangen: Gehen Sie zur Ampel an der Place de la Concorde zurück, gehen Sie sehr, sehr, sehr vorsichtig von dort aus, wo Sie gerade stehen, gehen Sie ohne den regen Verkehr auch nur eines Blickes zu würdigen oder gar nicht.

Gar nicht wäre schade, denn gegenüber in Nummer 10 erwarten Sie die floralen Kreationen von Lachaume.

Nein, kein Blumengeschäft... welch gewöhnlicher Ausdruck für die Residenz eines „Maître-fleuriste" aus Zeiten der Belle-Époque! Das Haus wird nicht müde darauf hinzuweisen, dass Marcel Proust täglich vorbeikam, um die obligatorische Cattleya für sein Knopfloch abzuholen.

Diese Macke hat er in seinem berühmten Zyklus „Auf der Suche nach der verlorenen Zeit" (wo sonst?) verewigt. In dem ersten Teil „Eine Liebe von Swann" beginnen die Intimitäten zwischen Swann und Odette zunächst damit, dass Swann die Blumen, Cattleyas, an Odettes Mieder zurechtrückt.

„(...)Auf diese Weise behielt er eine Weile die Ordnung der Dinge bei wie am ersten Tag; es fing jedesmal mit dem leichten Berühren von Odettes Brust und Hals mit Fingern und Lippen an, jedesmal war dies der Beginn der Zärtlichkeiten; und viel später noch, als sie vom Zurechtrücken der Cattleyas (oder der rituellen Scheinhandlung des Zurechtrückens) längst abgekommen waren, lebte die Metapher 'Cattleya spielen' in ihrem Sprachgebrauch fort, zur schlichten Vokabel geworden, die sie schließlich ganz gedankenlos zur Bezeichnung des Aktes der physischen Inbesitznehme benutzten – bei dem man übrigens nichts besitzt -, und hielt die Erinnerung an jene vergessene Gewohnheit aufrecht.(...)“

Drei Pferde, ein Elefant und ein Spiegel – Lachaume

Üppig. Das passt am besten auf Lachaume. Und „großartig". „Groß" passt eher nicht, obwohl man sich beim Blick durchs Schaufenster vor Geschäftsräumen mit unendlicher Tiefe wähnt. Das Geheimnis sind äußerst geschickt angeordnete Spiegel, zum Beispiel an der Wand links vom Eingang. Das Brunnenbecken ist nur ein „Viertele" und wird durch die Spiegelung zum „Halben". Trotz der sehr begrenzten Quadratmeterzahl ist Lachaume flächenmäßig eine der größten Blumentempel im High-Price-Zentrum vom Paris.

Viele der weniger pompösen und durchweg kleineren Pariser Blumenläden sind mindestens so schön, aber oft so winzig, dass sie mit zwei Personen plus Inhaber/in schon völlig übervölkert sind.

Auch schön! 4, Rue de la Main d'Or, Metro: Ledru-Rollin

Ebenso üppig wie Lachaume in Blumen macht man an Nummer 16, Rue Royale bei Ladurée in Macarons – schaumige Makronen mit Creme-Füllung in allen Farben des Regenbogens und genauso vielen Geschmacksrichtungen. Dieser „Salon de Thé“ wurde seit seiner Entstehung im Jahr 1862 wohlweislich kaum verändert. Unbeeindruckt vom Glanz des Goldes und der anderen edlen Einrichtungsmaterialien dieser ehrwürdigen Zucker-Walstatt strekken von der Decke und den Wänden viele kleine Rauscheengelchen in Bonbonfarben dem Besucher ihre winzigen Popos entgegen.

Alles süß, bei Ladurée.

Überqueren Sie noch einmal die Rue Royale und biegen Sie auf Höhe von Nr. 11 links in das vornehme Village Royale ein, wo weitere Luxus-Auslagen warten. Rechts in die Rue Boissy d'Anglas mit der angesagten „Buddha Bar" in Nummer 8. Hinter der Eingangstür überblickt der berühmte Riesenbuddha den Laden und vor der Tür stehen Türsteher, die ihr Geschäft verstehen. Wenn Sie abends hinein wollen, müssen Sie also sehr chic oder sehr früh sein oder Sie mieten sich irgendein Gefährt, das etwas hermacht und lassen sich vorfahren. Sie können den Abend natürlich auch einfach woanders verbringen, als in diesem lauten Etablissement.

Weiter auf der Rue Boissy d'Anglas überqueren Sie die Rue du Faubourg Saint-Honoré und stehen vor den immer wieder einfallsreich gestalteten Schaufenstern von Hermès. Einfach reingehen, gucken, vielleicht sogar anfassen wird gar nicht gern gesehen und dadurch unterbunden, dass man Sie beim Betreten fragt, ob Sie einen Termin vereinbart haben.

Dies ist der Ausstatter der sogenannten „FHCP"-Fraktion

Le Sellier Hermès

(„foulard Hermès, collier de perles"). Thierry Hermès, der Firmengründer, hieß eigentlich Heinrich Hermes und stammte aus Krefeld.

Wenn Sie mit Blick auf die Hermès-Schaufenster nach links sehen, bemerken Sie in ca. 300 Meter Entfernung auf der linken Seite der Rue du Faubourg Saint-Honoré ein Meer von französischen Flaggen und viel Polizei. Das ist der Elysée-Palast, da residierte früher die Pompadour und nun Monsieur le Président de la République.

Weiter durch die Rue Boissy d'Anglas, die Sie wieder überqueren, dann rechts durch die schöne Cité Berryer und links. Wurschteln Sie sich über Zebrastreifen und Ampeln, bis Sie vor der Kirche Sainte-Marie Madeleine, „La Madeleine", stehen. Mit Blick auf die Kirche nach rechts überqueren Sie eine schmale Straße mit Parkstreifen. Jetzt sollten Sie vor einem unscheinbaren Gitter stehen, hinter dem eine Treppe hinunterführt zu einem Jugendstildenkmal in Form einer öffentlichen Toilette.

Eingang zu einem sehr stillen Örtchen

Komplett mit buntem Glas, dunklem Holz, winzigen Waschbecken in den Kabinen und einem außer Dienst gestellten Schuhputzthron in der Mitte steht diese kleine Jugendstil-Welt seit über 100 Jahren in öffentlichen Diensten.

Dies ist nur der Teil „Damen“, dem man leider notdürftig im wahrsten Sinne des Wortes einen Teil „Herren“ abgeknipst hat. Falls Sie außer dem Drang zu fotografieren kein Bedürfnis verspüren, geben Sie den immer gut gelaunten Empfangsdamen trotzdem ein kleines Trinkgeld. Das echte Jugendstil-Gegenstück „Herren“ nebenan hat France Télécom belegt. Irgendwo muss man seine Computer ja aufstellen dürfen.

Schuhputzthron als Blumenständer. Politically correct.

Mit der Kirche zur Linken kommen Sie am kleinen Blumenmarkt der Madeleine vorbei. Auf der rechten hinteren Ecke – und auch geradeaus – erstrecken sich die Verkaufsflächen von Fauchon, das vor der Komplettmodernisierung ein wunderbares Feinkostgeschäft war. Törtchen und alles Übrige haben ihre Qualität auch nach der Renovierung bewahrt, das Styling ist allerdings so edel und kalt, dass an heißen Sommertagen ein einziger Blick darauf für stundenlange Abkühlung reicht. Noch weiter um die Kirche herum gibt es ein weiteres Feinkostgeschäft mit Tradition: Hédiard, das sich seinen noblen Charakter bewahrt hat.

Auf der „Hédiard-Seite“ der Madeleine steht die Pariser Antwort auf das New Yorker „TKTS“ am Broadway. In diesem „Kiosque Théâtre“ (Di bis Sa 12.30 bis 20.00 Uhr, So 12.30 bis 16.00 Uhr. Métro: Madeleine (Ausgang: Rue Tronchet) können Sie Restkarten für Vorstellungen am gleichen Abend zum halben Preis erwerben.*

* www.kiosquetheatre.com

3. OPÉRA

Ein verkannter Kaiser, ein überzeugter Baron, zweierlei Masken für den Kellergebrauch, die aller-, allerersten Musikkonserven, Wasserballett, Bienenfleiß für Sterne-Kunden, ein Architekt ohne Freikarte, verhinderter Baumbestand.

Metro: OPÉRA,
Ausgang: Place de l'Opèra, vers le théâtre National de l'Opéra

Vor Ihnen die Opéra Garnier und hinter Ihnen die Avenue de l'Opéra. Zeit, über Baron Haussmann zu sprechen, der sich als Pariser Stadtpräfekt im Auftrag des Kaisers Napoleon III. durch die Stadt gefräst hat, die großen Boulevards und Avenuen anlegte, für Sichtachsen – seine Passion! –, Licht, Luft und Hygiene sorgte und dabei in gewissen Vierteln so viel Unwiederbringliches zerstörte, wie das sonst nur Kriege tun.

Aber der Kaiser hatte es angeordnet und schließlich musste sich auch ein französischer Kaiser im neunzehnten Jahrhundert verwirklichen dürfen. Napoléon III. konnte ja schlecht einen Mal- oder Selbstverteidigungskurs belegen. Porsche gab es noch nicht. Also ließ er sich von Haussmann seine Hauptstadt umgestalten. Und der legte sich die nächsten siebzehn Jahre mächtig ins Zeug. Paris sollte einheitlich gegliedert werden, neue Bahnhöfe für die Bürger wurden gebaut, neue Parks für die Bürger künstlich angelegt. Solchermaßen zufrieden gestellte Bürger zeigten sich hoffentlich erkenntlich und zettelten keine Aufstände mehr an. Und wenn, dann hatten es die Regierungstruppen nach der so genannten „Haussmannisierung" von Paris auf den breiten Boulevards erheblich einfacher, Aufstände mitsamt aufständischen Bürgern niederzumachen.

So wurde das Angenehme mit dem Nützlichen verbunden, jedenfalls für manche.

Zurück zur Oper: Zweifellos, das Gemäuer mit Treppe hinauf, das viele, viele Gold und die geradeaus darauf zu führende Avenue de l'Opéra – das macht ganz schön was her. So war das auch gemeint, denn zwei Drittel dieses gigantischen Opernhauses gehören den herrlichen Treppen, den Foyers, den Logen, den Einrichtungen wie Kutschenrampe für den Kaiser und ähnlich wichtigen Räumen für die Repräsentation, ein Drittel gehört der Musik. In diesem letzten Drittel findet sogar die Bühne mit ihren 1350 Quadratmetern ausreichend Platz. Die Bühnenöffnung ist so konzipiert, dass 14 Reiter auf Pferden im gestreckten Galopp bequem am Publikum vorbeisprengen konnten. Für welche Oper auch immer. Also noch mal: 1350 Quadratmeter Bühne. Das ist nur ungefähr ein Zehntel dieses rein flächenmäßig immer noch größten Opernhauses der Welt.

Sehen und gesehen werden, damals fing es an, das Zeitalter der Adabeis. Wer oder was da im Opernhaus auf- und abstolzierte, nahm die Musik nur nebenbei wahr – als Pausenfüller zwischen zwei wichtigen Gesprächen über Geschäfte, Mode oder Klatsch. Wäre es zur damaligen Zeit nicht absolut verpönt gewesen, in der

Öffentlichkeit zu küssen, könnte man die Versammlung dieser Damen und Herren auch als Urmodell der modernen Bussi-Bussi-Gesellschaft beschreiben. Ihr Lieblings-Stil ist monumental und meist von Säulen gesäumt: „Neo-Klassizismus“, oder auch „Zweites Kaiserreich“ oder einfach „Napoleon III.“

Und überhaupt: Napoléon III. ... Der Mann war in Personalunion nicht nur der letzte französische Kaiser, sondern vorher erster „Président de la République française“ gewesen: Er hatte ein reichlich bewegtes Leben, das uns jetzt allerdings zu weit wegführen würde von der Opéra Garnier.

Oper oder opéra – beide Wörter stammen vom lateinischen opus (operis, neutrum), zu Deutsch: 1. Arbeit, 2. Mühe, 3. Werk. Herr Garnier, der im zarten Alter von 35 Jahren den Architekten-Wettbewerb um den Bau der Pariser Oper gewann, wusste wahrscheinlich 1. um die Arbeit, die vor ihm lag und 2. um das Werk, das er vollbringen würde. Mit soviel 3. Mühe hätte er wohl kaum gerechnet. Und das fing bereits bei den Ausschachtungsarbeiten an. Pausenlose Wassereinbrüche setzten dem engen Zeitplan zu und Garnier musste in aller Eile unter dem Gebäude einen See anlegen lassen, in dem man das Wasser sammeln und dann kontrolliert abpumpen konnte.

Dieser See unter der Pariser Oper ist nicht unbekannt. Nicht, weil die Pariser Feuerwehrtaucher dort regelmäßig ihre Übungen abhalten. Eher durch das arme Phantom, das seit Jahren darauf wartet, dass ihm einer von den Tauchern mal so eine moderne Maske schenkt. Hier ist sie entstanden, Gaston Leroux’ Geschichte vom unglücklichen Opernphantom Eirik. Ob es wohl immer noch durch die Oper geistert? Der See ist jedenfalls noch da.

Als 1867 in Paris die viel beachtete Weltausstellung stattfindet, hatte Garnier von seiner Oper mal gerade die Fassade und einige kleinere Innenarbeiten fertig gestellt. Der Kaiser möchte aber prunkvoll eröffnen. So weiht man halt die bis ins Detail fertige Hauptfassade, bis dahin wie ein Weihnachtsbaum vor der Bescherung verhüllt, feierlich ein. Dem Kaiser gefiel, was er sah.

Was ihm jedoch missfiel, war, dass von seiner schönen Residenz, dem schönen Louvre, keine schöne Straße zu seiner schönen Oper führte. Er beauftragte Haussmann mit der Ausführung der Avenue de l'Opéra. Der treue Stadtpräfekt freute sich über den Auftrag und machte bereitwillig zwischen neuer Oper und altem Louvre wieder ein altes Viertel platt. Voilà, so schnell geht das à la Haussmann. Jetzt noch ein paar Bäume auf die Avenue und dann könnte der Kaiser die Viertelstunde Fahrt zwischen Louvre und Oper endlich genießen.

Da meldete sich Garnier zu Wort: Bäume würden die herrliche Symmetrie der Oper in Grund und Boden blühen. Nein, Bäume, das verbitte er sich. Also gut, keine Bäume. Die Avenue wird ohne Bäume eingeweiht. Den Kaiser hat es nicht gestört, denn der war bei der Einweihung der Avenue de l'Opéra schon lange kein Kaiser mehr, da er 1871 abgesetzt wurde und 1873 in der Nähe von London starb.

Hätte neben einer goldenen Nase auch eine Gratis-Eintrittskarte verdient: Monsieur Garnier.

Ja, der Tod des letzten seiner Art war recht unspektakulär, aber das Leben des Napoléon III., der neben der französischen auch noch die Schweizerische Staatsbürgerschaft besaß, war ziemlich bunt bis verwegen und die Lektüre einer der zahlreichen Biographien über sein bewegtes Leben ist überaus empfehlenswert. Die Opéra Garnier wird erst zwei Jahre nach dem Tod des Kaisers bezugsfertig. So musste der Kaiser wenigstens nicht für die Kosten aufkommen - insgesamt 36

Millionen Goldfranken. Das war wohl ein bisschen mehr geworden, als man erwartet hatte. (Wer hätte das nicht schon mal gehört?) Jedenfalls war kein Geld mehr da, und nicht mal Garnier himself bekam ein VIP-Ticket zur Eröffnungsvorstellung in seiner Oper. Er kam als Selbstzahler und saß zweite Loge.

Eine Besichtigung der Oper lohnt sich auf jeden Fall. Am besten wirkt die ganze Angelegenheit natürlich belebt, bei einer Aufführung. Dann können Sie auch sicher sein, in den Innenraum zu gelangen, was bei Führungen nicht immer gelingt, wegen der Ballettproben. In der Opéra Garnier hat man sich nämlich größtenteils auf Ballett spezialisiert.
Der Innenraum ist nicht nur beeindruckend, er wird seit 1964 auch von einem Chagall-Gemälde überspannt. Wunderschöner Innenraum, wunderschöne Deckenbemalung. Leider ergeben die beiden zusammen kein Bild. Genießen Sie getrennt. Blick auf den Innenraum. Augen zu. Blick auf die Decke.

Chagalls Deckenverzierung in der Opéra Garnier

Mittlerweile ebenso bekannt wie das Phantom sind die Bienenkörbe auf dem Dach der Oper. Der Honig wird an das Hôtel Meurice geliefert.

Ein anderes Opern-Geheimnis ist erst 2007 gelüftet worden: Das Geheimnis um die Stimmen, die ein Jahrhundert lang in den weitläufigen Kellern der Oper eingeschlossen waren.

Am 24. Dezember 1907 wurden 24 Schallplatten aus Wachs in zwei hermetisch abgeschlossenen und sorgfältig versiegelten Urnen irgendwo in den Kellern der Oper abgestellt. Es war der Wunsch des Spenders, Herrn Alfred Clark, damals Direktor der französischen Tochter der amerikanischen Gramophone Company, dass sie der der Nachwelt Zeugnis ablegen sollten von den großen Stimmen der damaligen Zeit, darunter auch die von Caruso. Sie sollten erst nach Ablauf von hundert Jahren wieder geöffnet werden, erwarteten still und stumm die Nachwelt wie Dornröschen den Kuss des Prinzen und gerieten vollkommen in Vergessenheit.

Erst 1988 wurden sie bei Arbeiten in den Kellergewölben wieder entdeckt und der Bibliothèque Nationale de France zu treuen Händen übergeben. Natürlich konnte man den Ablauf von einhundert Jahren nicht abwarten, sondern öffnete die Urnen fünf Tage zu früh, am 19. Dezember 2007. Die aufwändige Öffnung durch Techniker im Schutzanzug ist auf Video dokumentiert.* Die Aufnahmen waren unversehrt und wurden von EMI als Nachfolgerin der Gramophone Company auf CD überspielt.

Wenn Sie links um die Oper herumgehen, dann kommen Sie an der Kutschenauffahrt vorbei, der „rampe double“, die allein Napoléon III. and friends vorbehalten war und diese quasi direkt in ihre Loge beförderte.

Auf der anderen Seite ein kleineres Gegenstück. Dazu musste sich Garnier von Architektenkollegen ganz schön was anhören, denn nur damit die teure Klientel bei Regen trocken blieb, wurden diese Rampen an die Oper angeklatscht und damit die monumentale Länge der Seitenwände gebrochen.

* http://expositions.bnf.fr/voix/index.htm

Der rechte Appendix hat nicht einmal eine Rampe, damit war auch die Symmetrie hin. Jedenfalls aus der Vogelperspektive. Es ist allerdings nicht bekannt, dass sich einer der wenigen Luftfahrer der Zeit beschwert hätte.

Gut gemacht: Filmvorführung im Keller von Paris-Story

Gehen Sie an der Rampen vorbei und überqueren Sie die Rue Scribe. Im Keller des Hauses Nummer 11 erwartet sie Paris-Story mit einem gelungenen, 45-minütigen Film über 2000 Jahre Paris. Via Kopfhörer in jeder beliebigen Sprache.

Falls Ihnen Kellerkino nicht zusagt, dann biegen Sie rechts in die Rue Auber und dann in die erste Straße links ein, die Rue Boudreau. Wieder links in den Square de l'Opéra-Louis Jouvet, der kaum länger ist als sein Name und sie an der Belle-Epoque-Fassade des Théâtre Athénée und an einem geflügelten Pferd des Bildhauers Alexandre Falguière zur Place Edouard VII. bringt. Rechts in der Ecke serviert „Le Paparazzi" italienische Küche im Retro-Ambiente und rund um den Platz gibt es noch drei weitere Restaurants mit unterschiedlichen Preisen. Im Sommer sitzt es sich hier angenehm kühl.

Vielleicht heben Sie sich Ihren Appetit noch ein bisschen auf?

Eindrucksvoll, wie still dieser Platz ist, trotz des immensen Geräuschpegels rund um die 200 Meter Luftlinie entfernte Oper.

Hoch zu Ross wacht Queen Victoria's Ältester, Edward VII., 1901 bis 1910 König des Vereinigten Königreichs von Großbritannien und Irland und Kaiser von Indien, über dieses kleine Reich und schaut königlich, als könne er kein Wässerchen trüben.

„No, I shall not give in. I shall go on. I shall work to the end."
The King's famous last words.

Er war ein gern gesehener Gast in Paris. Seine gewagten und regelmäßigen Ausflüge in die französische Lebensart und das Pariser Nachtleben dokumentiert recht anschaulich ein Foto der Badewanne aus seinem persönlichen Räumen im Edelbordell „Le Chabanais", zu besichtigen im nicht durchweg jugendfreien Musée de l'Érotisme*.

Dort hängt ebenfalls ein Foto dieses berüchtigten Stuhls, einer Amüsiermöbel-Sonderanfertigung für Seine Majestät, die sich mittlerweile wieder im Besitz des Herstellers befindet.

In der berühmten Badewanne vergnügte sich eine Zeitlang Nachbesitzer Salvador Dali. Wohlgemerkt: Im Musée de L'Érotisme sieht man lediglich Fotos dieser frivolen Einrichtungsgegenstände!

* 72, Boulevard de Clichy, nicht weit von der Place Pigalle. Metro: Blanche

Auf gleichem Weg zurück, rechts in die Rue Auber, links in die Rue Scribe und dann auf den Boulevard Haussmann. Hier sind gleich zwei der „grands magasins“, die Galéries Lafayette (rechts und links) und „Printemps“ (bisschen weiter links). Direkt unter die berühmte Glaskuppel gelangen Sie durch den mittleren Eingang des rechten Lafayette-Gebäudes. Noch ein paar Schritte geradeaus, dann hochschauen!

Der Anblick der Kuppel entschädigt für das unaufhörliche Gewusel und Gedrängel. Achten Sie auf ihre Wertsachen, Taschendiebe profitieren gern und schnell von aufwärts gerichteten Blicken. Auch über dem Restaurant des „Printemps“ wölbt sich übrigens eine Glaskuppel.

Was essen?

Die Avenue de l'Opéra auf der linken Seite hinunter, dann links in die Rue Saint-Augustin. Dort gibt es in der „Domaine de Lintillac"* Küche aus dem Périgord, sprich: Foie Gras in vielen Variationen.

Wer auch einfachere französische Küche mag, folgt hinter den Galéries Lafayette der Rue Lafayette auf der rechten Seite stadtauswärts (gerade Hausnummern rechts). Dann links in die Cité d'Antin, die nach wenigen Metern scharf rechts abknickt, zum „Lou Cantou".

Nachtrag 1:
Haussmann war gar kein richtiger Baron. Nicht, dass ich ihn nicht leiden könnte, aber er war nun mal keiner. 1870 ernannte man ihn zum Senator, und da muss er wohl irgendetwas falsch verstanden haben, befand, dass er nunmehr zum Adel gehörte und setzte den Titel zwischen Vor- und Zunamen. Dort gehört er auch hin, wenn man von Adel ist. Haussmann war es nicht.

Nachtrag 2:
Anschaulich: Ein sehenswertes Querschnittsmodell der Opéra Garnier finden Sie im Musée d'Orsay.

* www.lintillac-paris.com

4. LOUVRE

Ein selten sturer Finanzminister, ein begehbares Lexikon - leider zu klein. Was lächelt und ist aus Florenz? Was ist klein, dick, machtbesessen und aus Florenz? Eine kleine Schwester und ihre schönen Künste.

Metro: LOUVRE – RIVOLI
Ausgang: AMIRAL DE COLIGNY (8 rue de l')

Louvre. Seit Rausschmiss des Finanzministeriums durch Mittérand sogar „Grand Louvre". Das war auch wirklich unpraktisch mit den Fiskus-Büros, die den Museumsbesuchern Kilometer von Umwegen bescherten, früher, als der Eingang des Louvre noch hier, in der Rue de l'Amiral Coligny, lag und nach Betreten des Museums erst einmal die Fluchten des Finanzministeriums treppauf, treppab umgangen werden mussten.

Gegen die umständlichen Wege im Louvre half schließlich das unter französischen Staatschefs äußerst verbreitete „Versailles-Syndrom". Gebaut wird größer, höher, teurer und immer zur Steigerung des Selbstwertgefühls. Bei Ludwig XIV. (Versailles) und Napoleon I. (Arc de Triomphe) ist es noch erträglich. Bei Pompidou und der nach ihm benannten Röhreninstallation nicht mehr...

In den achtziger Jahren war Präsident Mittérand dran. Er schaute sich um, fand den vor sich hin dämmernden, dämmrigen Louvre und entschied spontan, daraus das größte Museum der Welt zu machen. Und zwar schnell. Herr Balladur, sein Finanzminister, war dagegen. Der residierte nämlich mit Ministerium und mit Recht im Louvre. Und was so ein richtiger elitärer französischer Minister ist, der auch schon mal 9000 auf Bütten gedruckte Einladungen einstampfen lässt, da sein Name zu klein darauf geschrieben steht, der lässt sich nicht einfach aus so einer stilvollen Residenz vertreiben.

Kein Bautermin für das größte Museum der Welt ist einzuhalten und der Architekt Ieoh Ming Pei reißt sich die Haare einzeln aus. Es nutzt nichts. Balladur weicht keinen Zentimeter.

Das neue, helle und funktionelle Finanzministerium (Seine-aufwärts, man kann es gut erkennen, da es bei Bercy, wo die frühere Pariser Zollgrenze verlief, wie ein Riegel in den Fluss ragt) wartet monatelang vergeblich auf den Einzug von Balladur und Konsorten, die sich mit Händen und Füßen an das muckelige Louvre-Ambiente von altem Holz, Goldklinken, Intarsientüren und Dämmerlicht klammern.

Der Minister führt an, er benötige vom neuen Ministeriumsgebäude zum Sitz des Chefs unvertretbare zwanzig statt bisher kurzer fünf Minuten. Neben dem Zeit- wird auch der Spritverlust in die Argumentation einbezogen, in diesem Land wahrscheinlich zum ersten Mal.

Koalitionspartner Mittérand hoffte auf den Alleinsieg bei der nächsten Wahl, ließ schon mal einen Teil von Balladurs Finanzbeamten kurzerhand umquartieren und ihre Büros unbenutzbar machen. Heizung, Telefon und Licht wurden sofort entfernt. Balladur war nach der Wahl immer noch da, er hatte nämlich auch gewonnen. Sofort ließ er triumphierend alles wieder anbringen und die Büros edelst renovieren.

Architekt Pei versucht es mit Zwischenrufen, bleibt aber ungehört. Schlimmer noch: Um den Finanzbeamten größtmögliche Ruhe für ihre Verrichtungen zu garantieren, müssen Bauarbeiten in die Nacht verlegt und teure, leise Baumaschinen angeschafft werden. Alle Umbaupläne für den Louvre müssen um das Finanzministerium herum verändert werden, der Umzug nach Bercy wird weiterhin verweigert. Der Finanzminister stampft mit dem Fuß auf. Er möchte in Paris bleiben. Balladurs Trotzphase dauert über zwei Jahre und ein Vermögen lang. Dann muss er raus. In seinen endlich, endlich verlassenen Louvre-Büros wird das Café Marly eingerichtet. Rache ist süß.

„Le Café Marly“

Paris ist in 20 Arrondissements aufgeteilt, die spiralförmig um das erste Arrondissement angeordnet sind. Und das erste Arrondissement heißt „Louvre“, weil hier alles begann.

Also, nicht genau hier, denn die ersten Siedler, die keltischen „Parisii“, bauten ihre Eigenheime im Schutz der Seine-Arme auf der Île de la Cité. Dort entstand auch der erste Pariser Königspalast, die Conciergerie, in dem die französischen Könige residierten, wenn sie denn in Paris waren. Meistens mussten sie kreuz und quer durchs Land ziehen. Als Reisekönige kontrollierten sie unter dem Deckmäntelchen „Wir bleiben in Kontakt“ ihre Fürsten und hielten ihren mitziehenden Hof bei Laune, indem sie ihn an gute Futterplätze, sprich: reiche Fürstenhöfe, führten. Im Mittelalter waren die Transportwege für Lebensmittel noch wenig ausgereift.

Man baute an und um, und die Könige gewöhnten sich langsam an einen festen Wohnsitz in der Conciergerie. Später zog man ins Hôtel Saint-Pol, von dem nichts mehr erhalten ist, bis auf einige Straßennamen im Marais, wie zum Beispiel die Rue des Jardins

Saint-Paul und die Rue des Lions Saint-Paul.

Auch den Louvre gab es schon - schon seit dem 12. Jahrhundert, angelegt von Philippe-Auguste, der auch die erste Stadtmauer um Klein-Paris ziehen ließ, zu Verteidigungszwecken. Als Festung, komplett mit Burggraben, Zugbrücken und Burgfried sollte von hier aus das rechte Seine-Ufer geschützt werden. Eine trutzige Festung wurde das, sicher wie ein Fuchsbau, oder auch ein Wolfsbau, lateinisch „luperia"...

Karl V. sorgte im vierzehnten Jahrhundert für ein bisschen Wohnlichkeit und Behaglichkeit. Als die Stadt in der zweiten Hälfte des 14. Jahrhunderts rasch wuchs und durch einen weiteren Mauerring geschützt war, ließ Karl V. den Louvre von trutziger Burg in bewohnbare Residenz umbauen.

Modell des ersten Louvre (Musée du Louvre)

Als Hauptwohnsitz der französischen Könige dient der Palast dagegen erst ab dem 16. Jahrhundert unter Heinrich II., der ihn auf Geheiß seines Florentiner Weibchens im Stil der italienischen Renaissance um die Cour Carrée erweitern lässt. Katharina von Medici hieß die Gute. „Katharina die Gute" nannte sie niemand.

Sie stehen vor der Louvre-Kolonnade. Allüberall doppelte Ls, die daran erinnern, dass die Vollendung der Kolonnade erst von Ludwig XVIII. in Auftrag gegeben wurde. Als Ludwig XIV. sich nach Versailles absetzt, war die Front unfertig geblieben, teilweise ohne Dach und verwahrloste zusehends. Viele Künstler, von Natur aus und seit altersher Kummer gewöhnt, entschieden sich dennoch für eine mietfreie Unterkunft in den ungeheizten Louvre-Lofts. Manchmal hielten sie Ausstellungen ab. Irgendwann sogar regelmäßig und immer im Salon Carrée. Daher stammt die französische Spracheigenheit, eine Automobil-, Landwirtschafts-, Pferde-, Dentalbedarfs- oder sonst eine Handelsmesse bis in unsere Zeit „salon" zu nennen.

„Le Salon du Louvre" im Musée du Louvre

Der Louvre wurde erst von der Revolution wieder entdeckt, die kurzerhand Künstler, Hausbesetzer, Ladeninhaber, Tänzerinnen, Damen vom horizontalen Fach, fliegende Händler, Blumenverkäuferinnen, kurz: das Volk vor die Louvre-Türen setzte und den früheren Königspalast in ein Museum verwandelte, das man dann wieder dem Volk schenkte, das man vorher rausgeschmissen hatte. Gemurrt hat keiner. Lieber nicht.

Als die Revolution Jahre später längst ihre Kinder gefressen und sich schließlich selbst zerfleischt hatte, ließ der alte Mitrevoluzzer und neue Kaiser Napoleon I. den Louvre nach den alten Plänen Ludwigs XIV. weiterbauen.

Selbstverständlich ließ er alle Bourbonenlilien, derer er ansichtig wurde, durch sein Wappentier, die Biene, ersetzen, Portraits der früheren Könige durch sein eigenes. Nach seinem Abgang wurden dann die Bienen wieder durch die Lilien ersetzt und viele Ns durch Ls. (Die vielen Ns, die sie auf der Louvre-Fassade zur Rue de Rivoli sehen, stehen für Napoleon III. Der kam später.) Steinmetze waren gesuchte Leute.

Vom Zentrum der Louvre-Kolonnade, mitten im Spitzgiebel, blickt trotzdem spöttisch immer noch Napoleon I. auf uns herab. Napoleon mit Perücke? Hm, eigentlich soll es der Sonnenkönig sein, aber der lustige – oder faule – Steinmetz, der an der Fassade Napoleon gegen Ludwig XIV. tauschen sollte, ließ den Korsen hängen (daran war er gewöhnt) und setzte ihm eine Sonnenkönig-Perücke auf (woran er nicht gewöhnt war).

Unter der barocken Haarpracht erkennt man klar und deutlich Napoleons kantige, korsische Physiognomie. Man kann dem „Künstler" zu Gute halten, dass der Austausch auf diese Weise schnell vollzogen war. Noch dazu hat es bis heute kaum jemand bemerkt, geschweige denn moniert.

Bourbonen-Perücke über Korsen-Nase (Louvre-Kolonnaden)

Was essen?

Direkt hinter Ihnen liegt das „Le Fumoir"*. Der Weg ist kurz, das Angebot an kleinen Schweinereien vielfältig, die Einrichtung stilvoll und trotzdem sehr bequem, die Cocktails ww.wettbewerbsfähig und der Schokoladenkuchen, „le gâteau au chocolat", eine Sünde.

Das Gebäude neben dem „Le Fumoir" mit dem Turm in der Mitte sind eigentlich zwei Gebäude. Dies ist die ehemalige Hofkirche des Louvre, Saint-Germain l'Auxerrois, deren kleine Glocke in der Bartholomäusnacht zum Mord an den Hugenotten rufen musste. Der Glockenturm, der links von der Kirche wie ein italienischer Campanile aufragt, kam erst sehr viel später dazu, genau wie das angrenzende Rathaus des ersten Arrondissements, etliche Jahre später im gleichen Stil errichtet. Die Straße vor der Kirche wurde 1972 im Gedenken an den Hugenottenführer Coligny umbenannt. Das Haus, in dem der untadelige Admiral in der fatalen Nacht

 * www.lefumoir.com

barbarisch ermordet wurde, befand sich auf der Höhe der heutigen Nr. 136, Rue de Rivoli, damals Rue Perrault.

In Saint-Germain l'Auxerrois versammeln sich seit 1926 jedes Jahr am Aschermittwoch viele Künstler, empfangen das Aschekreuz und beten gut katholisch für diejenigen unter ihnen, die im kommenden Jahr ihren unwiderruflich letzten Vorhang erleben werden.

Ein Fresko auf der rechten Seite des Mittelportals zeigt die Stadtheilige von Paris. Die heilige Genoveva zündet eine Kerze an und wird dabei flankiert wird von einem Teufel, der versucht, die Kerze auszublasen. Der fröhliche Engel auf der anderen lässt keinen Zweifel daran aufkommen, dass er sie augenblicklich wieder anzünden wird.

Von links: Teufel, Genoveva, Engel; die Kerze wird demnächst wieder auf die dafür vorgesehene Befestigungsschraube in Genovevas Hand gedreht!

Eine sehr seltene Darstellung, ebenfalls an der Fassade von Saint-Germain l'Auxerrois, unter dem mittleren Wasserspeier der Fassade zum linken Hof der Kirche, ist die so genannte Rattenkugel.

Im Mittelalter erfreuten sich diese Rattendarstellungen an und in Kirchen eine Zeitlang größter Beliebtheit, inzwischen ist die genaue Bedeutung leider abhanden gekommen.

Es kann sich um Dämonen handeln, oder um Konvertiten (was aus Sicht der katholischen Kirche im Mittelalter so gut wie gleichbedeutend war), die man gern ein bisschen klein und fies darstellte, oder um ein Sinnbild für die Pest.

Wasserspeiersockel auf Rattenkugel

Vielleicht doch ins „Le Fumoir“? Oder ein Sandwich? Eine Stärkung wird gut tun, denn wir gehen jetzt in und um den Louvre. Vorher aber die unvermeidlichen Zahlen:

Zweihundertzehntausend Quadratmeter, davon einundsechzigtausend Quadratmeter öffentlich zugängliche Ausstellungsfläche. Na, Gott sei Dank, nicht mehr! Die weiteste Distanz zwischen zwei Kunstwerken im Louvre beträgt fast vier Kilometer. Und trotz dieser kolossalen Dimensionen ist das Museum zu klein: Von den 380 000 verwalteten Werken werden nur mickrige 35 000 ausgestellt. Nicht mal ein Zehntel des Gesamtbestandes...

Der Louvre zählt ca. 2 410 Fenster, 3 000 Türschlösser, 10 000 Treppenstufen, zwölf Kilometer unterirdische Gänge, 20 Aufzüge und ist das einzige Museum der bekannten Welt mit zwei Metro-Stationen. 1 600 Beschäftigten bietet er ein geregeltes Auskommen.

Ach ja: Der Louvre ist montags geöffnet, dafür dienstags geschlossen. Nicht alle Sammlungen sind täglich zugänglich. Information kann Kilometer sparen.

Der Graben vor den Kolonnaden war jahrhundertelang zugeschüttet, hier wurden auch Tote zwischen- oder endgelagert. Wer wusste schon genau, um wen es sich handelte, wenn man mal wieder jemanden ausgrub, damit er (oder sie, selbstverständlich) endlich in einem richtigen Grab die letzte Ruhe finden konnte?

So geschah es auch mit den Gebeinen der Helden der Juli-Revolution, die man in dem Graben beigesetzt hatte, während man ihnen ein entsprechendes Mausoleum schuf. Die sterblichen Hüllen der Revolutionäre wurden im Sockel der Siegessäule auf der Place de la Bastille feierlich beigesetzt.

Mit ihnen wahrscheinlich auch ein paar Nachfahren Ramses II., die man vorher im Graben vor dem Louvre entsorgt hatte, da sie aufgrund schlechter Belüftung an ihrem Lagerplatz in den Kellern des Museums Schimmel angesetzt hatten... Wie sollte man bei einer Exhumierung Franzosen von Ägyptern unterscheiden?

Gehen Sie an der Kolonnade vorbei in Richtung Seine, dort führt rechts der schöne Pont des Arts über den Fluss – ein fotografisches Muss, auch nachts. Auf dieser Brücke fallen sich Jack Nicholson und Diane Keaton in der letzten Szene aus „Was das Herz begehrt“ in die Arme.

Eine richtige Liebesgeschichte gegenüber:

3, Quai Malaquais, Haus rechts, 3. Stock, 1. und 2. Fenster links: die erste gemeinsame Wohnung von Alain Delon und Romy Schneider im Winter 1958

Der Pont des Arts führt schnurstracks in den ältesten Teil des Louvre, die Cour Carrée. Durch diesen Hof floss unter den Augen des geisteskranken Königs Karl IX. und auf Geheiß seiner Mutti Katharina von Medici in der Bartholomäusnacht das Blut der protestantischen Verbündeten des „Henri de Navarre", der drei Könige später als Heinrich IV. Frankreichs Thron und vorher bereits manches andere bestieg. Man nannte ihn auch „vert galant", Schürzenjäger.

Heinrich IV. residierte im Pavillon auf der nordwestlichen Ecke der Cour Carrée, rechts von der Uhr. Von seinen Gemächern genoss er einen freien Blick auf die Seine und Notre-Dame, denn die Kolonnade wurde ja erst viel später aufgestellt. – Am 14. Mai 1610 verließ der König den Louvre durch die kleine Tür des Pavillons, die heute noch auf den Hof führt. Nur kurze Zeit später am gleichen Tag trug man ihn durch diese Tür wieder herein. Tot.

Ganz hinten rechts in der Ecke:
Durch die kleine Tür verließ Heinrich IV. den Louvre zum letzten Mal lebend

Er war manches Mal entkommen, dieses achtzehnte Attentat überlebte er nicht.

Die Cour Carrée trägt die Initialen aller Herrscher, die den Louvre erweitern und verschönern ließen. Und die der werten Gattinnen. So finden Sie natürlich auch hier die ineinander verschlungenen Initialen von Heinrich II. und Katharina von Medici, die auch die astronomische Säule zieren. Hier ist allerdings klarer zu erkennen, worum es bei diesem Monogramm wirklich ging. Wenn man genau hinschaut, ist zu sehen, dass die Hs und Cs so geschickt miteinander verbunden sind, dass ein deutliches „D“ entstand.

Das ist kein Zufall – des Königs große Liebe, Diane de Poitiers, mit der er länger zusammen war als mit seinem Kathrinchen, und in deren Farben er sein letztes Turnier ritt, war im Innersten bewegt.

H + C = D

Über den Louvre verteilt gibt es noch das K für Karl IX., und HDB für Heinrich IV., Henri de Bourbon, der auch seiner Geliebten Gabrielle d'Estrées mit ineinander verschlungenem H und G ein Denkmal setzte. Ludwig XIII. verwendete schlau das griechische Lambda statt des allgegenwärtigen Ls und zum Ausdruck seiner Zuneigung für die königliche Gattin Anna von Österreich A und L in inniger Umarmung.

LLMT steht für Ludwig XIV. und seine Maria Theresia von Österreich, eine seltene Ansicht, der stolze Sonnenkönig stand lieber allein, selbst als Buchstabenausgabe. Da die Revolutionäre nicht wussten, dass er hier im Interesse seiner teuren Königin eine Ausnahme machte, ließen sie das unverständliche Kürzel unangetastet. Viele andere schlugen sie ab. Als Wiedergutmachung fügte man einige Initialen in nachrevolutionären Zeiten wieder an. Daher findet sich auf den Säulen auch ein drolliges LB – „Louis de Bourbon“ hießen schließlich alle Ludwigs, die jemals im Louvre wohnten...

„LB" für Louis de Bourbon... die Ludwigs hätten sich kaputtgelacht!

N selbstverständlich für Napoleon I.

Zwei L, Rücken an Rücken wählte Ludwig XVIII., Louis Napoleon, später Napoleon III., bekam das L mit dem N. Als er dann Kaiser war, ließ er sein N von zwei Es umschließen, seine Gattin Eugénie hätte sich jeden anderen Buchstaben verbeten.

An einigen Ecken findet sich auch ein R für République, das die Geschichte ein bisschen verdreht, denn an diesem Palast haben viele angebaut, die Republik nie.

Ein Durchgang verbindet die Cour Carrée mit der Cour Napoleon III., in deren Mitte sich seit mittlerweile zwanzig Jahren der Eingang zum Louvre befindet. Die Glaspyramide ist praktisch und wird regelmäßig von erfahrenen Bergsteigern gesäubert.

Und jetzt hinein ins Vergnügen! Verlaufen Sie sich nicht. Sehen Sie den Louvre als begehbares Lexikon. Man kann gezielt vorgehen oder schmökern, aber man nicht alles lesen, bzw. sehen. Vielleicht legen Sie sich angesichts der schieren Größe der Fläche auf alle Fälle einen kleinen Besichtigungsplan zurecht.

Mona Lisa? Überall im Louvre weisen Schilder den richtigen Weg. Klaustrophobie ist kein guter Berater in dem stets übervollen Saal vor der Florentinerin. Natürlich, es ist ein berühmtes Bild. Und klein ist es, so klein.

„La Joconde", wie da Vincis berühmte Dame auf Französisch genannt wird, gehörte zu den ersten Werken, die in den Louvre einzogen. Bereits im 14. Jahrhundert hatte Franz I. italienische Künstler nach Paris gebeten, darunter auch Leonardo, der die Dame im Gepäck hatte. Gutes Näschen, der Franz. Da konnten sich die nachfolgenden Herrscher natürlich nicht lumpen lassen und sammelten ebenfalls, was das Zeug hielt. Napoleon I. hat dabei ein wenig übertrieben: Er sammelte nicht, er sackte ein. Und als er schließlich Frankreich verließ, durften auch viele Kunstwerke aus dem Louvre zu ihren rechtmäßigen Besitzern zurückkehren. Wenn das wieder in Mode kommt, sollten Sie sich unbedingt an einem Unternehmen für internationale Kunsttransporte beteiligen.

Einen Abstecher wert sein sollte Ihnen die goldstrotzende Galérie d'Apollon, die Heinrich IV. anlegen ließ. Ihre Wand- und Deckengemälde von Le Brun und Delacroix (der mit der einseitig barbusigen „Freiheit, die das Volk anführt") haben auf 61 Metern Länge trotz eines Brandes viel Authentizität bewahrt. Kaum zu übersehen: die glitzernde Krönchensammlung!

Und damit nicht in Vergessenheit gerät, dass die Revolution den Louvre als Museum dem Volk schenkte, verkündet dies eine spießige Tafel über der doppelt geschwungenen Eingangstür. Dantons Idee war das sicher nicht.

Die postrevolutionären Herrscher mussten sich den alten Palast mit den Bürgern teilen. Aber man hatte sich ja nach all dem Elend auch lieb gewonnen. Oder tat so, als ob. Solch ein Getue war nicht Napoleons Sache und so zog er – gar nicht volksnah – ins Tuilerien-Schloss.

Wenn Sie den Louvre als ehemaligen Palast erleben wollen, dann verlassen Sie die Cour Marly und diese beiden wunderbaren Pferde, deren Repliken Sie bereits auf der Place de la Concorde gesehen haben, über die schwelgerische „Escalier du Ministre“. Im ersten Stock beließ man die mäßig besuchten Kaiserappartements in allem Glanz und Prunk in den Räumen, in denen sie für Napoleon III. und Anhang eingerichtet worden waren und so spiegeln sie weiterhin den diskutbablen Geschmack des letzten französischen Kaisers und seiner Zeit.

Wer möchte sich schon über Geschmack streiten? Mag sein Geschmack diskutabel gewesen sein: Er war ein Tausendsassa.

Mark Twain: „...Napoleon III., – er war ein ganzer Mann, dieser letzte Kaiser im Louvre, ein toller Hecht. Dazu Kaiser von Frankreich! ...Der Mann, der verhöhnt und geschmäht und Bastard genannt worden war, währenddessen jedoch von einer Krone und einem Kaiserreich geträumt hatte; den man ins Exil getrieben hatte..., der in Amerika mit den gewöhnlichen Leuten Umgang pflegte... – aber in seiner Vorstellung dennoch auf einem Thron saß; der jede Gefahr missachtete, um zu seiner sterbenden Mutter zu gelangen und sich darüber grämte, dass sie es nicht erleben durfte, ihn seine bürgerlichen Kleider mit dem königlichen Purpur vertauschen zu sehen; der in London als gewöhnlicher Polizist getreulich seinen Wachdienst versah und seine beschwerliche Runde abschrittt, aber dabei von einem zukünftigen Abend träumte, wo er die langen Korridore in den Tuilerien durchschreiten würde; ...der seinen sorgfältig vorbereiteten inhaltsschweren Ausbruch von Beredsamkeit kritischen Ohren darbot; der sich als Gefangener wiederfand, als Gegenstand niedriger Witzeleien,... – aber weiter von Krönungen und glänzenden Aufzügen träumte wie ehedem; der als vergessener Gefangener in den Kerkern von Ham lag – und doch plante und vorbereitete und von zukünftigem Ruhm und zukünftiger Macht sann; endlich Präsident von Frankreich! Ein Staatsstreich, und vom beifallspendenden Heer umringt, willkommen geheißen vom Donner der Kanonen, besteigt er einen Thron und schwingt vor einer staunenden Welt das Zepter des Kaiserreichs!...“*

War ausgerechnet der spöttische Amerikaner Mark Twain der meist unterschätzte Monarchist unserer Zeitrechnung? Napoleon III. ist auf jeden Fall ein sehr unterschätzter französischer Kaiser.

Ein Teil der Geschichte des Louvre ist im Keller des Sully-Flügels untergebracht. Vor einigen Jahren wurden hier die dicken Fundamente des ersten Louvre, der Festung Louvre, ausgebuddelt. Bis zu neunhundert Jahre alt, brauchen sie anscheinend von Zeit zu Zeit ihre Ruhe und sind darum nicht an allen Öffnungstagen zugänglich.

Eine der stilleren Ecken des Louvre ist die Salle Saint-Louis, rechts nach oben vor den Fundamenten. Hier ist es sehr dunkel und auch ein bisschen gruselig.

* Mark Twain, Reise durch die alte Welt (The Innocents Abroad), hrsg. von Helmut Wienken, Hoffmann und Campe Verlag, Hamburg 1964

Erwartet Sie seit über 800 Jahren: Maske in der Salle Saint-Louis

Die Rue de Rivoli hinauf, Richtung Place de la Concorde, hat das „Musée des Arts décoratifs“ eine Heimat gefunden. Es liegt innerhalb der Louvre-Mauern, ist aber ein eigenständiges Museum und wurde nach fast zehnjähriger Renovierung im Jahr 2007 wiedereröffnet. Seine 9 000 Quadratmeter wirken gegen das enorme Nebenan eher bescheiden, auch wenn seine gewaltige Halle allein drei Stockwerke umfängt. Man muss kein ausgesprochener Kenner des Kunsthandwerks sein, um die Exponate und die herrlich restaurierten und ausgestatteten Räume zu bestaunen und die französische Kulturgeschichte anhand von Mode und Stil in Kleidung, Einrichtung und anderen Kategorien zu verfolgen.

Die kleine Schwester des Louvre und ihre große Halle

In diesem Museum erwartet Sie ferner ein sehr angesagtes (Sie kennen dieses Synonym für ‚teuer' vielleicht) Restaurant mit Namen „Le saut du Loup" – „Wolfssprung“, mit herrlichem Blick auf den Louvre.

Weiter die Rue de Rivoli hinauf kommen Sie zur Place des Pyramides. Ägyptisches sucht man vergebens. Der Platz trägt seinen Namen wegen Napoleons Siegen im Schatten der gleichschenkligen Dreiecke. Vollkommen sinnleer an dieser Stelle das Standbild der Jeanne d'Arc, „pucelle d'Orléans" genannt nach dem französischen Wort für Floh, „puce", für Johanna ins Feminine gesetzt.

Goldfloh

Ägypten trifft Orléans. Zu Lebzeiten ist Johanna nie in Paris gewesen. Tapfer reckt die kleine goldene Frau auf ihrem Ackergaul ihre Lanze in die Höhe und fragt sich wahrscheinlich im Stillen, was sie jetzt hier soll.

Einmal nur, im Hundertjährigen Krieg, war sie kurz vor den Pariser Stadttoren, um auf eigene Faust die englandfreundlichen Burgunder aus der Stadt zu vertreiben. Hat in diesem ersten Anlauf nicht geklappt.

Dem antriebslosen König von Frankreich, Karl VII., war Johannas Umtriebigkeit und ihr Anstürmen gegen die Burgunder unbequem. Er verbot ihr weitere Militäraktionen und als sie nicht folgte, verriet er sie an die Burgunder, die sie wiederum an ihre Freunde, die Engländer verkauften, die sie vor Gericht stellten.

Sie wurde verurteilt und auf dem Scheiterhaufen verbrannt, weil sie Männerkleidung und die Haare kurz trug und einen Pakt mit dem Teufel geschlossen hatte, wobei „Teufel“ reine Auslegungssache war...

5. PALAIS-ROYAL

Eine klitzekleine Kanone, Schwarz-Weiß auf Schweizer Art, Orden, Orden, Orden, Sterneküche, Sehrnaherholungsgebiet mit Picknickplatz, ein gestandener Kardinal, ein König in der Pubertät, Medaillons und Meridiane. Blücher hat verloren.

Metro: PALAIS ROYAL - MUSÉE DU LOUVRE
Ausgang: PALAIS ROYAL - MUSÉE DU LOUVRE PLACE COLETTE

Beim Verlassen der Metro-Station wölbt sich über Ihnen ein Dach aus bunten Perlen aus Murano-Glas, der „Kiosque des Noctambules", Kiosk der Schlafwandler. Mit diesem Werk konnte im Jahr 2000 schlüssig belegt werden, dass der Anspruch „schön und nützlich" des Schöpfers der Jugendstil-Metro-Eingänge, Hector Guimard, immer noch zu verwirklichen ist. Na gut, die bunten Glasbällchen sind nicht unbedingt nützlich... aber dafür umso schöner!

Links von Ihnen, zwischen zwei Brunnen, die Avenue de l'Opéra, unschwer am vergoldeten Dach der Oper an ihrem Ende zu erkennen. Hinter Ihnen, auf allen Seiten von Straßen umtost, Immobilienmakler würden leise lächelnd „freistehend“ sagen, der „Louvre des Antiquaires“, dahinter le Musée du Louvre.

Im Gegensatz zum Museum bietet dieses Haus auf zehntausend Quadratmetern über 30 verschiedene Kunstrichtungen aus der ganzen Welt zum Verkauf an! Ein gutes Regenprogramm zum Gucken und Kaufen.

Die gleichmäßigen Kolonnaden vor Ihnen tragen die Fassaden der Comédie-Française, unter den fünf französischen Nationaltheatern das einzige mit festem Ensemble. Die Comédie Française wurde 1680 von Ludwig XIV. ins Leben gerufen, zunächst als Schauspieltruppe ohne festen Wohnsitz (und ohne Bindestrich).

Was Sie vor sich sehen, wurde 1790 als „Théâtre des Variétés amusantes“ für Louis-Philippe d'Orléans gebaut. Der smarte Bourbone gab sich während der Revolution den Namen „Bürger Philippe Égalité“. Hat ihm nur kurz genutzt. Unter der Terrorherrschaft, als es allmählich keine Rolle mehr spielte, wessen Blut floss, solange es nur floss, erging Befehl, alle Bourbonen einzusperren, derer man noch habhaft werden konnte und sie sofort zu guillotinieren.

Die Revolution fraß alle ihre Kinder, auch die, die sich „Égalité“ nannten. Kurz darauf hatte Louis-Philippes Amüsierschuppen bereits einen neuen Namen: „Théâtre de la République“.

Im Juli 1794 starb Robespierre, der „Unbestechliche“, selbst unter der Guillotine. Drei Jahre zuvor hatte er in der Nationalversammlung noch die Abschaffung der Todesstrafe propagiert, inzwischen aber Hunderte hinrichten lassen.

Mit seinem Tod endete die Herrschaft des Schreckens „la terreur“. 1798 wurde das Theatergebäude restauriert und 1799 unter neuem Namen eröffnet: „La Comédie-Française“.

Locke von Robespierre, nicht im Bild: eine Haarsträhne von Marie-Antoinette, im Schaukasten vis-à-vis (Musée Carnavalet)

Im ersten Stock des Theaters ein alter, schäbiger Sessel unter Glas: In diesem Sessel erlitt Jean-Baptiste Poquelin, genannt Molière, am 17. Februar 1673 bei einer Aufführung seines Stückes „Der eingebildete Kranke“ auf der Bühne einen Schwächeanfall. Stunden später starb er. Erst nach seinem Tod schloss sich seine Theatertruppe mit den rivalisierenden Schauspielern von Lully im Jahr 1680 zur Gesellschaft Comédie Française zusammen. Ludwig XIV. hatte diese Verbindung befohlen, er war es satt, von den Bühnenrivalen immer wieder als Streitschlichter angerufen zu werden. Man hat ja schließlich auch noch was anderes zu tun.

Alles unter einem Dach: Das vorspringende Gebäude zu Ihrer Rechten ist der Haupttrakt des Palais-Royal, Sitz des französischen Staatsrats. Die Bezeichnung riecht so ein bisschen nach den Genossen mit der Mauer zum Schutz des Sozialismus, hat aber rein gar nichts damit zu tun. Der Conseil d’État ist das oberste französische Verwaltungsgericht und letzte Instanz bei der Prüfung von neuen Gesetzen vor ihrer Vorlage beim Kabinett. Den äußeren rechten Gebäudeflügel hat das französische Kultusministerium bezogen und in der Verlängerung des Gebäudes der Comédie-Française tagt der französische Verfassungsrat.

Betreten Sie den Garten, den Jardin du Palais-Royal, über die Galérie de Montpensier an der linken Seite des Haupttrakts und wundern Sie sich nicht über die schwarz-weißen Stelen zu Ihrer Rechten. Ein helvetischer Künstler durfte dies hier, im Ehrenhof des für Kardinal Richelieu erbauten Palastes, abstellen. Heiter ist die Kunst. Und tatsächlich stimmt dieses Werk heiter, wenn man weiß, dass seit der Aufstellung dieser so genannten „Stelen" der Platz zwischen den Kolonnaden nicht mehr als Parkplatz genutzt werden kann. Zudem bieten die kleinen schwarz-weißen Hocker jede Menge Sitzgelegenheit...

Wenn man das schwarz-weiße Kunstwerk hinter sich gelassen hat und den Garten durch die Galérie de Chartres betritt, wird es erstaunlich still. Man fragt sich, ob bei Betreten der Stätte der Lärm des geschäftigen Viertels drumherum abgestellt wurde (und wo sich der segensreiche Schalter befindet). Ein schöner Ort für eine kleine Sandwich-Pause, oder für ein Nickerchen.

Links liegt die Galérie de Montpensier, rechts die Galérie de Valois, geradeaus, am Ende des Gartens die Galérie de Beaujolais. Der Palast hinter Ihnen wurde, wie erwähnt, von Richelieu gebaut und hieß daher zunächst „Palais-Cardinal". Kardinal Richelieu... Vielleicht erinnern Sie sich an ihn über diese Mantel- und Degenfilme, Musketiere, Lady de Winter und so? Oder haben Sie dieses berühmte Porträt vor Augen – der Kardinal in Rot und... im Stehen? Er bevorzugte den Stehplatz. Als Metapher, denn zu seiner Zeit wurden klerikale Häuptlinge ausschließlich im Sitzen porträtiert, nur den weltlichen Fürsten stand Stand zu.

Er war ein außergewöhnlicher Mann mit einer außergewöhnlichen Karriere. So wurde er beispielsweise bereits mit 22 Jahren zum Bischof geweiht. Vor Erreichen des kanonischen Alters! Damals war selbst der Papst bereits auf den jungen Kleriker aufmerksam geworden und hatte entsprechenden Dispens erteilt. Als Bischof sprang Richelieu kurzfristig für seinen älteren Bruder ein, der es vorgezogen hatte, als Pater zu den Karthäusern zu gehen. Da König Heinrich III. der Familie die Bischofswürde liebenswürdigerweise als Ersatz für den im Krieg gefallenen Vater übertragen hatte, wollte man sich auf keinen Fall undankbar zeigen. Nebenbei brachte die Bischofswürde monatlich einen schönen Batzen Geld ein.

Richelieu fiel auf, denn er war ein sehr kluger Kopf und brillanter Redner. Maria von Medici, die das Land nach der Ermordung ihres Gatten Heinrich IV. für ihren Sohn Ludwig XIII. regierte, solange der noch zu klein war, holte sich den Kirchenmann an ihren Hof. Das war der erste Schritt in ihren Untergang.

Aber erst mal wurde der kleine Ludwig flügge und Mutter Maria hatte nichts mehr zu sagen. (Pubertär ist ja schon schlimm, aber pubertär und König, das muss für Mütter die Hölle sein!) Schlimmer noch: Sie musste auf Geheiß Ludwigs XIII. und seines engsten

Vertrauten Charles d'Albert, der vom königlichen Falkner zum ersten Minister aufgestiegen war, ins Exil flüchten. Richelieu blieb.

Wutentbrannt zettelte Maria mit ihrem zweiten Sohn Gaston eine unbequeme Revolte gegen ihren Erstgeborenen an. Richelieu vermittelte, Mutter und Sohn vertrugen sich. Maria kehrte nach Paris zurück und sorgte dafür, dass der Friedensstifter mit der Kardinalswürde ausgestattet wurde. Ein schöner Zufall wollte es, dass Charles d'Albert kurz darauf einem Fieber erlag und die Stelle des ersten Ministers vakant wurde.

Im Garten des Palais-Royal

Der Weg war frei: Richelieu wurde erster Minister, erlangte im Handumdrehen mehr Macht über Ludwig als Mutter Maria je gehabt hatte und unterband ihren Einfluss. Er wurde sehr mächtig, aber als er sich am 11.11.1630 mit den deutschen Protestanten gegen Habsburg und Spanien verbünden wollte, trat Maria wieder auf den Plan. (Bemerkenswert, dieses ur-rheinische Datum. Vor allem, weil diese Geschichte in Köln endet.)

Die Königinmutter überzeugte ihren Sohn Ludwig, sich mit den Katholiken zu verbünden und den Mann in Rot nicht nur vor die Tür zu setzen, sondern in ihrem Palais du Luxembourg einzusperren. Aber den ehrgeizigen Kardinal konnte nichts aufhalten: Er kletterte über die Mauer und marschierte unaufhaltsam bis vor seinen König. Den überzeugte er dann seinerseits von der Richtigkeit seiner Pläne und Bündnisse, sodass nur Stunden später nicht mehr der Kardinal, sondern Maria unter Hausarrest stand. Sie flüchtete, wurde in Abwesenheit wegen Hochverrats verurteilt, geächtet. Ihr gesamter Besitz wurde beschlagnahmt.

Maria von Medici musste in Köln, im ungeheizten Atelier ihres alten Freundes Peter Paul Rubens, unterkriechen. Dort, in der Sternengasse im heiligen Köln, starb sie, allein und verarmt. Maria von Medici, Mutter des Königs von Frankreich und der Königinnen von England und Spanien. Ihr gebrochenes Mutterherz ruht hinter dem Dreikönigenschrein im Kölner Dom, ihre Gebeine wurden nach Frankreich zurückgeholt und in der Königsgruft in Saint-Denis beigesetzt.

1642 starb Richelieu. Er vermachte sein Palais Ludwig XIII., der ein Jahr später seinem Kardinal folgte, hatte er doch fast sein Leben lang nichts anderes getan. Der Dauphin, Ludwig XIV., war zu dieser Zeit noch nicht mal fünf Jahre alt. Wieder muss eine Mutter das Zepter übernehmen, diesmal Anna von Österreich, Gattin Ludwigs XIII. Und auch diese Königinmutter musste natürlich beraten werden. Am besten von einem Kardinal. Richelieu hatte vorgesorgt und seinen Nachfolger als regierender Minister bereits eingearbeitet.

Guilio Mazarini hieß der gute Mann, dessen Name seine italienische Abstammung nicht leugnen konnte. Ein italienischer Erzieher für den König? Schnell taufte man ihn um. Künstlername: Jules Mazarin.

Sofort nach dem Tod des königlichen Gatten war Anna von Österreich mit ihren beiden kleinen Söhnen aus dem dunklen, feuchten Louvre ins Palais-Cardinal gezogen, das somit zum Palais-Royal avancierte. Ihr italo-französischer Kardinal ließ sich ebenfalls hier nieder. Er wollte seiner Königin und dem Dauphin nahe sein und bezog das Appartement zwischen Anna und ihrem Sohn Ludwig. Als regierender Minister führte er die königlichen Geschäfte sogar noch sechs Jahre nach der Krönung. Ludwig XIV. war schließlich schon im zarten Alter von vier Jahren inthronisiert worden.

„Wand an Wand mit Mazarin" – Anna konnte dieser WG rein gar nichts abgewinnen. Trotzdem blieb sie bis zur „Fronde", einem Aufstand gegen Adel und König, als es sicherheitstechnisch nicht mehr zu verantworten war, den König von Frankreich in diesem ungeschützten Palais wohnen zu lassen. Es ging zurück in den befestigten Louvre, den der Sonnenkönig später Richtung Versailles verließ.

Ludwig XIV. schenkte seinem Bruder, traditionell „Monsieur" genannt, das Palais-Royal und von da an blieb es im Besitz der königlichen Familie. Aus diesem Grund entwickelte es sich zu einem fröhlichen, ausgelassenen Ort, wo jeder tun konnte, was er wollte, da der Polizei der Zutritt zu königlichen Besitztümern verwehrt war.

Louis-Philippe II., später Philippe Égalité, noch später guillotiniert, erkannte die Goldgrubenqualitäten der Immobilie und ließ, nachdem er sie geerbt hatte, die Häuser und Arkaden bauen, die den Garten hinter dem Palais bis heute von drei Seiten umschließen. Die Nachfrage war sensationell („Lage, Lage, Lage!") und in kürzester Zeit war alles vergeben. Der gute Louis-Philippe II. zeigte sein goldenes Herz, verteilte in Zeiten großer Not großzügige (Geld-) Geschenke, öffnete die Spielhöllen in seinem Palais-Royal dem Volk und so kam seine Wohltätigkeit letztendlich wieder ihm selbst zu Gute.

1789 bildete das rechtsfreie Palais-Royal die Kulisse für Camille Desmoulins, als er hier das maßgebliche Signal für den Ausbruch der Französischen Revolution gab. Vielleicht am 13. Juli 1789, vielleicht sogar ein oder zwei Tage vorher. Der Sturm auf die Bastille am 14. Juli war lediglich eine Folge, der Auslöser war Desmoulins' Brandrede. Er hielt sie auf einem Tisch, vor den Arkaden des damaligen „In"- Café de Foy, Nummer 57 bis 60 der Galérie Montpensier.

Ein entsprechendes Denkmal stand bis 1941 im Garten des Palais-Royal. Leider fiel es den Nazis in die Hände, deren Bedarf an waffenfähigen Materialien zum Einschmelzen vor den Bronzestatuen in Paris nicht haltmachte.

Während der Revolution entwickelt sich das Palais-Royal zu einem der berühmtesten Rotlichtviertel dieser Zeit. Glücksspiel, käufliche Liebe und Betrügereien sind eine gesittete Umschreibung für das, was dort wirklich abging. So beschreibt Louis-Sébastien Mercier* das Palais-Royal als „Hauptstadt von Paris", als einen „Tempel der Wollust, aus dem die hell glänzenden Laster sogar noch das Phantom der Scham verbannt haben".

Schnurstracks hierhin kommt Blücher, nachdem er gemeinsam mit Wellington Napoleons Fahrschein (einfach) nach St. Helena abgeknipst hatte. In einer Nacht im Palais-Royal soll der Sieger von Waterloo seinen gesamten, millionenschweren Besitz verspielt haben. Man munkelte, die Napoleon-Bezwinger hätten in den Etablissements unter den Arkaden gemeinsam mehr Geld verloren, als Frankreich an Kriegsreparationen zu zahlen hatte.

Am 31. Dezember 1837 ist Schluss mit lustig, mit Bordellen, Duellen und Saufgelagen: In der Stadt Paris wird das Glücksspiel verboten und das Palais-Royal geräumt.

* Sebastien Lemercier: Tableau de Paris, Berlin, Rütten & Loening, 1989

Ein kleines Andenken aus der vorrevolutionären Zeit ist die kleine Kanone im Zentrum des Gartens. Im Jahr 1786 hatte der Uhrmacher Rousseau auf dem Meridian von Paris, der genau vor seinem Geschäft, 95, Galérie de Beaujolais, verlief, eine Art horizontaler Sonnenuhr aufgestellt. Bei Sonnenhöchststand, also um 12 Uhr wurde das Sonnenlicht mittels Brennglas auf einen Pulversatz konzentriert und ein Kanonenschuss, hier: „-schüsschen", ausgelöst. Mit Hilfe dieses „Mittagskanönchens" konnten diejenigen, die Uhren besaßen, diese stellen und die Uhrlosen wussten, was es geschlagen hatte. 1799 wird die Kanone in die Mitte der Gartenanlage gestellt und schießt dort zuverlässig bis 1914. Im Jahr 1990 wurde sie wieder in Betrieb genommen. Manchmal funktioniert sie noch heute.

Mittagskanönchen

In der hinteren linken Ecke des Palais-Royal liegt das „Grand Véfour", dessen unscheinbares Aushängeschild nicht ahnen lässt, welch geschichtsträchtige Räume sich hier verbergen. Im „Grand Véfour" speiste bereits Napoleon und bis zu einem Terroranschlag in den 70er Jahren blieb das Restaurant komplett im Direktoriumsstil der nachrevolitionären, vorkaiserlichen Zeit erhalten. Es wurde vollständig restauriert und blieb „en vogue“ in Kreisen, in denen dieser Ausdruck nie fällt.

Hier speiste schon Napoleon: „Le Grand Véfour“

Von draußen kann man kaum mehr als die bemalten Decken erkennen, wenn man sich nicht auf die Zehenspitzen stellt, um hinein zu blicken. Falls Sie Hunger verspüren und gern spontan sind, vergessen Sie's. Man sollte mindestens zwei Monate im Voraus reservieren. Die Preise fürs Essen richten sich nach den besternten Leistungen der Küche (zur Zeit 3 Michelinsterne) und der Lage. Im Moment kostet ein Drei-Gang-Menü zur Mittagszeit ca. 90 Euro, am Abend ab 120 Euro, das Sechs-Gang-Menü ca. 250 Euro.

Wunschkonzert

Ganz anders die Preise bei Madame Joliet, der freundlichen Dame mit dem anmutigen Spieluhrengeschäft, nur einige Häuser weiter, ebenfalls in der Galérie du Beaujolais. Auf den wenigen zauberhaften Quadratmetern findet sich immer ein kleines Mitbringsel und die Preise passen sich jedem Geldbeutel an.

„Eine Rose ist eine Rose ist eine Rose." Mehr zu diesem Thema findet sich bei „Les Parfums de Rosine", 105, Galérie de Valois. Teure, hochexklusive Duftwässerchen auf Rosenbasis.

Marie-Hélène Rogeon hat sich dem Duft der Rosen verschrieben. Dabei kommen ihre Parfums nicht durchweg lieblich daher: Es gibt auch den frischen Herrenduft. Falls Sie hier Geld ausgeben, kommen Sie in den Genuss einer unvergleichlichen Einpackzeremonie, bei der das erworbene Produkt kunstvoll zunächst in farbiges Seidenpapier gehüllt und dann vorsichtig in Schachteln aus goldverziertem Karton gelegt wird. Dann kommen noch Schleifen und Kärtchen etc. pp. hinzu. Billig ist es nicht, so ein Kartönchen. Aber schön.

Außerdem in der Galérie Valois (Nr. 156): Schuhe von Pierre Hardy für gut betuchte Exzentriker, oder stylisches Schwarz bei Rick Owens (Nr. 130-133), nicht zu vergessen „Les Salons du Palais Royal Sisheido“, noch ein Tempel des Parfums, hier von Serge Lutens und geradezu sündhaft teuer (Nr. 140). Marc Jacobs’ kostspielige Couture erwartet Modefetischisten in der Galérie Montpensier.

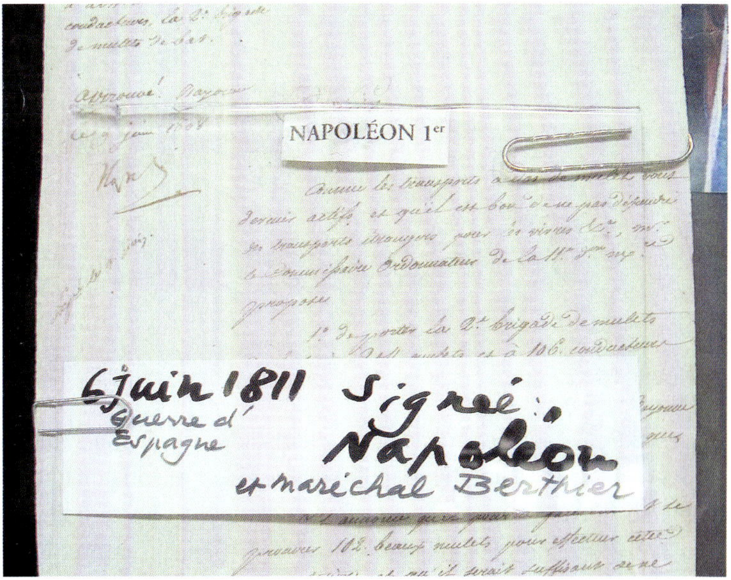

Von Kaiserhand: Auch Handschriften findet man in den Geschäften unter den Arkaden des Palais-Royal.

Nachtrag: „Meridian von Paris“: Die Internationalen Meridian-Konferenz von Washington im Jahr 1884 beschloss, dass der Greenwich-Meridian, nicht der Nullmeridian von Paris, als Internationaler Nullmeridian eingesetzt werden sollte. Die Franzosen enthielten sich bei der Abstimmung der Stimme und waren stocksauer. Ihr schöner Meridian, der doch durch das renommierte Pariser Observatorium und von da aus durch Paris verlief, war bereits seit dem Jahr 1718 in Gebrauch und im Jahr 1806 von Arago noch dazu exakt berechnet worden. Der ausgediente Nullmeridian ist seit dem Jahr 1995 als Hommage an den Physiker in Form von kleinen Bronzeplaketten ins Pariser Pflaster eingelassen.

Diese Aktion des niederländischen Künstlers Jan Dibbets blieb weitgehend unbeachtet, bis Dan Brown in seinem ansonsten unterhaltsamen Buch „Sakrileg“ den alten Nullmeridian kurzerhand in eine hanebüchene „Rosenlinie“ verwandelt. Danach gab es kein Halten mehr und viele der 135 Plaketten wurden per Stemmeisen zu Souvenirs umfunktioniert.

Auf dem Pflaster der Galerien des Palais-Royal finden Sie mehrere dieser ca. 12 cm großen, runden Plättchen. An einer müssten Sie bereits vorbeigegangen sein, wenn Sie auf dem beschriebenen Weg in den Garten gegangen sind. Sie ist rechts vom Eingang unter den Arkaden Ecke Place Colette und Conseil d'État, Rue Saint-Honoré, unter den bunten Auslagen des Nippesgeschäftchens, eingelassen.

Im Jahr 2000 wurden in ganz Frankreich weitere Täfelchen zur Feier der ehemaligen französischen Meridianrechnung angebracht. Sie tragen die Aufschrift „An 2000 – La Méridienne Verte" und vertreten als Teil eines botanischen Monuments durch ganz Frankreich zur Jahrtausendwende Bäume an Stellen, wo Baumpflanzungen nicht möglich sind. Anhand des Pariser Meridians, dessen hier gedacht werden soll, wurde schließlich zum ersten Mal der Umfang der Erde gemessen und das Urmeter bestimmt. Das erlaubte der Revolution, als erste das metrische System einzuführen. (Am Haus links neben dem „Ritz" auf der Place Vendôme hängt noch eins dieser Ur-Meter.)

Wenn Sie die Galérie de Montpensier durch den kleinen Gang bei Nr. 3 verlassen, gelangen Sie in die Rue de Montpensier, von der aus vier zwergenkleine Passagen in die Rue de Richelieu führen: die Passage de Richelieu, die Passage Potier, die Passage Hulot und die Passage de Beaujolais.

Die Häuser in der schmalen Rue de Montpensier (Arago-Medaillon vor Nr. 9!) boten früher einen herrlichen Blick auf die Gärten des Palais-Royal. Dann wurde die Galérie Montpensier gebaut und die Mieten fielen. Vorne, zur Rue Saint-Honoré hin endet die Straße bei der Comédie Francaise und am Ende, Ecke Rue de Beaujolais, am Théâtre du Palais Royal, das gutes Boulevard-Theater spielt.

Was essen?

In die Enge der Passage Potier schmiegt sich ein kleines Restaurant mit 6 Tischen. Das mag man kaum glauben, darum heißt es auch „L'Incroyable".

Unglaublich klein: Das „L'Incroyable"

Für ein Essen in wunderschönem Jugendstil-Rahmen, empfiehlt sich das schöne – und erheblich teurere „Grand Colbert“. Dazu verlassen Sie das Palais Royal durch die „Hintertür“, den Durchgang durch die Galérie de Beaujolais – bei den Spieluhren – über die Rue de Beaujolais, rechts in die Rue des Petits Champs, überqueren und sofort links in die Galérie Colbert.

Das „Grand Colbert“ ist eine der feineren Brasserien in Paris und wurde ebenso wie die gleichnamige Galerie, in der es liegt, im Jahre 1985 wiedereröffnet. Nebenan in der Galérie Vivienne erwartet Sie das „A priori thé“, natürlich zum Tee, aber auch zum Frühstück oder Brunch. Man kann auch „draußen“ sitzen. Sehen Sie selbst:

blitzeblank, fast steril – im Gegensatz zu einigen ihrer rummeligen Schwestern, den Passagen.

Am Ausgang beider Galerien zur Rue Vivienne die erste Pariser Boutique und die Ateliers von Herrn Jean-Paul Gaultier, dem Gott der Streifen.

6. VOM LOUVRE ZU „LES HALLES“

Unanständige Straßennamen, Schweinsfuß in Jugendstil, ehrlose Butter-Eier-Käse-Händler, Räubersprache, eine unechte Königin, echt kopflos. Boissy-Saint-Léger oder Yokohama?

Metro: LOUVRE – RIVOLI
Ausgang: AMIRAL DE COLIGNY (8 rue de l'Amiral Coligny)

Der Rue de Rivoli Richtung Concorde folgen, das heißt, die geraden Hausnummern sind zu Ihrer Rechten und steigen an. Links von Ihnen der älteste, östliche Teil des Louvre, in dem sich die Cour Carrée verbirgt.

Gehen sie rechts in die Rue Marengo, bleiben Sie auf der rechten Seite, überqueren Sie die Rue Saint-Honoré und dann schräg rechts in die Rue Jean-Jacques Rousseau, der Sie auf der linken Seite folgen. Die erste Straße, eher Gasse, ist die Rue du Pélican.

Ein bisschen „Irma la Douce“ und sehr „Bohème“: Zimmer im Hotel de Lille

Im Haus mit der Nummer 8 empfängt das Hotel de Lille* seine zahlreichen Stammgäste und entspricht fast keiner Anforderung der modernen Hotellerie. Muss es auch nicht, denn wahrscheinlich ist es das authentischste Stück altes Paris im ganzen Quartier und Umgebung. Die Rezeption befindet sich gleich rechts hinter der Eingangstür und besteht aus einem großen alten Sessel vor einem kleinen alten Schreibtisch. Und der charmanten Monique!

Wie kommt wohl eine Straße mitten in Paris zu diesem schönen Namen – Pélican? Zuerst hieß die Straße „Poil-au-Cul". Das ist kein schöner Name, denn er steht für menschlichen Haarbewuchs an einer schwer zugänglichen Körperstelle. Die Straße verdankt diesen unverblümten Namen den Mädchen, die bereits im 14. Jahrhundert hier ihre Dienste anboten, und ihren Freiern. In der Folge wird noch manches Mal über solche Lotternamen zu sprechen sein.

Jedenfalls: Im 14. Jahrhundert lag diese Straße extra muros und in den anliegenden Hütten widmete man sich dem Fischhandel. Ein ernsthaftes Geschäft, das keinen Spaß vertrug. Die Fischhändler wollten logischerweise statt des drastischen Straßennamens was Seriöses. Und „Pélican" kam ihrer Auffassung von „seriös" scheinbar entgegen. Also: „Rue du Pélican". Die Revolution in all ihrer Spießigkeit konnte solch eigenmächtiges Handeln nicht dulden und nannte die Straße „Rue Purgée", geläuterte Straße. Allgemeines Glucksen bei den Ladies vom Straßenstrich, die unverdrossen in der Wie-auch-immer-Straße ihrer Arbeit nachgingen.

1800 dann ein erneuter Versuch: „Rue de la Barrière des Sergents", nach dem benachbarten Polizeiposten in der Rue Saint-Honoré. Als sich niemand um Benennung und Umbenennung scherte, gab man der Straße 1802 offiziell ihren seriösen, ornithologischen Namen zurück.

Was essen?

Rue Jean-Jacques Rousseau Nr. 16. Sie stehen fast davor. Pizza in Paris? Warum denn nicht?

* www.hotel-paris-lille.com

Manche gehen ja sogar zur „Goldenen Möwe“, „MackDo“, nennen es die Franzosen. Die Pizza in dieser einladenden Pizzeria ist hauchdünn, frisch belegt und sehr köstlich. Pasta wird ebenfalls frisch serviert. Die Preise sind niedrig, die Bedienung sehr freundlich.

Auf der rechten Seite, Hausnummer 19, gehen Sie unter dem alten Stuck des Eingangsbogens in Galérie Véro-Dodat. Véro und Dodat waren zu ihrer Zeit wohlhabende Fleischermeister und wollten sich ein kleines Denkmal leisten, was ihnen aufs Schönste gelungen ist. Die Galerie wurde 1926 eröffnet und war zur damaligen Zeit ein echter Renner, denn sie bot dem flanierenden Großstädter nicht nur den Luxus, bei Regen trockenen Fußes von der Rue Jean-Jacques Rousseau in die Rue Croix des Petits Champs zu gelangen, sondern überdies eine hochmoderne Gasbeleuchtung.

Lampenengelchen in der Galérie Véro-Dodat

Verlassen Sie die Galérie nach links in die Rue Jean-Jacques Rousseau. Das runde Gebäude rechts ist die die behäbige Silhouette der ehemaligen Getreidebörse.

Sie schwenken nach rechts um die Rotunde herum, bis links von Ihnen eine schlanke Säule auftaucht.

Dies ist so genannte „colonne astrologique“. Sie erhob sich ursprünglich in der Ecke eines kleinen Hofs, der zum Hôtel de Soissons der Katharina von Medici gehörte.

Die Säule wurde im Jahre 1575 errichtet und nicht 1572, wie uns eine Inschrift glaubhaft versichern möchte. Im oberen Bereich ein bisschen toskanisch – untenherum eher dorisch – misst sie 31 Meter in der Höhe. Die 18 Fugen waren in der ersten Zeit fein verziert mit Füllhörnern und Kronen. Später kamen noch zerbrochene Spiegel und zerrissene Knoten dazu, als Zeichen von Katharinas Trauer nach dem Tod des geliebten Gatten, Heinrichs II. Und natürlich auch hier die ineinander verschlungenen Hs und Cs. (Das von Heinrich in Auftrag gegebene Wappen mit den Hs und Cs ergibt allerdings auch hier, wie in der Cour Carrée, das „D“, seiner geliebten lebenslangen Mätresse Diane de Poitiers.)

Nun, egal ob Hs, Cs oder Ds: Während der Revolution wurde der üppige royale Schmuck unter Putz gelegt und die Säule zum Zeiger einer Sonnenuhr umfunktioniert. Es ist ausschließlich dem revolutionären Putz zu verdanken, dass einige der königlichen Monogramme erhalten blieben und bis heute sichtbar sind. Vive la Révolution!

Im Innern der Säule führen 147 Stufen empor, im unteren Drittel aus Stein, weiter oben aus Holz.

Durch eine quadratische Öffnung von je 65 cm Kantenlänge gelangte man auf das Kapitell, das immer noch von runden und halbrunden Metallbändern abgeschlossen wird. Es ist nicht mehr nachzuvollziehen, ob diese Bänder astrologischen oder astronomischen Zwecken dienten, oder ob sie die Turmbesteiger ganz einfach vor den Gesetzen der Schwerkraft schützen sollten. Die Maße der Öffnungsklappe und die schmalen Stufen sind indes sicheres Indiz dafür, dass die korpulente Katharina von Medici die Säule nie von innen gesehen haben kann.

Immerhin hat sie ihre schlanken Astrologen und Astronomen hinaufgeschickt. Die Tatsache, dass die vier Winkel des Kapitells genau nach den vier Himmelsrichtungen ausgerichtet sind, stützt diese Theorie. Manche Historiker vermuten, die Säule sei als Wachturm benutzt worden. Dagegen spricht jedoch der Gang, von dem nur noch eine vermauerte Tür in ca. vier Metern Höhe kündet, und der die Säule direkt mit den Schlafgemächern der argwöhnischen Königin verbunden hätte.

Wäre die Säule – wie ebenfalls angenommen wird – im Gedenken an Heinrich II. erst nach dessen Tod errichtet worden, hätte sie gemäß der Pläne des alten Schlosses im hinteren Winkel eines Innenhofs gestanden. Gedenken im Verborgenen – auf diese Idee wäre man wohl bei den Royals nie gekommen. Wie dem auch immer sei, die geheimnisvolle Säule hat einiges hinter sich. Seit einigen Jahren steht sie sogar Denkmalschutz! Ihr einziger Einlass ist eine bescheidene Holztür, und die wird noch eifrig von der Stadtreinigung als Besenkammer genutzt... Der eingebaute Briefkasten ist schon seit Jahren verwaist.

Aufgegebene Post

Wenden Sie der Säule und der Börse den Rücken zu und gehen sie durch die albernen grünen Metallbögen, die an die Hallen erinnern sollen, geradeaus, bis zur Rue Berger. Einen Blick geradeaus, in die bescheiden-liebliche Rue Sauval.

Was essen?

Wenn Sie der Rue Sauval in die Rue Saint-Honoré folgen, finden Sie bei Nummer 95 das „Bistrot du 1er". Das steht jedenfalls direkt über der Tür. Ein wenig weiter oben finden Sie den Schriftzug „A la renommée des herbes cuites" – in Goldlettern, wie es sich für einen der schönsten erhaltenen Butter-Eier-Käse-Läden des alten Paris gehört. Die Malereien hinter den Schaukästen, die „fixés" erinnern an das goldene Zeitalter der „BOF"-Läden (beurre, oeufs, fromages), denen ein durchweg schlechter Ruf gemeinsam war, da die Inhaber ihre Monopolstellung schamlos ausnutzten.

„À la renommée des herbes cuites" bot außerdem Delikatessen an und bis zum Ende des 19. Jahrhunderts verkündete ein Schild den Weltruf des Spinats „La renommée des Epinards", bis man sich anfangs des 20. Jahrhunderts aus ungeklärter Ursache auf Kräuter verlegte. Wie dem auch sei: eine „formule" zu Mittag kostet ca. 15 Euro und ist sehr zu empfehlen.

Dann links die Rue Berger hinunter, noch einmal an der gesammelten Scheußlichkeit des Forum des Halles vorbei. Schauen Sie einfach nicht hin. Spätestens 2013 soll das alles verschwunden sein und bereits etwas Neues stehen. Das neue Projekt heißt „La Canopée", Blätterdach. Ein riesiges halbtransparentes Dach, wie die Baumwipfel eines Waldes. Hauptanliegen: Stadt und Natur mittels integriertem Kaufhaus auf sinnvolle Weise zu verbinden. Aha. Wird die nächste Umwidmung des alten Hallenareals die aktuelle am Ende übertreffen?

Zwei von Baltards alten Hallen wurden gerettet und wieder aufgestellt. Zur Besichtigung eines dieser schön erhaltenen Relikte können Sie mit der RER A2 Richtung Boissy - Saint-Léger, nach Nogent-sur-Marne fahren. Dort steht sie, in der Rue Victor Basch.* Die zweite erhaltene Baltard-Halle steht in Yokohama. Also, Yokohama in Japan. Ihre Entscheidung.

Im Haus mit der Nummer 11, Rue Berger, befindet sich schon sehr, sehr lange eines der alten Hallen-Lokale: „Le Louchébem“. Es ist vor allem für fleischfressende Pflanzen unbedingt zu empfehlen, die Portionen und die Preise sind sehr anständig. „Louchébem“ ist ein Wort aus dem „argot“, der Gaunersprache, und bedeutet nichts anderes als „boucher“, Metzger. Das Hallenviertel zog Ganoven an wie ein Magnet. Man sprach Rotwelsch. Französisches Rotwelsch wohlgemerkt, Argot eben. Da bedeutete „lamfé“ femme, Frau, „lesieum“ Monsieur, „ligogem“ gigôt, also Lamm, „latronpuche“ stand für Patron usw... Noch mehr Argot erklären die witzigen Papiertischdeckchen im „Louchébem“.

An der Ecke der Rue Berger mit der Passage des Lingères begann der Cimetière des Innocents, der Friedhof der Unschuldigen Kinder, der längst in Vergessenheit geraten wäre, hätte man nicht einige Meter weiter die Fontaine des Innocents erhalten. Der damalige Friedhof reichte bis zur Rue Saint-Denis, wo der Brunnen seit 1550 in eine Mauer eingebaut war. Als der Friedhof 1780 geschlossen und ein Großteil der Gebeine auf andere Friedhöfe umverteilt worden war, hielt hier (hmmmm!) ein Gemüsemarkt Einzug, und der Brunnen wurde an die Stelle versetzt, an der er jetzt steht. Er ist der letzte seiner Art, der letzte Renaissance-Brunnen der Stadt.

Jetzt zurück, zur Kirche Saint-Eustache. Durchqueren Sie die gründlich missratenen Grünanlagen aus den Siebziger Jahren des letzten Jahrhunderts. Finden Sie gar nicht so schlimm? Nachts trauen sich noch nicht mal die Polizisten hierhin. Höchstens in Dreierstreifen. Lesen Sie vielleicht in memoriam das erste Kapitel aus Zolas „Bauch von Paris“, das alle Farben, Töne und Gerüche der alten Hallen wieder aufleben lässt, und schämen Sie sich Ihrer Tränen nicht.

* www.pavillon-baltard.fr

Umrunden Sie Saint-Eustache mit der Kirche auf Ihrer linken Seite und Sie gelangen in die Rue Montmartre. Gegenüber, über dem Eingang des Hauses Nr. ein abbröckelnder Schriftzug: „Passage de la Reine d'Hongrie". Die Passage ist nur einige Meter zugänglich und die sind nicht wirklich öffentlich, aber einen kurzen Blick hinein wird Ihnen niemand verwehren.

Hier fehlen das H, das N, das G und der Durchgang.

Zur Passage de la Reine d'Hongrie wird folgende Geschichte erzählt: In den alten Zeiten, als das Wünschen noch geholfen hat, kurz vor der Revolution, trug man einer jungen Anwohnerin dieser Passage auf, Marie-Antoinette eine Botschaft zu überbringen.

Die Königin meinte, eine gewisse Ähnlichkeit zwischen ihrer Mutter Maria Theresia, Kaiserin von Österreich und Königin von Ungarn und besagter Botin Julie Bécheur zu erkennen und sagte dies dem Mädchen. Geschmeichelt erzählte es die Geschichte fortan jedem, der davon hören wollte und allen anderen ebenso. Höhnisch nannte man sie „Königin von Ungarn" und bald wurde der kleine Durchgang nach ihr benannt. Leider ging die junge Frau in ihrem Bekenntnis zur Monarchie ein wenig zu weit. Eine eher ungeschickte Haltung, die sich nach dem Ausbruch der Revolution als geradezu kopflos erweisen sollte.

Gehen Sie noch ein paar Schritte weiter die Rue Montmartre an der Mauer von Saint-Eustache entlang und dann links, in den Impasse Saint-Eustache. An ihrem Ende erreichen Sie einen Seiteneingang, durch den Sie die Kirche betreten.

Kleine Passage – große Kirche

Die größte Renaissancekirche Frankreichs hat eine Länge von 105 Meter, eine Breite von 43 Meter und eine Gewölbehöhe von 33 Meter. Sie ist damit 25 Meter kürzer als Notre Dame, aber mehr als zehn Meter breiter und immerhin einen halben Meter höher.

Einer der Seitenaltäre wurde gestaltet von Keith Haring, das ist der mit den strampelnden Strichmännchen. Manchmal weicht er für kurze Zeit anderer moderner Kunst. Ein weiterer Seitenaltar ist geschmückt mit einer modernen Plastik („modern“ im Sinne der 70er Jahre) und zeigt Masons rührende, naive Darstellung des unwiderruflich letzten Markttages vor Saint-Eustache, ein Geschenk der Hallenhändler an ihre Gastgemeinde.

„Auszug der Früchte und Gemüse aus dem Herzen von Paris“

Wenn Sie die Kirche durch den Haupteingang verlassen haben, sehen Sie im Eckhaus rechts das „Au Pied de Cochon“. Eins der alten Hallen-Lokale, seit eh und je 24 Stunden geöffnet. (Wann die da putzen? Immer irgendwo. Ein Teil des mehrstöckigen Restaurants wird dann kurz abgesperrt.)

Jugendstil, die Bedienung sehr versiert und „très speed“, am Wochenende zum Teil lange Warteschlangen. Die Spezialität des Hauses ist und bleibt der gebratene Schweinsfuß, von außen kross, sieht auch lecker aus, von innen eine klebstoffartige Masse. Muss man mögen.

Vielleicht bestellen Sie sich eine Zwiebelsuppe. Die gehört hierhin, die wurde an den Hallen geboren. Knochen und unverkäufliche Fleischfetzen köchelten damals in großen Töpfen den ganzen Tag vor sich hin und wurden mit dem Billigsten, was im Angebot war, Zwiebeln, zu einer Suppe ergänzt. Hartes Brot und Käse drauf. Voilà, fertig war die „Soupe à l’oignon“.

Die Küche des „Au Pied de Cochon“ hat das Prinzip beibehalten, das Fleisch für die Brühe kommt jetzt allerdings aus dem Großmarkt in Rungis.

Ebenfalls in bzw. unter den Hallen geboren wurden die „Champignons de Paris“: Zu den 300 Kilometern unterirdischer Gänge unter Paris gehören unzählige unterirdische Steinbrüche, in denen man das Baumaterial für die Bauwerke in der Stadt an Ort und Stelle brach.

In die Keller unter den Hallen gelangte dazu jede Menge Pferdemist, ideale Bedingungen für die Zucht der kleinen, weißen Champignons. Die unterirdischen Hallen waren mehrere Stockwerke tief.

Tiefer als die untersten Gleise in der unterirdirdischen Metro Station „Les Halles“.

Nachtrag 1: Markttage finden jetzt in der Rue Montmartre statt, auf dem so genannten „Marché Saint-Eustache-Les Halles“, donnerstags von 12.30 Uhr bis 20 Uhr und sonntags von 7 Uhr bis 15 Uhr. Immerhin fast 16 Stunden Markt pro Woche an einem Ort, wo über 600 Jahre lang jeden Tag von morgens 1 Uhr bis nachmittags um 17 Uhr alles angeboten wurde, was die Stadt brauchte...

Nachtrag 2: Es war der Stadterneuerer Haussmann, der an Baltard den Auftrag vergab, die Pariser Markthallen „neu“ zu gestalten. Die ersten „alten“ Hallen stammten teilweise noch aus dem 12. Jahrhundert. Nichts wie weg damit. Haussmanns Projekt wurde dann 1969 von Pompidou zum Tod durch die Abrissbirne verurteilt. Das Urteil wurde größtenteils im August 1972 vollstreckt, damit die urlaubenden Pariser sich nicht zur Wehr setzen konnten.

Gegen diese auf präsidialen Wunsch durchgeführte Rodung des alten Paris waren Haussmanns Abrissarbeiten ein Klacks. Nur Paris konnte diese Total-Operation seines „Bauchs“, die der Stadt fast Herz und Seele entrissen hätte, überleben. Aber Paris hat schon anderes überlebt. Auch Monsieur le Président Pompidou.

7. CENTRE POMPIDOU

Regale voller Sprachlosigkeit, ein Kastanienbaum aus Amsterdam, Bahnhofscafé ohne Bahnhof, der Heilige Ludwig und die Sünderinnen, eine ganz leise Glocke, Ganz-Klein-Venedig. Das war nie Molières Theater, das heißt nur so.

Metro: RAMBUTEAU
Ausgang: Rue Beaubourg côté pair

Rechts von Ihnen, bei Nr. 22 der Rue Beaubourg führt sie der kleine Impasse Berthaud mit seinen 700 Jahren auf dem Buckel in einen Innenhof, der den Eingang des Musée de la Poupée bewacht.

Kleiner Garten, kleines Museum, dienstags bis sonntags von 10 Uhr bis 18 Uhr geöffnet. Keine 150 Meter vom Rummel vor dem Centre Pompidou entfernt, treffen Sie auf einen unerwartet idyllischen Ort mit niedlichen Bewohnerinnen und Bewohnern, einige über 200 Jahre alt. Sie begegnen Charakterköpfen aus Porzellan, Holz, Zelluloid und anderen Materialien.

Innen natürlich alle mehr oder weniger hohl. Und im Gegensatz zu manchem Kollegen außerhalb des Museums wohltuend sprachlos.

Direkt neben dem Puppenmuseum liegt der Jardin Anne Frank, eine direkte Verbindung vom Museum zum Garten gibt es leider nicht.

Um in diesen kleinen Park zu gelangen, gehen Sie den Impasse Saint-Berthaud zurück, dann erste links, Rue Beaubourg und gleich wieder erste links, Rue Rambuteau.

Noch ein letztes Mal links und Sie betreten die kleine Großstadtoase durch die enge Cité Noël. Der Kastanienbaum gleich links stammt aus einer Frucht von dem Baum vor dem Haus in Amsterdam, den Anne Frank in ihrem Buch beschreibt.

Der Garten gehört historisch zum Hôtel de Saint-Aignan aus dem Jahr 1640, in dem das Musée d'Art et d'Histoire du Judaïsme eine umfassende und wertvolle Sammlung vor den Besuchern ausbreitet. Der Eingang zum Museum befindet sich bei Hausnummer 71, Rue du Temple.

Als die Stadt Hôtel und Garten im Jahr 1962 kaufte, widmete man sich zunächst der Sammlung. Der Garten blieb sich selbst überlassen und verfiel immer mehr. Leider, denn Le Nôtre selbst, des Sonnenkönigs Lieblingsgärtner, hatte die Bepflanzung der 4 000 Quadratmeter entworfen.

Im Jahr des Herrn 2002 wird stadtseitig nach reiflicher Überlegung entschieden, dass auch der Garten der Öffentlichkeit zugänglich gemacht werden soll.

Aber nicht so verwahrlost. Was soll man machen? Der Bürgermeister träumt von einem „Garten als Lebensraum", wer immer ihm diese Idee auch eingepflanzt haben mag. Die Architekten möchten Le Nôtre die Ehre erweisen und seinen Garten nach den Originalvorlagen wieder erstehen lassen. Man einigt sich auf ein Kompromiss: Zwei Trennmauern erinnern daran, dass für einen Teil des Fundaments des Hôtel de Saint-Aignan wieder einmal die Wehrmauer des guten Philippe-Auguste herhalten musste.

Seit 2008 gibt es das „Anne-Frank-Musical", mit Zustimmung der Anne-Frank-Stiftung, weil es, wie der Regisseur sagt, „Kinder und Jugendliche noch mehr bewegen würde, als es ein Buch oder eine Ausstellung vermögen"*. Über diese musikalische Unternehmung darf man sicherlich geteilter Meinung sein. Jedenfalls regt sie zum Nachdenken an. Vielleicht auch zu kurzem Innehalten. Bänke gibt es reichlich in diesem kleinen Garten.

Links in die Rue Rambuteau, links in die Rue du Temple, überqueren und dann rechts in die Passage Sainte-Avoie. An der Tormauer befindet sich ein Türöffner. Dieser Durchgang ist von 8 Uhr bis 18 Uhr öffentlich.

* „Der Spiegel", Ausgabe vom 08.01.2008

Gut versteckt in der Passage Sainte-Avoie

Durch die Passage Sainte-Avoie gelangen Sie nach Überqueren der Rue Rambuteau in die Rue Pecquay, rechts in die Rue des Blancs-Manteaux und dann links in die Rue du Temple, die Sie ebenfalls überqueren. Am Ende der nächsten Straße rechts, der Rue Simon Le Franc erhebt sich der Pompidou-Klotz.

Reizloser Kontrast?

Der Torbogen der Nr. 41 führt Sie in das „Centre de Danse du Marais“. Das „Café de la Gare“ – hier war noch nie ein Bahnhof! – stellt in den Sommermonaten Tische und Stühle in den Hof. Aus den Fenstern klingt Klaviermusik und Fußgetrappel, an den Türen Hinweisschilder zu den einzelnen Klassen, nach Komponisten benannt.

Wer ist Gerschwin?

Das erste Café de la Gare eröffnete in den alten Fabrikationshallen einer Ventilatorenfabrik in der Nähe der Gare Montparnasse. Ein riesiger Saal wurde „instandbesetzt". Dort boten von 1969 bis 1972 der Komiker Colulche und seine Künstlerfreunde hochintelligenten Klamauk für fast 6000 Besucher an. 1972 zieht das „Café de la Gare" hierher, in die Gebäude einer ehemaligen Poststation aus dem 17. Jahrhundert.

Rechts in die Rue du Temple und wieder rechts in die Rue Saint-Merri. Nach ein paar Metern rechts der Impasse du Bœuf, seit ein paar Jahren der Öffentlichkeit verschlossen. Beim Blick durch das Gitter werden Sie feststellen, dass hier auch nicht allzu viel Platz für Publikumsverkehr ist.

Folgen Sie der Rue Saint-Merri über die Rue du Renard hinweg, links in die Rue Brisemiche. Und direkt wieder rechts in die Rue du Cloître Saint-Merri, die Sie vor die Kirche Saint-Merri führt, das ist die Kirche hinter der putzigen Fontaine Stravinsky mit Figuren von Jean Tinguely und Niki de Saint-Phalle.

Aktiver Einsatz für den Taubenschutz vor Saint-Merri

Die Heiligenstatuen der Front wurden nach dem Vorbild derjenigen über dem Hauptportal von Notre-Dame gefertigt und genau wie diese während der Revolution zerstört (und bereits 1832 wiederhergestellt). Den Revoluzzern durfte nichts heilig sein, das hätte gegen ihren Glauben verstoßen.

So manches entging ihnen in ihrer lauten Raserei. Zum Beispiel die kleine Glocke in dem hohen, runden Türmchen rechts, wenn man vom Micky-Maus-Brunnen aus schaut, die wohl zu zart bimmelte. Und was die Revoluzzer nicht hören konnten, konnten sie auch nicht einschmelzen. Die kleine „Merri" läutet also weiter vor sich hin, das kann sie gut, das tut sie seit 1331.

Damals wurde die Prostitution in Paris noch mit bis zu 300 Hieben auf die Fußsohlen und einem kahl geschorenen Kopf bestraft, Wiederholungstäterinnen auf dem Sklavenmarkt verkauft. Und das Viertel rund um die Kirche war aufgrund der Nähe zu den Hallen der geschäftigste Teil des damaligen „Milieus". Schließlich sogar mit königlicher Genehmigung, obwohl Karl der Große im Jahre 808 befohlen hatte, Freudenmädchen aus der Stadt zu verbannen, sonst s.o...

Das mit den Stockhieben erschien 500 Jahre später den Mächtigen des Spätmittelalters eher frühmittelalterlich und damit reformbedürftig. Man wollte was Modernes. Und ausgerechnet der Heilige Ludwig, Ludwig IX., machte sich an eine ausführliche Reform der Prostitution. Danach war so richtig auch nichts anders, allenfalls noch ungeordneter als vorher, jetzt waren die Ladies mal verboten, dann wieder toleriert.

Chronologisch: Ein Erlass von 1254 verbot den Berufsstand zunächst mal komplett. Es passierte, was immer passiert – jetzt wurde die ganze Sache erst richtig interessant. Die öffentlichen Häuser wurden geschlossen. Man verlagerte, genau wie im damals noch nicht entdeckten Amerika zur Zeit der Prohibition, Dienstleistung und Problem in die Keller.

Der Erlass wurde zwei Jahre später zurückgenommen und durch eine Verordnung ersetzt, die die Tätigkeiten der Mädchen reglementierte und sie vor die Stadtmauern von Philippe-Auguste verbannte. Dort wurde in Hütten aus Brettern (= bords) weitergearbeitet, die irgendwann kurz „bordes“ und die Mädchen „bordelières“ genannt wurden. Genau.

Nach der Erweiterung der Stadtmauer durch Karl V. befanden sich die entsprechenden Straßen dann intra muros. Sie trugen deftige Namen, die dem Passanten unmissverständlich klar machten, wo er sich hier befand: „Brise-Miche“, ein Hintern also, stark genug, einen Brotlaib zu Bröseln zu verarbeiten, „Trace-putain“, wo man der Hure folgt, „Gratte-cul“, wo man sich am Allerwertesten kratzt, „Tire-Boudin“, noch unappetitlicher.

Im näheren Umkreis gibt es auch heute noch die Straße „des mauvais garçons“, der bösen Jungs, oder auch „petit-musc“, die mit kleinen Moschusochsen nichts zu tun hat. Nein, nichts. Die Bezeichnung entstand aus dem früheren Straßennamen „pute-qui-muse“, trödelnde Hure.

Und dann gibt es noch die „Rue des deux boules“, aber die heißt ganz bestimmt nach einem alten Gewerbeschild, was ernsthafte Historiker ganz bestimmt zu belegen wissen. Diese Details verdanken wir dem akribischen Werk des Monsieur Hillairet. Seine Bücher finden Sie in guten Antiquariaten.*

„Ganz ohne Weiber geht die Chose nicht!“ Das dämmerte dem grand conseil der Stadt bereits im Jahr 1358. Man drückte sich allerdings gewählter, französisch-lateinisch gemischt aus:

„Les pécheresses sont absolument nécessaires à la Terra“. Für die Welt ehrlich unentbehrlich, die Sünderinnen.

Zum guten Schluss setzte Hugues Aubriot, Vogt von Paris, im Jahr 1367 die Bezirke fest, in denen die Prostitution unter den vom Heiligen Ludwig festgesetzten Auflagen fürderhin erlaubt sein sollte. Unter diesen Bezirken befanden sich eben auch die ständig überfüllten Straßen rund um Saint-Merri, wo Händler und Kunden ab 1 Uhr morgens unablässig zu den Hallen drängten und später dann wieder in die umgekehrte Richtung.

* Jacques Hillairet: Dictionnaire Historique des rues de Paris, Les Éditions de Minuit, Sixième Édition

Den Damen vom horizontalen Gewerbe ging es hier gut. So gut, dass sich ihre Zahl im 15. Jahrhundert bereits auf irgendwas zwischen 5000 und 6000 erhöht hatte. Man hatte sich allmählich zu einer angesehenen Körperschaft (nie war der Ausdruck treffender) zusammengefunden, man hatte eigene Gesetze, Statuten, Privilegien und zog einmal im Jahr in feierlicher Prozession zu Ehren der Heiligen Magdalena, Schutzpatronin der Frauen, Verführten, reuigen Sünderinnen und vieler anderer, darunter auch die Frisörinnung, zur Kirche.

Die Polizeipräfektur setzte schließlich noch durch, dass die vielen „maisons de tolérance" mit einer großen auf Glas gemalten Zahl kenntlich gemacht wurden. Die Herbergsmütter mussten für die Hygiene sorgen und dem mit der Kontrolle beauftragten Arzt zweimal in der Woche ein Untersuchungszimmer zur Verfügung stellen.

Saint-Merri also immer mitten drin. Sie hat nicht nur eine äußerst geschichtsträchtige Lage, sie ist zudem eine der eindrucksvollsten Kirchen von Paris. Camille Saint-Saëns, der 1853 auf der Empore als Organist sein Brot verdiente, hat sie sicher auch gefallen. Jeden Samstag um 21 Uhr finden auf der berühmten Orgel von 1647 klassische Konzerte statt. Der Eintritt ist bislang frei. Spenden für die dringend nötige Renovierung der Kirche werden nicht zurückgewiesen. Nach den Sonntagskonzerten, jeweils am ersten und dritten Sonntag im Monat kann man sich einer ausführlich kommentierten Besichtigung anschließen.

Gehen Sie über die Rue Saint-Martin ganz links am Vorplatz des Centre Pompidou vorbei, über die Rue Rambuteau und dann wieder links, in die Passage Molière.

Diese Passage wirkt älter als sie ist, mit ihren knapp 220 Jahren. Sie entstand, als 1791 das Théâtre Molière in der Rue Quinquampoix eröffnet wurde und man einen Durchbruch für den Künstlereingang des Theaters schuf.

Was essen?

Das Restaurant „Au vieux Molière“ liegt sehr günstig und bietet trotzdem einen annehmbaren Mittagstisch und Service bei nicht allzu hohen Preisen.

Passage Molière

Und direkt gegenüber dem Restaurant liegt immer noch das „Théâtre Molière“? Also, nicht direkt das Théâtre Molière, das wurde 1807 geschlossen. Danach folgte ein tiefer Abstieg, wie ihn viele Theater, Museen, Kirchen und andere Gebäude überall auf der Welt erlebten und erleben.

Bis 1836 immer mal wieder als Theater benutzt, verkam es zum billigen Bankettsaal, Waffenlager, Papierlager. Man teilte es in eine obere und eine untere Hälfte und riss die üppige Fassade zur Rue Saint-Martin ab.

Mitte des 19. Jahrhunderts fand sich der „Club der Patrioten“ in der Restbaracke zu Sitzungen zusammen. 1869 wird das Theater als Ort für politische Versammlungen letztmalig offiziell erwähnt. Danach wird es schlicht vergessen. Händler nisten sich ein und zerstören, was noch zu zerstören ist.

Erst 1994 erinnert man sich. Der Pariser Bürgermeister ordnet die Wiedereröffnung an. 160 Jahre nachdem sich der Vorhang zum letzten Mal gehoben hatte, ist es 1995 wieder da; nicht mehr so plüschig, nicht mehr so golden, dafür mit einer dezent modernen Einrichtung, deren Rot an die frühere Einrichtung des „théatre à l'italienne“ erinnert. Sehenswert im „Théâtre Molière Maison de la Poésie“, so heißt es nämlich jetzt, sind auch die Ausstellungen im komplett restaurierten Keller.

Achja, und das Restaurant. Manchmal geöffnet, manchmal geschlossen. Künstler halt.

Theater rechts, gehen Sie vor bis ans äußerste Ende dieser 42 Meter langen Passage und dort links in die Rue Quinquampoix.

Dieser Name ist nicht über die Jahre aus einem anderen Namen entstanden oder die Verballhornung von irgendwas, der war immer so. Oder fast, denn vor über 800 Jahren begann die Karriere dieser Straße mit dem Namen „Quiquenpoist“, weil hier jemand, der so hieß, seinen Geschäften nachging. Vor über 800 Jahren!

Biegen bei der ersten Möglichkeit links ab, in die Rue de Venise.

Ein bisschen was ist übrig geblieben:
die Rue de Venise vor dem Centre Pompidou

Hier muss wohl das mit dem „sich dünne machen“ entstanden sein, denn erstens wimmelte es im Hallenviertel von Räubern und Dieben, die sich – ständig auf der Flucht vor den Gesetzeshütern – in dem Gewirr der engen Straßen quasi in Luft auflösen konnten und zweitens: beleibte Menschen kamen ohne Baucheinziehen kaum aneinander vorbei, geschweige denn schnell weg.

Dies sind die letzten 52 mal 2 Meter, die man der Rue de Venise gelassen hat. Sie würde auch ohne den dahinter aufragenden Würfel winzig wirken, weil sie einfach winzig ist. Viele ähnliche Straßen mussten für den Koloss und seine Entourage weichen, nachdem sie vom 14. Jahrhundert an bis ins Jahr 1970 Nacht für Nacht ab ein Uhr die Staus der Markthändler ertragen und die Ernährung der Stadt getragen hatten.

So oder so ähnlich wie in der Rue de Venise sah es früher in diesem Viertel überall aus. Die Wände etwas schwärzer, das Pflaster nicht so sauber, viel weniger Wind, viel weniger frische Luft und viel mehr bitterarme Leute. (Die sind jetzt fein raus. Raus der Stadt. Und rein in die Platte. – Man hat es gut gemeint. Sicher.)

Abschließend meinen Sie, das Centre Pompidou mit Bibliothek, Aussichtsterrasse und Restaurant erfülle doch zumindest seinen Zweck? Stimmt, aber das gilt auch für viele andere, x-beliebige, öffentliche Gebäude. Dieses rohrverschalte Etwas war nie was, wird nie was. Blick auf die Stadt gewähren Ihnen auch andere Bauwerke. Buntes Treiben auf dem Vorplatz? Passen Sie auf Ihre Wertsachen auf.

8. LE MARAIS

Tod eines Königs, Umzug eines Königs, Tod eines Engländers, Umzug einer Königin, Schiller und die Löwen, Rettung durch Philosophie, Tod eines Liebhabers, noch eine Königin, noch ein Umzug. Heinrichs Kronjuwelen, Kommissar Maigret, viele Spatzen und ein wackliges Pferd.

Metro: SAINT-PAUL

“Ach, das Marais!” Sollte Karl V., König von Frankreich, bereits gewusst haben, dass es bei einer Immobilie nur auf eins ankommt: Lage, Lage, Lage? Aber damals, als Lutetia noch als kleine gallische Siedlung ein unbekanntes Dasein fristete, war das Marais das, nach dem es benannt wurde. Ein unbewohntes Moor. Dann kommt lange nichts und dann das Hochmittelalter und mit ihm eben jener Karl V., Sohn des Jean le Bon, Johann des Guten.

Am 22. Februar 1358 befand sich der gute Johann in englischer Gefangenschaft, als 3000 Aufständische unter Führung von Etienne Marcel in den königlichen Palast auf der Seine-Insel eindrangen: Monsieur Marcel war der einflussreiche Vorsteher der Seinekaufleute und mit der Gesamtsituation unzufrieden. Um seinem Herzen Luft zu schaffen und seinen politischen Forderungen nach mehr Demokratie Nachdruck zu verleihen, ging er es demokratisch an und ließ die Berater sowohl zur Rechten als auch zur Linken des Dauphins meucheln. Ein wahres Schlachtfest, so bestialisch, dass die Kleidung des zwanzigjährigen Prinzen nass von Blut war und er sich ausgerechnet unter dem Umhang von Marcel in Sicherheit bringen musste, um unerkannt zu fliehen. Er verließ die Stadt, konnte aber im August bereits zurückkehren, als Marcel seinerseits einem Attentat zum Opfer gefallen war.

Der Gestank der dicht besiedelten Seine-Insel muss unerträglich gewesen sein und insofern kam Karl V. das abscheuliche Morden sehr entgegen. Er hatte nun einen guten Grund, das stinkige Gedrängel hinter sich zu lassen. Die schrecklichen Erinnerungen an den Aufstand im königlichen Palast waren für das Volk nachvollziehbar. Und wenn nicht, war das auch egal – wozu war man schließlich König geworden?

Majestät zieht es ans rechte Seine-Ufer, dorthin, wo das Kloster Saint-Pôl steht. In unmittelbarer Nachbarschaft lässt er das Hôtel St-Pôl errichten. An dieser Stelle findet sich heute nur noch das Quai des Céléstins. Es war Karls Plan, die Stadt Paris über das rechte Ufer der Seine hinaus auszudehnen. Ansonsten gab es zu dieser Zeit noch nicht so viel auf dem Gelände des heutigen Marais. Außer einer Abtei: Saint-Martin des Champs, Sankt Martin in den Feldern. Felder? War nicht von „marais", Moor, die Rede? Doch, aber die unerschrockenen Mönche, die dort bereits seit dem 8. Jahrhundert ansässig waren, hatten das Land bearbeitet und einen einträglichen Obst- und Gemüsehandel mit Produkten ihrer Felder in Schwung gebracht. Bio, versteht sich, alles Bio.

Kehren wir zurück zu Karl V. und seinen Umzugsplänen. Mitsamt König wurde die erwähnte Lage bereits vor fast 700 Jahren très, très chic. Adel und Geldadel ziehen hierher, und jeder, der meint, dazuzugehören, auch. Hochaktuell, dieses Gehabe... Man grüßt sich, man geht einander um den Bart, man ist unter sich.

Ein Stadtpalast nach dem anderen entsteht. Das Viertel boomt und dieser Boom wird selbst durch das bartholomäische Massaker im Jahr 1572 nur kurz aufgehalten. Nachdem wieder Ruhe eingekehrt ist, lässt Heinrich IV. die Place Royale (heute: Place des Vosges) fertigstelllen, eines der prestigeträchtigsten Projekte, wo man bis heute nicht wohnt, sondern residiert, oder sich einen Briefkasten leistet, um eine vornehme Adresse zumindest vorzutäuschen.

Ludwig XIV. zieht schließlich aufs Land, nach Versailles. Adel und Geldadel hinterher, und jeder, der meint, dazuzugehören, auch. Es wird ruhiger im Viertel, Pomp und Protz wandern ab. Handwerk und Handel kehren zurück. Trotz Revolution, die hier, wo die Stadtpaläste des Adels – verlassen oder nicht – dicht an dicht stehen, besonders wütet.

Das Marais mausert sich zu einem äußerst emsigen Viertel. Kleidung und Leder, Hutmacherei, Goldschmiede und Edelsteinschleifer, Kunstschmiede, Präzisisonsinstrumente, Glasbläser. Einwanderer von überallher steuern zur Vielfalt der angebotenen Waren internationales Know-How und ihre jeweiligen Traditionen bei.

Dafür muss Unrentables wie Klöster und Abteien weichen. Waisenhäuser ebenfalls. Die industrielle Revolution duldet keine Nächstenliebe, wenn die Quadratmeterpreise steigen. Das Viertel verliert an Ansehen. Immer mehr. Wer sich die Renovierung ererbter Immobilien nicht leisten kann, nimmt Schindeln aus dem Dach, um den Verfall und somit Abriss des Gebäudes zu beschleunigen. Ein trauriger, schmutziger Ort war es geworden, das Marais. Hierhin schickt Georges Simenon seinen Kommissar Maigret in den 20er Jahren des 20. Jahrhunderts, um in überfüllten, verwanzten Absteigen Verbrecher zu jagen.

In den 60er Jahren des 20. Jahrhunderts wird kurzerhand beschlossen, soviel wie eben möglich von der verfaulten Bausubstanz des Marais niederzureißen und dem ältesten erhaltenen Viertel der Hauptstadt mittels Abrissbirne und Wohnblocks eine neue Identität zu geben. (Die Rue Brantôme, neben dem Centre Pompidou ist ein schönes Beispiel für diese Art liebevoller Stadterneuerung und architektonischer Selbstfindung, von der auch das Centre selbst kündet.)

Da schlägt die Stunde des Retters. Er naht in Gestalt des Kultusministers, André Malraux, der mehr als einmal bewiesen hat, dass es eine sehr gute Idee war, einen Philosophen zum Kultusminister der Grande Nation zu ernennen! Er hat vor vierzig Jahren den Grundstein dafür gelegt, dass das Marais wiederersteht und dass der schwierige Drahtseilakt zwischen der Pflege des historischen Erbes, der Grundstücksspekulation und dem Erhalt der traditionell hier angesiedelten Berufsgruppen in der Zwischenzeit scheinbar mühelos gelingt.

Wir beginnen unsere kleine Reise durch das Marais und seine Geschichte auf den Stufen der Kirche Saint-Paul-Saint-Louis mit einer Herzensangelegenheit:

Vor der Revolution (sic!) ruhten rechts und links des Hauptaltars in kostbaren Reliquaren die Herzen des dreizehnten und vierzehnten Ludwigs. Die Revolution hatte keinen Bedarf an Verehrung von Königsherzen, das Gold der Reliquare war hingegen sehr willkommen: Und daher wurden die Schreine eingeschmolzen. Die Herzen waren Nebensache. Doch hatte die Revolution nichts zu verschenken, Herzen schon überhaupt nicht. Und so verkaufte man die königlichen Organe, die man öffentlich für völlig wertlos erklärt hatte, heimlich, still und leise und für teures Geld an den Maler Saint-Martin.

Wie viele andere Maler dieser Zeit benötigte er die menschlichen Herzen als Rohstoff zur Herstellung einer speziellen, bräunlichen Farbe, „mummie“ genannt, die man gewann, indem man Öl mit der getrockneten und zerstoßenen organischen Materie mischte. Kein Mineral, keine Pflanze erzielte einen so einzigartigen Glanz und darum war der ganz besondere Saft in getrockneter Herzform sehr gesucht und hoch bezahlt.

Der Sonnenkönig hatte ein großes Herz, sodass Saint-Martin nur einen kleinen Teil davon für seine Zwecke verbrauchte. Das Herz von Ludwig XIII. ließ er unangestastet. Und als die Bourbonen in der Restaurationszeit holprig wieder auf die Füße kamen, da gab der treue Maler seinem neuen König, Ludwig XVIII., reumütig die Herzen seiner Vorfahren zurück.

Der König schenkte ihm dafür eine goldene Tabaksdose. Wenn sich Ihnen der Sinn dieser Symbolik erschließt, dann melden Sie sich bitte!

Betreten Sie die Kirche durch den Haupteingang. 1641 stand Kardinal Richelieu unter der fast 60 Meter hohen Kuppel und weihte diese einzige Jesuitenkirche in Paris ein. Ludwig XV. konnte an den Jesuiten nichts finden, vertrieb sie aus der Stadt, überließ die Kirche dem Verfall und ersparte der Revolution damit eine Menge Arbeit. Die gesparte Energie ließen die Aufständischen der nahe gelegenen Kirche Saint-Paul zukommen, die in Nullkommanichts dem Erdboden gleich gemacht wurde.

Um 1802 durfte man die Kirchen wieder ungestraft zum Beten benutzen. Saint-Louis ersetzte dem Viertel Saint-Paul die zerstörte Pfarrkirche und nahm aus sentimentalen Gründen den heutigen Doppelnamen an, Saint-Paul-Saint-Louis. Saint-Paul, früher: Saint-Pôl, sollte nicht in Vergessenheit geraten, denn die Kirche gehörte zum königlichen Hôtel Saint-Pôl und gab bereits vor dem Bau des Palastes diesem ganzen schönen Viertel seinen Namen.

Wege zum Glauben: der Seiteneingang der Kirche Saint-Paul-Saint-Louis führt durch die Passage Saint-Paul

Verlassen Sie die Kirche durch ihren kleinen Seiteneingang links (mit Blick auf den Hauptaltar). Durch die Passage Saint-Paul, rechts in die Rue Saint-Paul und sofort wieder rechts in die Rue Eginhard. Ja, „Rue“ ist ein bisschen groß für die paar Meter Mittelalter. Rechts in die Rue Charlemagne.

Zu Ihrer Linken befindet sich der Sportplatz des „Lycée Charlemagne“ (seit 1797!!). Ob man als Schüler dieser renommierten Lehranstalt wahrnimmt, dass dieser Sportplatz von einer über 800 Jahren alten Mauer begrenzt wird, die irgend so ein August oder Philippe oder Philippe-August oder so, keine Ahnung!, bauen ließ? In der Mauer sind die Umrisse mehrerer Wachtürme noch sehr gut zu erkennen. Wir wenden uns dem Turm zu, der an die Rue Charlemagne grenzt.

Und schon sind wir wieder bei Heinrich II., seiner Gattin Katharina von Medici und seiner lebenslangen, 19 Jahre älteren Geliebten Diane de Poitiers. Eine weitere Rolle übernimmt in dieser Geschichte der schöne Herr Montgoméry aus England, der sich wahrscheinlich ohne Accent schrieb und Heinrich in einer sehr unglücklichen Aktion vom Leben zum Tod beförderte.

Am 30. Juni 1559 veranstaltete Heinrich ein Turnier, „carroussel“ genannt, zu Ehren der Vermählung zweier seiner Kinder. (Nein, nicht miteinander...) Man brauchte Platz und fand ihn in ausreichender Menge auf der Rue Saint-Antoine, auf dem Abschnitt zwischen der Rue de Sévigné und der Rue de Turenne, wo die von den Römern ohnehin schon sehr breit angelegte Straße noch ein bisschen breiter wird. Man streute Sand über das Pflaster und trug es sogar an einigen Stellen ab, um den Rittern und vor allem ihren Pferden mehr „grip“ zu bieten. Für den reibungslosen Ablauf der Ritterspiele wurden sogar Kreuze vor Gotteshäusern entfernt, oder wenn nötig, ein paar Bäume gefällt.

Es lief aber nicht reibungslos ab. Zunächst mal soll es vor dem Turnier einen Riesenkrach zwischen Heinrich und Diane gegeben

Sportplatz vor den Toren der Stadt.

haben, in dessen Verlauf er sich von ihr trennte, um sich nun ganz und final seiner Katharina zuzuwenden. Der Streit dauerte lang, Heinrich musste los, Turnier reiten. Es blieb keine Zeit, noch schnell die Rüstung zu wechseln. Das ging nämlich nicht schnell... Darum ritt der König ein letztes Mal, wie er trotzig dachte, in Dianes Farben ins Turnier.

Im letzten Durchgang trat er gegen den Kapitän seiner schottischen Wache an, Gabriel de Montgoméry. (Schotten passen auf Franzosen auf? Klar. Maria Stuart wurde schließlich mit Heinrichs Sohn Franz II. vermählt und in Notre-Dame zur Königin von Frankreich gekrönt.)

Der König ritt los, der Schotte ritt los. Als sie aufeinander trafen, brachen ihre Lanzen von der Wucht des Aufpralls. Das war beim letzten Durchgang normalerweise das Zeichen für das Ende des Turniers. Ihro ehrgeizige Majestät wollte freilich noch mal. Montgoméry zögerte. Aber König ist König. Erneut brachen die Lanzen. Ebenso beim dritten Mal. Dabei unterlief Montgoméry ein böser Fehler: Gemäß Turnierregeln hatte er seine Lanze beim Aufprall sofort loszulassen. Und das tat er nicht oder zu spät. Dieses Fehlverhalten ging sofort ins Auge. Und zwar in Heinrichs Auge. Die Lanze bohrte sich durch das Visier des goldenen Helmes, den Katharina dem Gatten verehrt hatte, durch das nämliche Auge und dann weiter in den Kopf. Nach 10 Tagen Agonie starb Heinrich.

Genau wie Nostradamus es vorhergesagt hatte. Katharina hätte demnach vorbereitet sein können, aber ihr Herr Hofastronom drückte sich ja immer so verschnörkelt aus. Die Königin war untröstlich. Nicht wegen Nostradamus – wegen Heinrich! Trotz aller Trauer vergaß sie nicht, umgehend Befehl zum Abriss des Palastes zu erteilen, in dem ihr König gestorben war.

Man kann es nur als Überreaktion und Unart amtierender Herrscher ansehen, dieses Niederreißen der Mauern, in denen der geliebte Gatte sein Ende fand. Auch Katharina frönte diesem merkwürdigen Brauch, der niemandem Nutzen brachte, schon gar nicht dem Toten.

Heinrichs Sterbehaus, das wunderschöne Hôtel de Tournelles mit seinen vielen kleinen Türmchen wurde in großen Teilen abgerissen und Katharina zog ins Hôtel de Soissons, an das heute noch nur noch die astrologische Säule erinnert.

Jetzt kommt der Turm ins Spiel, vor dem Sie stehen. Sie fragen sich vielleicht, was mit Montgoméry geschah? Hinter genau diesen Mauern hatte man den Schotten nach dem Turnier eingesperrt, ließ ihn allerdings relativ rasch frei. Zu schnell für Katharinas Geschmack. Er sollte doch büßen für den Tod ihres geliebten Gatten. Der Gesuchte hatte natürlich flott über den Kanal gemacht und war in Sicherheit.

Aber was tut ein alter Haudegen in Sicherheit? Er langweilt sich. Montgoméry wollte wieder hauen und stechen und dankbar zog er für die Hugenotten in die Religionskriege. Er war so davon beseelt, endlich wieder zu etwas nütze zu sein, dass er zunächst gar nicht merkte, dass er wieder in Frankreich war. Katharina hatte es schneller gemerkt.

Als Montgoméry nach einer verlorenen Schlacht gefangen genommen wurde, ließ sie ihn trotz Kapitulation hinrichten. Noch so eine herrschaftliche Unart.

In der Zwischenzeit hatte sich Diane, die Abgelegte, überlegt, was sie tun könne, um Katharina freundlich zu stimmen. Und so nahm sie die Kronjuwelen, die der König ihr geschenkt hatte, da er seiner Geliebten offensichtlich mehr als verfallen war, machte sich ein letztes Mal auf zum Hof und brachte sie zerknirscht der Königin zurück. Katharina akzeptierte die Geste. Vermisst hatte sie sie nicht, Heinrichs Kronjuwelen.

Gehen Sie nun am Sportplatz die Rue des Jardins Saint-Paul entlang, an der vormals die Gärten des königlichen Schlosses lagen. Links dieses Sträßchens hat sich das „Village Saint-Paul“ etabliert. Mäandern Sie ein bisschen, in den Eingängen findet sich jeweils ein übersichtlicher Lageplan, damit der interessierte Besucher aus den vielen kleinen Hinterhöfen auch wieder herausfindet.

Sie finden dort viele kleine Geschäfte, ein Restaurant, durch das ein öffentlicher Durchgang führt, ein Geschäft, in dem man Silber zum Pfundpreis kaufen kann, ein anderes, voll gestopft mit Fotos der Stadt aus jeder Epoche – jedenfalls aus den Epochen, in denen die Fotografie bereits erfunden war.

Und das mittlerweile in jedem Führer erwähnte Zaubereimuseum, dessen Besuch sich schon deswegen lohnt, weil man neben einigen Tricks auch Einblick in ein Pariser Kellergewölbe bekommt.

Das Village Saint-Paul bietet viel Chichi und Schnickschnack in anmutigem Rahmen. Das ist nett gemeint und liebevoll gemacht und hat mit dem Marais nichts weiter zu tun, als dass es hier liegt. Sicher nicht charakteristisch. Ja, rollen Sie ruhig mit den Augen.

Verlassen Sie das Village Saint-Paul auf die Rue Saint-Paul und gehen Sie Richtung Seine (gerade Hausnummern links, in absteigender Richtung), dann kommen Sie wie von selbst zu den deutschen Klassikern, denn die zweite Straße links ist die Rue des Lions Saint-Paul. In dieser Gegend hatte sich der gute König Franz I. („François Premier") sein „Hôtel Saint-Pôl" bauen lassen.

Was das mit deutschen Klassikern zu tun hat? Nun, zu dem riesigen, multifunktionellen Palastkomplex gehörte auch eine Menagerie mit diversen Raubtieren.

Erinnern Sie sich an: „In seinem Löwengarten, das Schauspiel zu erwarten, saß König Franz", aus Schillers „Der Handschuh"? Berühmtestes Zitat: „Den Dank, Dame, begehr ich nicht"? Schiller ließ sich von Brantômes „Das Leben der galanten Damen" inspirieren, das sich seinerseits am höfischen Leben rund um den ersten Franz orientierte. Schillers Löwen waren Franz' Löwen und Ritter Deslorges hat wirklich gelebt.

Das Türmchen am Eckhaus stammt aus dem 16. Jahrhundert und der vor Jahrhunderten in die Hauswand geschlagene Straßenname ist sogar noch ein bisschen älter.

"In seinem Löwengarten..."

Gehen Sie weiter auf der Rue Saint-Paul und dann links in die Rue de l'Ave Maria, der Sie folgen, bis vor Ihnen, an der Ecke mit der Rue du Fauconnier die Türmchen und Tore des Hôtel de Sens auftauchen. Es wurde im 16. Jahrhundert erbaut und gehört selbstverständlich in die Reihe der ältesten Bauwerke der Stadt. Und ebenso selbstverständlich hat es ganz schön was mitgemacht.

Dieses Hôtel war Kutschstation (1689-1743), dann, bis 1789, Hauptpostamt für den „Transport von Paketen, Ballen und Waren" ins Zentrum der Stadt. Während der Revolution wurde es verkauft und 1810 richtete sich hier für ein halbes Jahrhundert ein Transportunternehmen häuslich ein, dann nacheinander eine Wäscherei, eine Konservenfabrik, ein Großhändler für Hasenfelle, ein Optiker und eine Marmeladenfabrik, deren Etiketten mit dem Bild des Hôtel geschmückt waren. Schließlich, zu Beginn des 20. Jahrhunderts, befand sich im Hof eine Glaserei, während das Gebäude von 70 Mietparteien bewohnt wurde.

Vergebens erhoben sich über die Jahrhunderte hinweg verzweifelte Stimmen und flehten die jeweiligen Stadtväter an, dieses herrliche Gebäude doch bitte, bitte nicht verkommen zu lassen. Schließlich entschied die Stadt spontan, dass sie nun lange genug gewartet hatte und kaufte das, was vom stolzen Hôtel de Sens noch übrig war, zum Tagespreis.

Das war 1911. Bereits 1927 war der komplette Dienstweg abgeschritten und erste Restaurierungsarbeiten setzten ein, wurden eingestellt und schon neun Jahre später wieder aufgenommen.

Und obwohl der Krieg und manch anderes Ungemach dazwischen kam, wurden die Arbeiten am Hôtel de Sens kein Jahr später als 1957 eiligst wieder aufgenommen. Egal, mittlerweile ist es wieder ein Prachtstück.

Eine Zeitlang wohnte hier im 16. Jahrhundert Marguerite de Valois, genannt „Margot", Tochter der Katharina von Medici, Schwester

Auferstanden aus Ruinen: das Hôtel de Sens

dreier halb bis komplett debiler französischer Könige und erste Gattin Heinrichs IV., mit dem sie nicht einmal die Hochzeitsnacht verbracht haben soll. Rein äußerlich muss sie ein Prachtstück gewesen sein, bis zu einem gewissen Alter. Sogar ihre Mutter, die ja einiges vertragen konnte, vertrat die Ansicht, der Himmel habe ihr zur Sühne ihrer Sünden diese Tochter geschickt.

Tatsächlich gibt es schlechtere Ehen als die von Heinrich und Margarete. Wie soll es auch Streit geben, wenn man sich kaum einmal über den Weg läuft und sowohl tagsüber als auch nachts ein eigenes Leben führt. Bis die wilde „Margot" es irgendwann dermaßen bunt trieb, dass es selbst dem lockeren Heinrich zuviel wurde und er sie kurzerhand verbannte. In Verbannung hat sie dann zunächst einmal den alten Marquis verführt, dem ihre Bewachung übertragen worden war, und ihn anschließend vom Hof gejagt. Sie selbst traute sich dann 18 Jahre nicht raus aus ihrem Exil, bescherte Heinrich aber Ärger, wo sie nur konnte und weigerte sich, in die Scheidung einzuwilligen, solange seine Geliebte Gabrielle d'Estrées am Leben war. Nachdem diese hochschwanger und unter sehr merkwürdigen Umständen, angeblich an einer Orange, verschieden war, hatte Margot keine Einwände mehr.

Oder fast keine Einwände. Natürlich wollte sie den Titel einer Königin von Frankreich behalten, obwohl Heinrich erst zum König gekrönt worden war, als sie sich schon sechs Jahre nicht mehr an seiner Seite lebte. Außerdem musste er ihre Apanage aufstocken und ihre sämtlichen Schulden bezahlen... und dann noch die Errichtung dieser kleinen Kapelle für den Heiligen Jakob, die sie aus Dank errichten lassen wollte, sollte sie jemals nach Paris zurückkehren dürfen. Wenn das keine faire Vereinbarung war.

Und sie durfte dann 1605 tatsächlich zurück nach Paris. Heinrich erwartete sie im Ehrenhof des Louvre und seine Neue, Maria von Medici (anderer Familienzweig), hielt sich zu ihrem Empfang am Fuß der großen Treppe bereit.

Nach den Empfangsfeierlichkeiten hieß es bald: „Wohin mit ihr?" Sie konnte ja schlecht in einer „Ménage à trois" gemeinsam mit Ex und Nachfolgerin wieder im Louvre wohnen. Schließlich brachte man sie ausgerechnet im Hôtel der ehrwürdigen Erzbischöfe von Sens unter, die lebensfrohe Maid. Sie war mittlerweile 52 Jahre alt und tüchtig aus dem Leim gegangen, was sie dadurch zu kaschieren versuchte, dass sie ihre Röcke mit Weißblech verbreitern ließ. Danach passte sie zwar weder quer noch längs durch manche Tür, aber ihre Taille wirkte dank dieser Maßnahme enorm schmal... Margots Versuche, ihre blühende Couperose zu verdecken, brachten in ganz Frankreich den Gebrauch von Gesichtspuder in Mode.

Sie hätte auch Botox und Silicon und alles andere eingesetzt, wenn sie drangekommen wäre. Denn schließlich sollten die erwünschten jungen Liebhaber sie nicht wegen ihres Geldes lieben. Das gab es damals nicht, das gibt es heute nicht! Und so gelang es der dicken Margot tatsächlich, dank ihres geschönten Anblicks, junge Männer in Scharen anzuziehen, von denen nicht ein einziger es auf ihr Geld – einen Schuldenberg –, oder ihren Status – die „Ex“ von Heinrich – abgesehen hatte.

Und jung waren die... Einmal ersetzte sie einen Zwanzigjährigen, da er ihr zu alt geworden war, kurz entschlossen durch einen Achtzehnjährigen. Sie hatte wohl übersehen, dass so junge Männer auch außerhalb der Bettstatt sehr hitzig vorgehen können. Und so wurde der Ersatzgalan mit seinen achtzehn Lenzen eines Morgens – sie kam von der Messe und er hielt ihr die Kutschentür auf – direkt vor dem Hôtel de Sens von seinem Vorgänger gemeuchelt. Margot schrie Zeter und Mordio und teilte ihrem Verflossenen im Louvre mit, sie werde weder essen, trinken oder schlafen, bevor diese Tat gesühnt sei. Der Mörder wurde gefangen genommen und auf Befehl des Königs drei Tage später an Ort und Stelle geköpft, damit Margot aus dem Fenster rechts über dem Portal zusehen konnte.

Sie sah zu, aber die erwünschte Schadenfreude blieb aus. Schlimmer noch: Plötzlich gruselte sich die grausame, aufgedunsene Frau im Hôtel de Sens und zog noch am selbem Tag weit weg, aufs andere Seine-Ufer am anderen Ende der Stadt. Zunächst in ein

Hôtel, das ihr der nachsichtige Heinrich eilig zur Verfügung gestellt hatte. Danach kaufte sie den guten Brüdern vom Orden der Charité ein bebautes Grundstück ab, später auch die angrenzenden Grundstücke. Als sie genug Land zusammen hatte, ließ sie einen netten, mittelgroßen Palast für sich anlegen und einen herrlichen Garten bis hinunter an die Ufer der Seine, den sie sogar der Öffentlichkeit zugänglich machte.

Heutzutage unvorstellbar, dass ein Promi die Öffentlichkeit in seinen Garten lässt. Aber damals gab es ja auch noch nicht so eine Menge Öffentlichkeit. Die Weltbevölkerung belief sich im Jahr 1608 auf geschätzte 500 Millionen, die Einwohnerzahl der Stadt Paris auf knapp 350 000 (zum Vergleich: London zählte damals 200 000, Rom und Berlin je 100 000, Wien 70 000 Einwohner).

Margot interessierte sich nicht für Statistiken. Sie vergnügte sich in ihrem Palast und gab Heinrichs Geld aus. Irgendwann muss sie mal einen akuten Anfall von Erinnerung erlitten haben, denn ihr fiel wieder ein, dass sie doch eigentlich sofort nach ihrer Rückkehr nach Paris aus Dank eine Kapelle für den Heiligen Jakob hatte errichten lassen wollen. Im Süden ihrer Gärten wurde ein Klösterchen errichtet und in zentraler Lage eine Kapelle für den Heiligen Jakob, die durch eine Galerie trockenen Fußes vom Schloss aus erreicht werden konnte. Die vierzehn Augustinermönche waren gehalten, in der Kapelle ohne Unterlass das Lob von Margots Lieblingsheiligem zu Eigenkompositionen der „Königin“ zu singen. Sie lobten in Zweiergruppen und wechselten sich nach jeweils einer Stunde ab.

Nachdem fünf Jahre lang ununterbrochen Gesang aus der Kapelle gedrungen war, bemerkte Margot, dass die Mönche falsch sangen und ließ sie durch andere ersetzen. Zwei Jahre später starb sie. Hoch verschuldet und zu früh, um die Sängerqualitäten der Zweitbesetzung einer umfassenden Beurteilung unterziehen zu können.

Und bevor Sie nun in die Rue du Figuier, rechts vom Hôtel de Sens, einschwenken, werfen Sie noch einen Blick auf die Mauer über dem Fenster im zweiten Stock, links vom Portal. Dort steckt seit dem 28. Juli 1830 ein Geschoss fest. Revolution halt. Revolution im Juli 1830 – Juli-Revolution.

Fassadenschmuck am Hôtel de Sens aus den drei „glorreichen“ Tagen der Juli-Revolution: eine Kanonenkugel

An der ersten Kreuzung gehen Sie links, über die nächste Kreuzung weg, dann führt Sie die Rue de Jouy schnurstracks zur Rue François-Miron. Gehen Sie links, bis zum Haus Nummer 44-46. Hier befindet sich der Sitz der „Association pour la Sauvegarde et Mise en Valeur du Patrimoine historique“*, ein segensreicher Zusammenschluss von Privatleuten zur Rettung und Erhaltung historischer Gebäude

 * www.paris-historique.org

der Stadt. Dort erwarten Sie ehrenamtliche Mitarbeiter, sehr freundliche und würdige Damen und Herren, die Sie die äußerst steile Treppe hinabgeleiten zur wahren Sehenswürdigkeit des Hauses, seinen Gewölben.

****!!! Drei Sterne für Sehenswürdigkeit, Liebenswürdigkeit und Initiative!*

Vor über 900 Jahren befand sich hier der Vorratskeller der Pariser Dépendance der Abtei von Ourscamps, ca. 100 Kilometer nördlich von Paris (von der ein Teil heute noch von einer Ordensgemeinschaft genutzt wird). Am Wochenende finden sich Zimmerleute, Steinmetze, Maurer und andere Handwerker ein und arbeiten an der Restaurierung. Ebenfalls ehrenamtlich, darum Samstag und Sonntag. Staubt allerdings wie an Wochentagen.

Das Kellergewölbe ist eine Schau und vermittelt eine Ahnung von den vielen privaten Kellern und unterirdischen Gängen unter der Stadt. Die Mauer rechts der Treppe, wenn man hinaufgeht, ist aus

Styropor. Sie wurde für Dreharbeiten errichtet. Ganz oben an der Treppe steht sehr bescheiden ein kleines Tellerchen. Für Spenden. (Bitte!!!) Seit 2008 ist auch ein kleiner Hof in der ersten Etage fertig gestellt. 16. Jahrhundert. Winzig. Und echt bis ins kleinste Detail.

Auch der Empfangsraum mit den reich verzierten Deckenbalken bietet an seiner rechten Wand, dort, wo sich die Kellertreppe befindet, eine Kuriosität: Es ist eine Tür, die man in der unteren Hälfte so erweitert hat, dass Weinfässer hindurchpassten.

Die ehrenamtlichen Herrschaften haben noch viele andere wertvolle historische Zeugen aus Stein gerettet, zu denen sporadisch liebevolle und fachmännisch kommentierte Führungen stattfinden. Das Quartalsprogramm liegt aus.

Die „Association pour la Sauvegarde et Mise en Valeur du Patrimoine historique“ zeichnet ebenfalls verantwortlich für die Restaurierung des Hôtel de Beauvais, Nr. 68 dieser Straße. (Leider kann es nicht besichtigt werden, da hier das Appellationsgericht für Verwaltungssachen tagt, aber die wirklich freundlichen Ssäkjuritis am Eingang lassen Sie gern in den Innenhof.) Im August 1660 stand Anna von Österreich auf dem Balkon dieses Palastes, neben ihr der getreue Kardinal Mazarin, Erzieher des Königs, und beide schauten ergriffen zu, wie Sohnemann und Zögling Ludwig XIV. mit seiner ihm im Juni 1660 angetrauten Maria Theresia von Spanien in Paris Einzug hielt.

Ein Stückchen weiter die Rue François-Miron hinauf, auf der anderen Straßenseite stehen zwei Mitbewerber um den Titel „ältestes Haus von Paris“. Die Häuser mit den Hausnummern 11 und 13 brachten in den Siebzigern des 20. Jahrhunderts ein Radikal-Lifting hinter sich, bei dem auch das Fachwerk freigelegt wurde. Seit Anfang des 17. Jahrhunderts musste Fachwerk wegen der Brandgefahr verputzt werden. Es ist noch an vielen Gebäuden erhalten, aber nur selten so schön zu sehen wie hier.

Der historische Spitzgiebel des rechten Hauses behütet schon seit geraumer Zeit einen anscheinend kontinuierlich solventen und daher wahrscheinlich gern gesehenen Mieter. Ein Club.

„Tenue correcte“ bei Betreten erwünscht. „Club d’Echangistes“: ein Swingerclub. Das 15. Jahrhundert hat sich mit der Gegenwart anscheinend gut arrangiert.

Sieht ganz harmlos aus: Swinger-Club unter alten Balken

Rechts vor dem Swinger-Club wölbt sich die auskragende Seite des alten Hauses über die Rue de Cloche-Perce, der Straßenname ordentlich, wie sich das bei alten Häusern im Marais gehört, in einen Mauerstein gemeißelt. „Cloche-Perce“ – Straße zur gelöcherten Glocke? Könnte „perce“ nicht irgendwie mit „piercing“ verwandt sein? Stimmt, hat jedoch mit dem Namen der Straße nichts zu tun. Die heißt so, weil hier ein Straßenschild hing, das eine blaue Glocke zeigte. „Couleur perse“, persische Farbe, war damals gleichbedeutend mit “blau“. (Ja, man könnte hier „Synonym“ verwenden. Aber ich habe mir bei „perce“ und „piercing“ auch „etymologisch“ verkniffen.)

Persisch-blau im Marais

Die Treppen hinunter, an dem kleinen Anbau vorbei, der mal blau, mal rot, mal gelb bemalt ist, und sich mal als Bistrot, mal als Friseurladen, mal als Blumengeschäft und zur Zeit als Spezereienlädchen ausgibt. Man wundert sich, wie häufig die Mieter wechseln, ist doch eigentlich keine schlechte Lage. Hier, im Marais.

Immer wieder farbenfrohe Nachmieter.

Überqueren Sie die Rue de Rivoli und biegen Sie am Ende der Rue Cloche-Perce rechts in die Rue du Roi-de-Sicile ab. In den Maigret-Romanen aus den 20er Jahren ist sie eine der schäbigsten Straßen. Damals wohnt hier nur Gelichter. Wieder und wieder finden Razzien statt. In muffigen Treppenhäusern, stickigen, überfüllten, verwanzten Kammern. Das Maigret-Marais. Nicht chic, gar nicht chic. Simenon war ein scharfer Beobachter und alle seine Romane geben die Atmosphäre der 20er Jahre in Paris beeindruckend genau wieder.

Nun, wie Sie sehen, hat sich die Rue du Roi-de-Sicile gemausert. Ein paar Meter weiter links ist die „Rue des Mauvais-Garçons", die „Straße der Bösen Jungs". Historiker streiten sich, ob das nun daher kommt, dass hier ab 1300 ganz, ganz leichte Mädchen für böse, schwere Jungs ihrem Tag- und Nachtwerk nachgingen, oder daher, dass hier im 16. Jahrhundert, als der „gute König Franz" in Gefangenschaft saß, französische und italienische Stadtplünderer wohnten, oder daher, dass hier vor den Plünderern die Metzgergesellen beheimatet waren, die von Manieren nie was gehört hatten. Wollen wir froh sein, dass es uns im Marais der Jetzt-Zeit allüberall gepflegte, chic angezogene und meistens sehr zuvorkommende Herren mit sehr freundlichen Umgangsformen begegnen. Viele von ihnen auch Hand in Hand. Es hat das Marais schon weitaus schlimmer getroffen.

Sie gehen rechts in die Rue du Roi-de-Sicile und nach einem lohnenswerten Blick links, in die Rue des Ecouffes, in die zweite Straße links, die Rue Pavée. Die Nummer 10 wartet mit Jugendstil, „Nudelstil", wie man hier früher sagte, auf. Hector Guimard (der Herr, dem wir auch die schönen Jugendstil-Metro-Eingänge zu verdanken haben) hat auch mal eine Synagoge gebaut. Eine schöne Synagoge. Vielleicht könnte man sie mal ein bisschen entstauben.

Dieses Viertel ist schon seit Jahrhunderten das jüdische Zentrum von Paris, das „Pletzl". Viele koschere Läden und Restaurants, wählen Sie selbst. Ein Geschäft muss an dieser Stelle hervorgehoben werden, das zu Recht in fast jedem Paris-Führer erwähnt wird. Der Käsekuchen ist einfach unübertroffen im Lädchen in der Nummer 27, Rue des Rosiers. Bis vor kurzem weltberühmt unter dem Namen Finkelsztajn. Nun ist ein neuer Inhaber eingezogen, aber der Käsekuchen und alles andere schmecken nach wie vor.

Versäumen Sie es nicht, neben all diesem Treiben auch die vielen Gedenktafeln an den Hauswänden zu betrachten.

In keinem anderen Pariser Quartier wurden so viele Menschen Opfer von Deportation und Ermordung. Und seit einigen Jahren trägt man auch der Tatsache Rechnung, dass auch Angehörige des französischen Volkes aufgrund der Hitler-Hörigkeit der Vichy-Regierung an diesem Massenmord beteiligt waren.

Nicht nur im Marais.

Weiter auf der Rue Pavée, dann rechts in die Rue des Francs-Bourgeois. Hört sich gut an, „Straße der freien Bürger", nicht wahr? Ein paar hundert Meter weiter rechts in dieser Straße steht das 400 Jahre alte Hôtel Poussepin mit gepflegten Innenhof à la francaise. Im Jahr 1300 befand sich an gleicher Stelle ein Armenhaus, ausschließlich für die „francs-bourgeois". Armenhaus und freie Bürger? Merkwürdige Kombination, möchte man meinen. Nun, diese Bürger waren zwar frei, allerdings im Sinne von „befreit", denn sie mussten aufgrund bitterer Armut keine Steuern zahlen.

Möchte man so frei tatsächlich sein? Fragen Sie Ihren Steuerberater. Oder summen Sie die berühmte Zeile aus Janis Joplin's "Me and Bobby Mc Gee": „Freedom's just another word for nothing left to loose." Janis Joplin kannte wahrscheinlich keine freien Bürger à la française.

Wenn Sie an der Ecke Rue des Francs-Bourgeois Ecke Rue Pavée stehen geblieben sind, erblicken Sie schräg rechts auf der anderen Straßenseite das besonders empfehlenswerte „Musée Carnavalet"*, das Museum für Stadtgeschichte mit zwei charmanten Gärten à la française und Unmengen ausgefallener Exponate, unter anderem ganze Salons, die gerade noch vor dem Abriss aus verschiedenen Stadtpalästen des Marais gerettet werden konnten. In der Abteilung „Revolution" steht man fröstelnd vor einer Locke von Marie-Antoinettes Haar, einem Brief, den die gefangene Königin in Ermangelung eines Stifts mit einer Nadel in dünnes Papier gestochen hat und einem Blatt Papier mit Schreibübungen ihres Söhnchens. „Nationalement aimé" musste er schreiben.

Und da er aufgrund seines jugendlichen Alters nicht verstanden hatte, worum es ging, setzte er darunter ein krakeliges, trotziges: „Louis Dauphin"...

Einmal Dauphin, immer Dauphin.

* Der Eintritt zum Museum ist frei.

Noch ein paar Schritte weiter durch die Rue des Francs-Bourgeois, gerade Hausnummern links, und schon stehen Sie auf der berühmten Place des Vosges. Ja, ein großer Platz. Einer der drei erhaltenen Königsplätze, die berühmte Place des Vosges. Die einen nennen das atemberaubend einheitlich und beeindruckend streng, andere finden es seltsam unbeeindruckend, oder langweilig-geometrisch. An Schönwetter-Wochenenden ist hier die Hölle los. Dann kommen die Anwohner mit ihren Kindern zum Tratschen, Dösen, Spielen. Man lagert sich auf den Rasenflächen und lauscht dem Plätschern der Brunnen. Dazu muss man allerdings wirklich ganz nah dran sein, wegen des Getöses!

Georges Simenon wohnte an der vorderen Ecke des Platzes, links von Ihnen, in Nummer 22. Zunächst über den Hof im Parterre, und als der Buchabsatz stieg, mietete er die Wohnung im zweiten Stock dazu. Die Mieter in der Bel-Etage wollten offensichtlich nicht weichen. Die Place des Vosges dient vielen Szenen der Maigret-Krimis als Kulisse, ebenso das Ecklokal „À ma bourgogne", nach wie vor am selben Ort, zu Ihrer Rechten.

Das alles unter den Augen Ludwigs XIII., der von seinem Pferd aus wahrscheinlich den besten Blick auf das Treiben hat. Jedenfalls im Winter, wenn die Bäume kahl sind und kein einziges grünes Blatt den Blick auf die Monotonie der königlichen Gebäude auflockert. Die Place des Vosges wurde auf Befehl Heinrichs IV. angelegt, der den Eröffnungsfeierlichkeiten wegen vorheriger Meuchelung nicht mehr beiwohnen konnte. Ludwig XIII. weihte ihn also für seinen Papa ein, den Platz. Darum auch das Denkmal.

Ein bisschen merkwürdig anzuschauen ist er schon, dieser marmorne Ludwig, bei Wind und Wetter mit nackten Füßen, weil es das römische Kostüm so verlangt. Früher war er mal aus Bronze, wie es sich schickte. Für sein jetziges Reittier ist er ein wenig zu groß geraten, die königlichen Füße schlackern unterhalb des Pferdebauchs. So sieht das aus, wenn sich ein erwachsener Mensch auf ein Doppelpony setzt!

Zuallererst soll er auf einem normal proportionierten Pferd gesessen haben, das von einem Michelangelo-Schüler im Auftrag von Katharina von Medici für deren viel beweinten Heinrich angefertigt worden war. Das Pferd blieb dann über 75 Jahre lang reiterlos und hat sich darüber nie beklagt. Schließlich half Kardinal Richelieu nach alter Gewohnheit seinem Mündel Ludwig in den für Heinrich gedachten Sattel und ließ eine unmissverständliche, wenn auch sicher nicht ernst gemeinte Widmung anbringen: „Dem glorreichen und unsterblichen Andenken des großen und unbesiegbaren Louis le Juste".

Oho, „der Gerechte"! „Der Stotterer" hätte den Tatsachen genauer entsprochen. Ludwig XIII., König von Frankreich und Navarra, stieß nicht nur mit der Zunge an, er war auch lieber als Koch unterwegs. Oft beehrte er die königlichen Küchen, wo er kochte, buk, Marmeladen bereitete und Braten spickte. Außerdem sagten böse Zungen ihm nach, er sei ein Lästermaul und geizig obendrein.

„Der Stotterer" oder „der Gerechte" – für Frankreich war das gehupft wie gesprungen, denn das Sagen hatte ohnehin der Kardinal. Deshalb schlug Volkesstimme für den Grabstein spöttisch auch folgenden Spruch vor: „Ci-gît le Roi, notre bon maître, qui fut vingt ans valet d'un prêtre." (Hier ruht der König, er war uns immer ein guter Herr und einem Priester zwanzig Jahr lang ein guter Diener.)

Aber egal, König oder Diener – die Revolution machte alle gleich und manche sogar noch ein bisschen gleicher. Danton und seine Mitstreiter stellten voller Zorn fest, dass viele Könige sich der Guillotine feige durch vorzeitiges Ableben entzogen hatten. Aber die konnten was erleben – man stieß die bronzenen Abbilder der französischen Herrscher unter lautem Beifall vom Sockel und schmolz sie ein, damit sie der Revolution als Kanonenkugeln dienten. Auch Ludwig XIII., samt Pferd.

Als die Revolution vorbei war und englische Offiziere Napoleon auf St. Helena bereits die ersten Tropfen Gift ins Essen gemischt hatten, wollte man Ludwig XIII. wiederhaben. Man verzichtete auf Bronze und wählte Marmor für das neue Standbild. „Bild“ kam dann auch dabei heraus, „Stand“ leider nicht.

Fazit: in der ganzen Stadt gibt es kaum ein Standbild, dass es mit diesem in puncto „Stimmt-vorn-und-hinten-nicht“ aufnehmen könnte.

Außerdem war der Gaul zu klein. Der König schaukelte samt Pferdchen hin und her und daher wurde beschlossen, auf dem Sockel einen Baum aus Stein sprießen zu lassen. Oder in den Bauch hinein, wenn Sie das so sehen wollen. Jedenfalls jetzt hält das Ganze und das ist doch die Hauptsache, nicht wahr?

Zwei der Pavillons rund um die Place des Vosges tragen ihre Dächer höher als die anderen: der Pavillon de la Reine und – klar, noch höher! – der Pavillon du Roi, in Blickrichtung des dreizehnten Ludwigs. Hinter dem Torbogen beginnt die Rue de Birague, sie folgen aber noch innerhalb der Place des Vosges der Galerie rechts bis zum Ende. Dort links, durch die kleine Tür, ein paar Stufen hinunter und schon befinden Sie sich im Garten des Hôtel de Sully.

Kurzer Themenwechsel für eine weitere Herzgeschichte: Da Ludwig XVI. mit seiner Familie die Zeit zwischen Gefangenschaft in den Tuilerien und Schafott im Temple verbrachte, nahm man an, dass sein Sohn, Ludwig XVII, im Temple gestorben sei. An diesem unbelegten Gerücht entspannen sich die aberwitzigsten Geschichten. Nichts genaues wusste man nicht. Bis zum Jahr 2004. Bis dahin war lediglich bekannt, dass der dem König treu ergebene Medicus Philippe-Jean Pelletan dem Dauphin nach dessen Tod im Temple – eins der seltenen Gerüchte, das tatsächlich der Wahrheit entspricht! – das Herz herausschnitt. Das war damals bei Mitgliedern der königlichen Familie und prominten Zeitgenossen üblich.

Das Herz trat dann in einem Glas voller Alkohol eine Reise an, die es über Österreich, Italien und Spanien schließlich in die Kapelle von Saint-Denis führte. Dort tauschte es sein Reiseglas gegen eine repräsentative Kristallurne. Im Jahr 2000 verglich man die DNA des Herzens mit der Erbsubstanz von Habsburger-Nachkommen aus der Jetzt-Zeit. (Zur Erinnerung: Mütterchen Marie-Antoinette war eine Tochter von Maria Theresia. Habsburgerischer geht's nimmer.)

Und wirklich, das mittlerweile versteinerte Herz hatte in der Brust des kleinen Louis, Sohn von Louis XVI und Marie-Antoinette seinen Dienst verrichtet und wurde daher 2004 mit Fug und Recht und einer Verspätung von fast 200 Jahren in Saint-Denis beigesetzt.

Durchgang von der Place des Vosges in den Garten des Hôtel Sully

In diesem Garten finden den lieben langen Tag Konzerte statt. Spatzenkonzerte! Als Untermieter des Hôtel de Sully geben sie sich alle Mühe, mit ihrem frechen Getschilpe die Besucher zu erfreuen und lockern mit ihrem Krawall sogar bei Regen die würdevolle

Atmosphäre dieses Innenhofs fröhlich auf.

Die frühere Residenz derer de Sully, 1634 vom gleichnamigen Finanzminister Heinrichs IV. erworben, ist nicht nur in den Repräsentationsräumen mit wertvollen Schnitzereien und Deckengemälden geschmückt. Sogar die Decke der Kellertreppe ist mit üppigem Stuck verziert. Das Hôtel de Sully unserer Tage ist für seine prominenten Fotoausstellungen bekannt. Der Haupteingang liegt zur Rue Saint-Antoine, wo Sie das Hôtel verlassen.

Was essen?

Der Rue Saint-Antoine in Richtung Bastille auf der Seite mit den geraden Nummern in absteigender Richtung folgen, die Rue de Birague überqueren (am Ende der Pavillon du Roi am Eingang der Place des Vosges), dann links ist die kleine Impasse Guémémée und zu dem kleinen Restaurant.

Simenon ließ seinen Maigret hier so oft einkehren, dass ein Tisch vor noch gar nicht allzu langer Zeit ein wieder und wieder erneuertes Messingschildchen trug, dass glaubhaft versicherte, an diesem Tisch habe „le commissaire Maigret" höchstselbst gespeist.

Zur Zeit heißt das Restaurant „Les Côtelettes"*. Preiswerte, traditionelle Küche, zu Mittag eine „formule" unter 20 Euro.

Falls Ihnen der Sinn nicht nach Essen steht, gehen Sie nach Verlassen des Hôtel de Sully rechts, erste Straße rechts, Rue de Turenne, erste Straße links, Rue d'Ormesson, erste Straße rechts, Rue Necker, wieder rechts in die Rue de Jarente, im Fernsehen Wohnort des Kommissar LaBréa in den gleichnamigen Krimis.

Jetzt was essen? Ein freundlicher Empfang, sehr gute Küche und zivile Preise: „Les Bougresses", 6, Rue de Jarente. Gleich nebenan, das „B.D.J. Café de Jarente" hat seine wilden Zeiten hinter sich. Nur die teilweise derben Graffitis der mittlerweile arrivierten Sprayerin Miss-Tic erinnern noch an die Bar de Jarente, die berühmt-berüchtigte „B.D.J.".

 * www.lescotelettes.com

Kommissar LaBréas TV-Domizil in der Rue de Jarente

Mittlerweile zahm: die „Bar de Jarente“

Hier kann man sich in aller Ruhe niederlassen. Die Getränke sind spürbar günstiger als auf der malerischen Place du Marché Sainte-Cathérine, die sich direkt anschließt. Der Platz ist zum Fotografieren wirklich wunderschön, die Preise in der angrenzenden Gastronomie entsprechend.

Fast gegenüber, schräg links auf der anderen Seite der Rue Saint-Antoine, die Kirche Saint-Paul-Saint-Louis, womit der Kreis sich schließt.

9 . ÎLE DE LA CITÉ

Trachtenumzug, Karl der Beleidigte, Notre-Dame in Ruhe betrachten und allein stehend fotografieren, Roben und Talare, Blümchen und Vögelchen, arabische Fliesen, eine selten blöde Kuh und vier mal Ochs' am Spieß.

Metro: PLACE SAINT-MICHEL vers le Quai Saint-Michel

Nach Verlassen der Metro-Station folgen Sie der Seine und begeben sich auf den Platz vor Notre-Dame. Hier herrscht ständiges Geschiebe, aber da müssen Sie jetzt durch, die Île de la Cité ist schließlich die Geburtsstätte von Paris.

Gaius Julius Caesar bezeichnete in seinem beliebten Tagebuch „De bello gallico“ die Stadt als erster mit dem Namen „Lutetia Parisiorum“, wahrscheinlich, weil hier seit 250 vor Christus der keltische Stamm der Parisii lebte. Sie hatten ihre Siedlung auf drei kleinen Inseln errichtet, die mittlerweile zur Île de la Cité verschmolzen sind. Es hat ihnen Jahrhunderte lang gut gefallen, das sehr frühe Paris. Und wenn sie es nicht behalten durften, dann sollte es auf gar keinen Fall Caesar in die Hände fallen. Als seine Truppen anmarschierten, fackelten die Kelten ihr geliebtes Städtchen eigenhändig ab.

Mit ein bisschen gallischem Zaubertrank zur Unterstützung gegen die Römer hätten die Parisii vielleicht auf den „heißen Abbruch“ verzichtet. Nun ist leider fast alles verbrannt, was an sie erinnern könnte.

Gegen die lange keltische Ära nimmt sich Notre-Dame direkt jung aus mit ihren nicht ganz 700 Jahren. (Die 700 gilt nur für die Hauptfassade, die Bauarbeiten dauerten 150 Jahre, dadurch sind manche Gebäudeteile ein ganzes Stück älter). Fast hätte sie nicht mal die 600-Jahr-Marke geschafft, denn im Jahr 1831 konnten weder

Vergoldung noch Wandbespannung den Verfall der Kirche länger verstecken. Die Baufälligkeit des kompletten Viertels und die hygienisch bedenklichen Bedingungen waren den Stadtvätern ein ständiger Stein des Anstoßes.

Man rief Haussmann und der löste das Hygiene-Problem im Viertel auf bewährte Art, mit dem Vorschlaghammer. Abwartend stand er da, quasi mit dem Hammer in der Hand und fragte lauernd, was denn nun mit der Kirche geschehen solle.

Genau in diesem Moment steigt die französische Literatur in den Ring. Victor Hugo bringt seine Popularität und seinen Fleiß ins Spiel, setzt sich hin und schreibt den „Glöckner von Notre-Dame". Der geschickte Schachzug des berühmten Dichters richtet das nationale und internationale Interesse auf die Kirche. Abriss ist undenkbar. 1841 beginnt man grollend mit der Renovierung. Die Arbeiten ziehen sich 23 Jahre hin, 1864 ist alles wiederhergestellt und man sagt über Victor Hugo, die Türme der Kathedrale bildeten das „H" in seinem Nachnamen.

Auf dem Platz herrscht konstante Überfüllung, denn die Kathedrale hinter der Place du Parvis Notre-Dame, 2006 mit pompöser Zeremonie zu Ehren von Johannes Paul II. in „Parvis de Notre-Dame – Place Jean Paul II" umbenannt, gehört zu den meistfotografierten Bauwerken der Stadt.

Bis in die Mitte des neunzehnten Jahrhunderts standen auf diesem Vorplatz viele kleine Hütten und Häuser, manche über vierhundert Jahre alt, mehrere kleine Kirchen und das frühere Hôtel-Dieu, das abgerissen und an anderer Stelle auf dem Platz wieder aufgebaut wurde.

Die Umrisse einiger dieser Gebäude sind im Pflaster des Platzes mit hellen Steinen markiert. Dieses ganze Viertel musste für den weitläufigen Vorplatz, das neue Hôtel-Dieu, die Polizeipräfektur, den Justizpalast und das Handelsgericht dran glauben. An die Sainte-Chapelle und Teile der Conciergerie hat sich das Abrisskommando glücklicherweise nicht herangetraut.

Das „neue“ Hôtel-Dieu ist das große Gebäude rechts von Ihnen, wenn Sie mit dem Rücken zur Kirche stehen. 1164 wurde bereits sein Urahn aus dem Jahr 651 für den Bau von Notre-Dame zerstört und einige Meter weiter wieder aufgebaut. Dann brannte es dreimal (1718, 1737 und 1772) fast komplett ab. 1878 bekam es seinen aktuellen Standort zugewiesen. Wenn Sie ein bisschen vom Rummel vor Notre-Dame ausruhen möchten, ist der Garten im Innenhof des Hôtel-Dieu eine gute Adresse. Eigentlich recht schön, diese Grünanlagen von Haussmanns Gnaden im Hôtel-Dieu.

Wandlungsfähig: Denkmal des Docteur Dupuytren im Garten des Hôtel-Dieu

Mittendrin ein Denkmal für den Mediziner Dupuytren, nach dem der Morbus Dupuytren benannt ist, eine Form der Fingerversteifung. Für den hoch verdienten Chirurg ist „jeden Tag Rosenmontag“, würde man in einer anderen Niederlassung des römischen Weltreichs sagen. Er ist so gut wie nie zu erkennen, denn despektierliche Medizinstudenten am Hôtel-Dieu gewanden die Statue nach aktuellen Ereignissen manchmal täglich in eine neue Tracht.

Man hat den guten Dupuytren schon im Fussball- und Rugby-Outfit gesehen, mit Kurz-, Lang- oder Pumuckl-Perücke, sogar im Abendkleid.

Im Hôtel-Dieu kann man auch wohnen! Das „Hôtel Hospitel“ bietet 14 Zimmer mit Bad.* Bei aller Begeisterung für die einzigartige Lage des Hotels sollte man nicht vergessen, dass es Teil eines Krankenhauses ist.

* www.hotel-hospitel.com

Anschaulicher Geschichtsunterricht im Untergrund des Kathedralenvorplatzes – die „Crypte archéologique du parvis Notre-Dame“. Bei Ausgrabungen in den Jahren 1965 und 1970 fand man die Überreste von Häusern aus dem sechzehnten und achtzehnten Jahrhundert.

Den Ausgrabungen vorausgegangen war der Bau einer Tiefgarage, bei dem die Arbeiter auf die alten Mauern stießen. Es wurde befunden, dass es in der Stadt alte Steine zur Genüge gäbe und die Tiefgarage daher Vorrang hätte. Minister Malraux musste mal wieder höchstpersönlich einschreiten, und so ging der Kampf Tiefgarage gegen Krypta zu Gunsten der alten Steine aus.

Die fast 120 Meter lange, bedeutendste archäologische Krypta Europas bietet eine Zeitreise in die bauliche Entwicklung der Stadt und lässt Antike, Mittelalter und Klassik eines der ältesten Viertel der Stadt wieder aufleben.

Da gibt es Mauern des Hafenkais des antiken Lutetia, der öffentlichen Bäder aus gallo-romanischer Zeit, der Stadtmauer aus dem vierten Jahrhundert, der Kapelle des früheren Hôtel-Dieu, mittelalterliche Reste der Rue Neuve Notre-Dame, die Fundamente des „Hospice des Enfants-Trouvés“ und Spuren von Abwasserleitungen aus der Haussmann-Zeit. Obendrein finden Sie hier manchmal sogar ein bisschen Ruhe.

Allemal mehr Ruhe als in Notre-Dame, deren 130 Meter langer, 48 Meter breiter und 35 Meter hoher Innenraum zwar für 9000 Menschen – 1500 allein auf den Emporen – zum Stehen, Sitzen, Knien, vielleicht sogar Beten angelegt wurde, nicht jedoch zum gemeinschaftlichen Schlurfen, Murmeln, Kichern und Quieken. Das Gedrängel ist nervig, ebenso wie das Anstehen zum Aufstieg auf die fast siebzig Meter hohen Türme.

Falls Sie für die Aussicht über Paris nicht anstehen wollen und für Fernblick ohne Menschenschlangen gern auf einen Teil des Stadt-Panoramas verzichten, empfehle ich ein Gebäude nicht weit von hier, in dem Sie umsonst und mit einem Aufzug auf eine

Aussichtsplattform mit Blick auf die Île de la Cité fahren können! Dafür gehen Sie über die linke Brücke (mit Notre-Dame im Rücken), bei Erreichen des Ufers wieder links und dann am Ufer entlang bis zur dritten Brücke, dem Pont de Sully, der in die vor Ihnen liegende Place Mohammed V. mündet.

Schräg rechts vor Ihnen des Institut du Monde Arabe. Die Aussichtsplattform befindet sich auf dem schlanken, schiffsrumpfförmigen Gebäude links. Der Zugang ist öffentlich und der Eintritt ist frei. Allein den Inhalt Ihrer Tasche müssen Sie zeigen, wenn Sie mit dem Gratis-Aufzug hinauf auf die Besucher-Terrasse fahren. Es geht über den Innenhof hinein, der Eingang ist Teil einer orientalisch anmutenden Fassade, deren Muster sich aus 240 dekorativen Gittern arabischer Bauart, zu geometrischen Mustern angeordnet und üblicherweise aus Holz, zusammensetzt.

In arabischen Häusern sollen sie vor allem Schatten spenden, für einen kühlen Hauch sorgen, sowie dafür, dass nicht jeder ins Haus sehen kann, was im Pariser „Wüstenklima“ und in einem öffentlichen Gebäude von nicht zu unterschätzender Wichtigkeit ist.

Die einzelnen Gitter sollen sich entsprechend gewünschter Funktion und Sonnenstand bewegen und den Lichteinfall regeln. Manchmal tun sie das. Und im besten Fall sogar im Sommer. Gut versteckt hinter den Gittern erwarten Sie ein Sprachlabor, eine Bibliothek, ein Kino und ein kleines Kunstgeschäft.

Aber Sie sind in erster Linie wegen der Besucherterrasse in der obersten Etage hierhin gekommen. Die Aussicht auf die Île de la Cité lässt keine Wünsche offen. Auf der Terrasse auch einige Tische, an denen hungrige Gäste bewirtet werden. Die Aussicht muss manchmal – wie weltweit fast überall in dieser Restaurant-Kategorie – die eine oder andere Negativleistung von Küche oder Service ausbügeln... Genießen Sie vor allem den Halbrundblick auf die Seine-Inseln und alles, was dahinter liegt. Mehr erlaubt die Gebäudestruktur nicht. Trotzdem schön.

Falls Sie sich tatsächlich fürs Anstehen vor Notre-Dame entschieden haben, können Sie sich ja noch ein bisschen umsehen, während Sie warten. – Vor Ihnen, fast über Ihnen, Notre-Dame, die Herrliche, Symmetrie in höchster Vollendung. So viel Symmetrie, dass man den rechten Turm von Anfang an schlanker als den linken plante, um die enorme Symmetrie zu brechen und Monotonie zu vermeiden. (Für Ungläubige: Zählen Sie die Verzierungen unter den beiden Wasserspeiern an der oberen Turmbrüstung.)

Jetzt sind die Köpfe wieder dran!

Dieses asymmetrische Element fällt allerdings gar nicht auf... wegen der erwähnten enormen Symmetrie. Die Türme sind 69 Meter hoch, der spitze Dachreiter ist 30 Meter höher.

Die älteste Figur der Kirche befindet sich im Zentrum des rechten, des „Annenportals" – eine Madonna mit Jesuskind, die um das Jahr 1170 entstand und seit dieser Zeit von zwei Engeln beschützt wird.

Weniger Schutz hatten die Könige von Juda und Israel, die sich über dem Hauptportal aneinanderreihen. Die Revolutionäre schlugen ihnen die Köpfe ab, da sie sie aufgrund einer Fehlinformation – oder weil es im Parteiprogramm stand – für französische Könige gehalten hatten. Die Königsköpfe wurden ostentativ achtlos irgendwo in einen Graben geworfen und fielen 1977 einem ahnungslosen Privatmann quasi in die Hände, als er seinen Garten umgrub. Man übergab sie dem Musée national du Moyen Âge, das bis zum Jahr 1980 sehr viel prägnanter „Musée de Cluny“ hieß. Sie sind Teil der ständigen Ausstellung.

Sei nicht grantig, Großer Karl, die Aachener haben Dich lieb!

Mit dem Rücken zur Kirche links – ein großes Reiterstandbild. Das ist Karl der Große, den man im Sommer unter den Bäumen trotz seiner Größe kaum wahrnimmt. Grimmig reckt er die Lanze, tatendurstig schreitet sein Knappe aus, das Pferd ist kaum zu halten. Der kaiserliche Blick allerdings schweift merkwürdig verdrossen Richtung Nord/Nordost, nach Aachen, das er im 9. Jahrhundert der Stadt Paris vorzog und zur Hauptstadt des Frankenreichs erhob. Hätte er sich doch denken können, dass ihm die Pariser nicht mehr als dieses kleine Plätzchen im Abseits reservieren.

An einem Punkt vor der Kathedrale konzentrieren sich merkwürdige Rituale: Menschen, die sich um ihre eigene Achse drehen oder auf einem Bein stehen und immer wieder küssende Pärchen, die auch einen kurzen Moment auf der in den Boden eingelassenen Windrose stehen möchten, die den Ausgangspunkt der französischen Straßen markiert, von dem aus die Kilometer zwischen Paris und den übrigen Landesteilen gemessen werden.

Wie gesagt, schauen Sie nach merkwürdigen Ritualen an einem bestimmten Punkt.

„POINT ZERO DES ROUTES DE FRANCE“ vor Notre-Dame

Auf den Türmen von Notre-Dame sind Sie den berühmten „gargouilles“, den Wasserspeiern, ganz nah. So nah, dass Sie erkennen werden, dass dies keine Originale sein können, denn Bildhauer arbeiteten nicht mit Beton. Vielleicht halten diese neuen besser... der Zahn der Zeit macht leider vor gar nichts halt. Die Aussicht über die Stadt ist herrlich!

Gehen Sie dann durch den Square Jean XXIII. an Notre-Dame vorbei, Seine rechts, Kirche links, vorbei bis zur Square de l'Île de France auf der Inselspitze mit dem eingelassenen, schlichten Mahnmal für die Märtyrer der Deportation und dem Grabmal des Unbekannten Deportierten.

Bis 1914 befand sich an dieser Stelle die „Morgue“, das Leichenschauhaus. Man musste ja irgendwohin mit den vielen Toten. Das Leben auf den Pariser Straßen war immer schon gefährlich: Fußgänger wurden von Pferdefuhrwerken überrollt oder von Straßenräubern gemeuchelt, öfters fiel auch mal jemand in die Seine. Schwimmen konnte zu dieser Zeit kaum jemand und „Seepferdchen“ kam viel später! Epidemien verbreiteten sich aufgrund der unvorstellbar schlechten hygienischen Bedingungen in der Stadt sehr, sehr schnell, daher mussten Leichen rasch abtransportiert werden.

Sicher, es gab auch vorher schon eine ähnliche Institution, aber viel zu klein. Haussmann trug unbestritten mit dem Bau des Leichenschauhauses enorm zur Verbesserung des öffentlichen Gesundheitswesens bei. Das meine ich ganz ernst.

Aber musste er das lauschige Plätzchen an der Spitze von Notre-Dame wählen? Vielleicht schon, denn es lag in bequemer Reichweite der Polizei und natürlich zum Fluss, dem Hauptlieferanten unbekannter Leichen. Die unbekannten Leichen werden in Zwölfergruppen ausgestellt, mit je einem Pult unter dem Kopf, auf zwölf nach vorne geneigten Marmortischen.

Für entsprechende Kühlung wird erst ab Ende des neunzehnten Jahrhunderts gesorgt. Ein Reiseführer (!) aus dem Jahr 1907 führt zwar aus, dass Leichen „zunächst in einem gesonderten Raum auf

14° bis 15° gekühlt und dann in den Ausstellungsraum gebracht werden, in dem eine Temperatur von 4° herrscht", vorher behilft man sich dagegen lediglich mit fließendem Wasser, das aus einem Kran über dem Kopf der Toten tröpfelt und vor allem in den Sommermonaten für eine leichte Minderung des Geruchs sorgt.

Der Eintritt ist öffentlich und gratis, ohne Altersbeschränkung und daher gern gewähltes Ziel vieler Familiensonntagsspaziergänge – Tote ansehen, gleich nach dem Gottesdienst in Notre-Dame und vor dem Mittagessen! Das Gebäude entwickelt sich zu einem wahren gesellschaftlichen Treffpunkt und wird in jedem Stadtführer der Epoche als Pariser Attraktion beschrieben. Der Publikumsstrom versiegt so gut wie nie. Jeder kommt natürlich in erster Linie, weil er einen lieben Angehörigen vermisst.

Seit 1914 befindet sich die „Morgue", die jetzt weniger düster „Institut médico-légal" heißt, am Quai de la Rapée, einen Kilometer flussaufwärts, auf der linken Seite. Der dreifarbige Bau – unten dunkle Backsteine, dann helle Backsteine, dann irgendwas Modernes in weiß – hebt sich ein bisschen altmodisch und verloren vom Glas und Glanz des dahinter liegenden Finanzministeriums ab. Schon so mancher Pariser wie auch einige Paris-Besucher verbrachten hier ihre letzte Nacht in Paris.

Schreiten Sie am Pont Saint-Louis vorbei – die Île Saint-Louis wird im nächsten Kapitel beschrieben – und folgen Sie dem Quai aux Fleurs, dann gehen Sie links in die Rue de Chantres. In dieser Straße, auf Höhe der Nummer 9, deren Tür einen entsprechenden Hinweis für Leichtgläubige bereithält, soll Kanonikus Fulbert gewohnt haben, leicht erzürnbarer Onkel der schönen Heloïse. (Wenn Sie sich die mittelalterlichen Hausreste in der Crypte archéologique vor Notre-Dame anschauen, kommen Sie Fulberts Zeit und Heimstatt wesentlich näher.)

Als die schöne, kluge Heloïse süße siebzehn Jahre alt wird, stellt der gute Onkel einen Hauslehrer ein, den ebenfalls schönen und klugen Pierre Abélard (39, Akademiker, ohne Altlasten). Kanonikus Fulbert wusste nicht, dass Abélard schon vor seiner Anstellung die

Fühler nach des Onkels minderjährigem Mündel ausgestreckt hatte. Fulbert macht in seiner Unwissenheit den Bock zum Gärtner und dann gibt es kein Halten mehr. Zuerst Liebesbriefe (bis heute erhalten!), dann mehr Liebesbriefe, dann Unterricht in Fächern, die dem Onkel beileibe nicht vorschwebten...

Klar, bereits Ende des Jahres ist es passiert und der schöne Abélard muss seine geliebte Héloise, oder auch Geliebte Héloise, aus dem Haus des Onkels wegbringen. Und zwar schnell. Söhnchen Pierre-Astrolabe wollte nicht mehr lange warten. Er brannte wahrscheinlich schon im Mutterleib darauf, endlich seinen Vornamen in Betrieb nehmen zu dürfen. Auf Abélards Heiratsantrag ging Héloise nicht ein: „les hommes de talent", was auch immer sie damit meinte, sollten sich nicht mit einer Familie belasten. Er war eben ein großer Philosoph. Und sie eine blöde Kuh.

Abélard, ganz Mann (noch, das sollte sich ändern...), ließ sich das nicht zweimal sagen, eilte nach Paris zurück, und nahm seine philosophischen Vorlesungen wieder auf. Seiner Lehre folgten 3000 Schüler, darunter 50 spätere Bischöfe, 20 spätere Kardinäle und sogar ein Papst. Aber wie alle Lehren stieß auch die seinige nicht nur auf Zuspruch.

Dummerweise gehörte zu ihren Kritikern ausgerechnet der Bischof von Paris, Hausherr des Klosters Notre-Dame, aus dem Abélard bald ausziehen musste. Er fand eine neue Bleibe außerhalb der sicheren Klostermauern und nahm in den Weinbergen rund um Sainte-Geneviève seine Vorlesungen wieder auf.

Abélards Lehrveranstaltungen, sowie auch die seiner geschätzten Kollegen, waren samt und sonders „open air events" – auf die Idee mit den Hörsälen kam man erst ca. 200 Jahre später. Man musste über eine gute Gesundheit und Ausdauer verfügen, denn die Weinberge lagen für Abélard, seine Jünger und alle anderen ziemlich ungeschützt.

Für die meisten bezog sich diese Bezeichnung aufs Wetter, für Abélard auch auf Héloises Onkel. Der ließ den lehrenden Unhold wegen Unzucht mit Abhängigen suchen, finden und entmannen.

Abélard und Héloise gingen ins Kloster, will sagen: in zwei Klöster. Als „er“ 1142 starb, ließ „sie“ seinen Leichnam in ihrem Kloster beisetzen. Nach ihrem Tod legte man sie gemeinsam in einen Sarg. Mittlerweile gibt es ein Grabmal auf dem Friedhof Père-Lachaise, aber das illustre Liebespaar in seinem Sarg ist häufig umgezogen. Ein paar Mal wurden Knochen entnommen und später wieder hineingelegt. Es ist nach diesen vielen Verlegungen und Sargöffnungen sehr zweifelhaft, ob bei den schwer geschüttelten Überresten irgendetwas dabei ist, das mal zu dem berühmten Liebespaar gehörte.

Rechts in die Rue des Ursins, zeitweilig auch Rue d’Enfer genannt. „Enfer“ heißt hier nicht „Hölle“, sondern leitet sich ab vom lateinischen „inferior“, tief gelegen ab, wie man an Nummer 21 noch lesen kann. Die Straße lag einfach tiefer als die anderen, man könnte auch sagen, unter dem gängigen Niveau.

Im Haus mit der Nummer 15 befinden sich die einzigen Reste einer der ehemals 23 kleinen Kirchen oder Kapellen der Île de la Cité, Sainte Chapelle und Notre-Dame nicht mitgezählt. Ein Blick auf die Reste der Kapelle Saint-Aignan aus dem 12. Jahrhundert ist schwierig. Sollten Sie einen freundlichen Hausbewohner oder facility manager finden, der Sie einlässt, müssen Sie am Ende des Eingangskorridors links gehen. Dann stehen Sie mittendrin.

Rechts in die Rue de la Colombe, die diesen Namen bereits fast 800 Jahre trägt. Achthundert Jahre – ich muss die Zahl noch einmal ausschreiben. Man geht so schnell über so etwas hinweg und es ist so eine unvorstellbar lange Zeit.

Und wie lang sind erst über 1700 Jahre, ausgeschrieben... Vor nicht ganz genau 1700 Jahren, 276, hatten die vorsichtigen Römer an dieser Stelle schon mal eine Mauer aufgestellt, um Lutetia und sich selbst vor den Barbaren zu schützen. Vor Nummer sechs sind Lage und Tiefe als Doppelreihe ins Pflaster eingelassen.

Den radikalen Umbau der Île de la Cité im Jahr 1811 überstand die Rue des Ursins fast unbeschadet. Dann wurde sie erweitert und der Häuser mit den ungeraden Nummern beraubt. Aber ein bisschen ist ja noch zu sehen.

Hat mit Niveau zu tun, nicht mit Hölle: RUE DENFER.

Rechts in die Rue Chanoinesse, rechts in die Rue d'Arcole. Dann wieder links auf den Quai de la Corse, dem sie folgen bis zur Place Lépine und ihrem schönen Blumenmarkt, umgeben von seelenlosem, aber funktionellem 19. Jahrhundert. Natürlich war die Bevölkerungsdichte auf der Insel zu hoch und Häuser, Häuschen, Bretterverschläge, Kapellen, Königspalast und das alte Hôtel-Dieu standen zu dicht. Es war dunkel, feucht, alles andere als sauber und höchst gefährlich. Darum war sicher nicht alles Mittelalterliche rund um Notre-Dame oder an anderen Stellen der Stadt, erhaltenswert. Aber es besteht doch ein gewisser Unterschied zwischen auslichten und platt machen.

Der Blumenmarkt ist jeden Tag von 8 Uhr bis 19 Uhr geöffnet. Am Sonntag wandelt er sich zum Marché aux Oiseaux, auf dem viele kleine Hansis zum Kauf angeboten werden.

Ein Blick in die Metro-Station „Cité", deren Anlage unter Seine-Niveau eine Herkules-Tat war, lohnt sich nicht nur für Ingenieure.

Metro-Station „Cité" – gewagtes Unternehmen

Rechts in die Rue de Lutèce, an deren Ende das schwerstvergoldete Gitter des Eingangs zum Justizpalastes sie vielleicht an den einen oder anderen Film mit Louis de Funès erinnert. Hier wurde beispielsweise die Schlussszene der urkomischen „Abenteuer des Rabbi Jakob" gedreht.

Biegen Sie am Ende der Rue de Lutèce rechts in den Boulevard du Palais ein. Ein ehrwürdiges Relikt an Nummer 3: die Maison Bosc, in der man seit 1845 offizielle Gerichtsgewänder, Talare, Roben usw. in jeder Form und Farbe anbietet.

Schräg links gegenüber, 4, Boulevard du Palais, befindet sich der Eingang zur Sainte-Chapelle: Ein Juwel, dessen blau-rot-goldene Großartigkeit bei Sonnenschein jede Minute – oder auch Stunde! – Anstehen wert ist!!! Sie wurde im Auftrag von Ludwig IX., dem Heiligen Ludwig, erbaut, der 1237 in Konstantinopel die Dornenkrone Christi käuflich erworben hatte und einen passenden Rahmen für die kostbare Reliquie brauchte. Mittlerweile ist Ludwigs Reiseandenken in Notre-Dame untergebracht und Konstantinopel in Istanbul umbenannt. Einzig das große Warenangebot am Bosporus – nur Originale! – ist geblieben.

Wie die Sainte-Chapelle, dafür kann man dem Himmel nicht genug danken. Ebenso stemmte sich die komplette der Seine zugewandte Seite der Conciergerie, des ersten Palastes der französischen Könige, auf der rechten Seite des Justizpalasteingangs, über die Jahrhunderte immer wieder erfolgreich dem Abriss entgegen.

Wenn Sie nach Notre-Dame Lust auf noch ein bisschen mehr Gotik verspüren, oder auf einen Hofgang oder einen Besuch im Kerker der Marie-Antoinette, dann betreten Sie die Conciergerie durch den Eingang zur Salle des gens d'armes (Waffenträger), 2, Boulevard du Palais.

Diese Salle des gens d'armes ist so gotisch, wie es gotischer kaum geht, und unbedeutende 20 Jahre älter als die Sainte-Chapelle, aber muss man das wirklich wissen? 600 Jahre alt und 1 800 Quadratmeter groß. Das ist doch beeindruckend genug.

Hier nahmen die Bediensteten des Palastes ihre Mahlzeiten ein, eigentlich also eine Kantine. Kantine für 2 000 Mann! Darum muss in allen vier Ecken auch eine große Feuerstelle drinstecken, jede groß genug für Ochs' am Spieß.

Diese Halle wirkt, als sei sie im Untergeschoss gelegen. Ist sie aber nicht. An dem dämmerigen Licht sind neue Kaimauern schuld, für die man das Bodenniveau um sieben Meter anheben musste. Raten Sie selbst, wer das war. Ich sage nichts. Hatte auch ihr Gutes, die Erhöhung der Kaimauer. Immer wenn ein bisschen mehr Wasser vom Himmel kam, schwappte die Seine, wohin sie wollte.

In Revolutionszeiten musste die Salle des gens d'armes als Gefängnis herhalten und erhielt den Namen „Saal der verlorenen Schritte". Die armen Gefangenen kamen in dem Gang unter den vom Eingang am weitesten entfernten Bögen unter. Ja, die armen Gefangenen. „Arm" nicht im Sinne von bemitleidenswert, sondern im Sinne von „mittellos", denn für die reichen Gefangenen gab es mietpflichtige Zellen. Der Gang der ärmlichen Unterbringung hieß „Rue de Paris". Vielleicht weil man von hier aus auf direktem Weg zu „Monsieur de Paris", also zum Henker kam? Lange blieb sowieso niemand hier, ob reich, ob arm. Irgendwann hieß es für fast jeden: Hände auf den Rücken, Kragen auf, Kurzhaarschnitt, rauf auf den Karren und ab.

Marie-Antoinette, Königin des Rokoko, war zwei Monate im Frauenteil des Gefängnisses eingesperrt. Der Weg durch die Conciergerie führt an ihrer Zelle vorbei. Das reicht auch in Kopie für Gänsehaut.

Original erhalten bis auf den heutigen Tag sind der Brunnen und der Tisch aus Stein im Frauengefängnishofs. Ebenfalls soll es damals an gleicher Stelle solch ein Stückchen Wiese gegeben haben. Dieses Gebäude ist original durch und durch, bis zum 1. Stock, alles was drüber ist, ist 19. Jahrhundert.

Nach Verlassen der Conciergerie wenden Sie sich nach links (Conciergerie im Rücken) und gehen bis zur Seine. Den Turm auf der Ecke, die Tour de l'Horloge, ziert die älteste Uhr der Stadt, die von 1370 bis zur Revolution treu und genau mit silberheller Glocke schlug. Dann setzte der Schmelzprozess ein...

Nach links, an der Seine entlang, kommen Sie an drei dicken, runden Türmen vorbei. Zunächst vorbei an der Tour César und der Tour d'Argent, in der der Kronschatz lagerte, die den Eingang des früheren Palastes eskortierten und schließlich an der Tour Bonbec, dem Turm zum guten Schnabel und ältestem Teil des Palastes. Was tut ein guter Schnabel? Singen! Und wie man Vögel zum Singen bringt, das wusste man hinter diesen Mauern.

Die dicken Türme standen bis zum sechzehnten Jahrhundert mit den Füßen im Wasser. Dann wurde der Teil des Quai de l'Horloge angelegt, auf dem Sie stehen. Die nächste Straße links ist die Rue de Harlay. Rechts, in dem Eckgebäude befindet sich der Sitz des Maison du Barreau, der Anwaltskammer. Das kleine Restaurant „Aux trois marches", in dem Georges Simenon während seiner Pariser Zeit gern gesehener Gast war, musste der Justiz weichen. Die drei Stufen sind noch da.

Links führt eine überdimensionale Treppe, ganz in Weiß, in den Justizpalast. Die Sicht auf den Bau wurde von der Place Dauphine aus durch eine Häuserzeile aus dem sechzehnten Jahrhundert versperrt. Weg damit.

Schön, dass die beiden anderen Seiten des Königsplatzes erhalten blieben, den Heinrich IV. anlässlich der Geburt seines Söhnchens Ludwig, der später der dreizehnte werden sollte, hatte anlegen lassen. Wenig der ehemals einheitlichen Häuser aus dieser Zeit ist erhalten geblieben. Am besten die beiden Häuser am Ausgang des Platzes.

Wenn Sie zur Nacht Ihr müdes Haupt lediglich irgendwo zur Ruhe betten möchten, und Ihnen alles andere wirklich – aber wirklich! – egal ist, versuchen Sie, im Hôtel Henri IV., Place Dauphine, unterzukommen. Vier der Zimmer mit Dusche, alle mit WC über den Gang, keine Kreditkarten, kein Internet, kein Fax, kein Stern, daher sehr zivile Preise. Freundlicher Empfang und Super-Lage!! Entweder Sie reservieren lange im Voraus oder verlassen sich auf Ihr Glück.

Was essen?

Traditionelle französische Küche an der Place Dauphine finden Sie „Chez Paul". Das Mittagsmenü wird Sie ca. 30 Euro kosten. Ein ruhiges Restaurant. Auf der anderen Seite des Platzes bietet „La rose de France"* mittags ein „Menu express", ein Tellergericht oder einen großen Salatteller, „salade gourmande" plus Café zu 16 Euro.

Zwischen den beiden erhaltenen Häusern am Ausgang des Platzes hindurch überqueren Sie den Pont Neuf und finden sich unmittelbar Auge in Auge mit seiner Majestät, Heinrich IV., König von Frankreich und Navarra, dem ersten Bourbonen auf französischem Thron, dessen phänomenale Nase als Familienerbstück unter anderem auch Ludwig XIV. zierte und heute noch am spanischen Bourbonenkönig Juan Carlos und seinen Kindern zu bewundern ist. (Das mit dem „Auge in Auge" gilt nur für den Fall, dass Sie beritten sind. Ansonsten tun Sie, was alle anderen seit Jahrhunderten tun, und schauen Sie zu ihm auf. Er mag das.)

Mit Blick auf seine Place Dauphine: Heinrich IV.

* www.larosedefrance.com

Mehr zu Heinrich IV. und seinem Pferd gibt es im Kapitel „Pont Neuf".

Sie gehen an Majestät vorbei, dann links und seineaufwärts bis zum Gebäude der Kriminalpolizei am Quai des Orfèvres, dem Quai der Goldschmiede entlang. An der Hausecke mit der Rue de Harlay eine Gedenktafel für den berühmten Kommissar Maigret, der hier nie war und seinen geistigen Vater George, der im ständigem Bemühen um Authentizität des Öfteren diese heil'gen Hallen betrat. (Woher nahm der Mann nur seine Zeit? Neben seinem enormen Schreibpensum war er verheiratet und hat obendrein nach eigenen Angaben 10 000 Frauen beglückt.*)

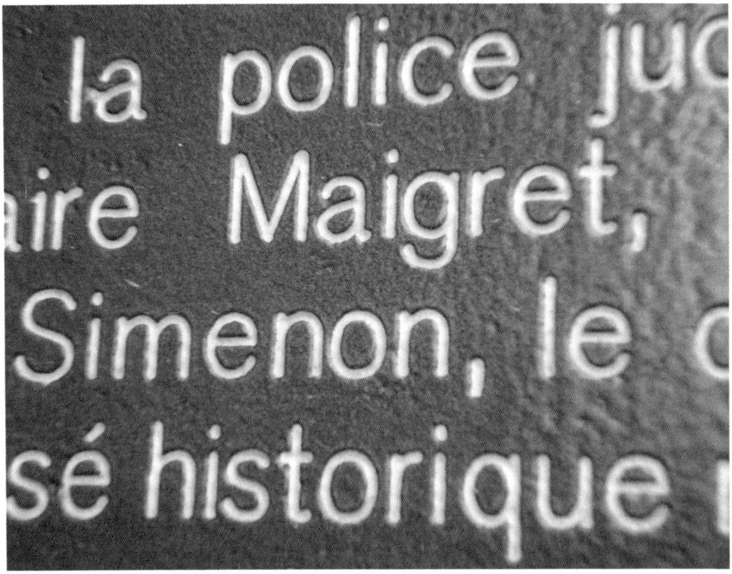

Bilden Sie einen Satz mit „police",
„le commissaire Maigret" und „Simenon"

Wenn Sie der Seine weiter aufwärts folgen, gelangen Sie wieder zurück vor Notre-Dame.

* www.maigret.de

10. ÎLE SAINT-LOUIS

Eine unglückliche Bildhauerin, Haschischplätzchen, Inspiration in der Totenkiste, 90°, wohin man blickt, sechs Brücken, zehn Straßen, Romy Schneiders Hochzeitsessen, Simenons Ankerplatz, nicht die Heilige Jungfrau.

Metro: SULLY-MORLAND
Ausgang: Boulevard Henri IV – Boulevard Morland

Noch befinden Sie sich auf der Rive droite. Sie müssen den Pont Sully überqueren, um auf die Île Saint-Louis zu gelangen.

Werfen Sie einen kurzen Blick in die Grünanlage zu Ihrer Rechten, den Square Galli, in dem man einige Steine der Bastille abgelegt hat, die beim Metro-Bau im Weg waren. Die wären sicher auch lieber für den Bau des Pont de la Concorde verwendet worden, statt hier in trutziger Sinnlosigkeit/sinnloser Trutzigkeit rumzuliegen. Es handelt sich um Teile der „Tour de la Liberté“, so genannt, weil sich die Häftlinge dort die Beine vertreten durften.

Mal ehrlich: Hätte Baron Haussmann nicht dafür gesorgt, dass die Spitze der Île Saint-Louis mit den herrlichen Gärten und dem prunkvolle Schloss des Herrn Bretonvilliers für den Bau des Pont de Sully rasiert worden wären, hätte man jetzt nicht so einen herrlichen Blick auf das Panthéon. Auch wäre viel weniger Platz für Autos.

Vom Pont de Sully haben Sie einen der schönsten Frühstücksplätze der Île Saint-Louis im Blick: den Halbmonderker am ersten Palais auf dem Quai d’Anjou, dem Hôtel Lambert. Zugegeben, man muss jung sein, um dort mit der aufgehenden Sonne im Gesicht zu frühstücken... Unterhalb des Hôtel Lambert, in der Kaimauer, erkennt man sehr gut eine zugemauerte Tür: viele der Paläste auf der Insel hatten solche Türen zum Fluss, wie man sie in Venedig bis heute nicht selten als Entrée benutzt.

Kaum beachtet: ein Stück Bastille im Square Henri Galli

Oben Erker, unten zugemauerte Tür, ganz unten Seine

Vor diesen Türen wartete dann statt Kutsche ein Boot. Das war praktisch, wenn man das Haus ungesehen verlassen wollte (oder musste). Hinter diesen noblen Mauern hat schon Chopin Klavier gespielt. Während der Pariser Kommune war es ein Krankenhaus. Und als die Kommunarden ihren tapferen Kampf verloren hatten, wurden vier von ihnen auf dem Quai vor dem Palast füsiliert und tagelang dort liegen gelassen.

Am Ende des Pont de Sully liegt links der Square Barye, meistens leider äußerst ungepflegt und nach Einbruch der Dämmerung nicht zu empfehlen. Auf dem steinernen Sockel des Denkmals und vor der Tafel mit Herrn Baryes Bildnis befanden sich Bronzestatuen, völkisch eingeschmolzen in schmutzig-brauner Zeit.

Die Verzierungen aus Stein hielten die Stellung. 1993 erhielten sie Gesellschaft in Form einer Zeder. Da gab es mal großen Wirbel auf dem sonst unbeachteten Platz: Damals war der libanesische Präsident Rafiq Hariri ein Jahr im Amt und Monsieur Chirac, damals noch Bürgermeister der Stadt Paris, und großer Freund des Libanon, hatte ihn eingeladen, gemeinsam mit ihm eine Zeder zum Zeichen der Freundschaft zwischen ihren beiden Ländern zu pflanzen.

Rafiq Hariri blieb libanesischer Ministerpräsident bis 1998 und wurde im Jahr 2000 wiedergewählt. 2004 stellte er sein Amt zur Verfügung. Kurz darauf kam er bei einem Attentat auf seinen Wagen ums Leben. Er hinterließ eine Frau und sieben Kinder.

Wenn die Stadtreinigung es gut mit dem Square Barye gemeint hat, und der kleine Park aufgeräumt und sauber ist, bietet er eine unerwartet schöne Kulisse für ein Päuschen mit Blick auf die Seine. Nicht ganz so schön wie die Inselspitze auf der anderen Seite, dafür mit sehr viel weniger Andrang.

Herzlich willkommen auf der Île Saint-Louis. Hier wurden alle Straßen und Häuser etc. in einem Rutsch erbaut, ein charmantes, wenn auch ein wenig eintöniges Loblied auf das 17. Jahrhundert.

Ein bewohntes Freilichtmuseum. (In anderen Ländern hätte man sich schon lange in entsprechende Kostüme geworfen.) Der Blick hinter die gleichmäßigen Häuserfassaden wird durch die Bewohner meist erfolgreich verhindert, aber wenn man Glück hat, ist eines der hohen Eichentore geöffnet und gewährt Einblick in den Innenhof.

Die „Hauptstraße" der Insel ist die Rue Saint-Louis en l'Île. So schnurgerade gezogen, dass zur Tagundnachtgleichen die Sonne genau an ihrem östlichen Ende auf und genau an ihrem westlichen Ende untergeht. Dazwischen bieten viele gepflegte kleine Läden höchst unterschiedliche Waren an, die allerdings eins gemeinsam haben: Die Preise sind astronomisch. Egal, was Sie kaufen. Oder essen. Und der Preis für ein Eis bei Berthillon, mittlerweile eine Kette, der man auf der Insel oder in der Stadt kaum noch entkommt, ist so rasant gestiegen, dass man aus dem Staunen nicht herauskommt. Wenn Sie noch mehr staunen wollen, dann bleiben Sie vor einem der Maklerbüros stehen und rechnen Pariser Quadratmeterpreise aus.

An Nummer 28, Rue Saint-Louis en l'Île, im Restaurant „L'orangerie" feierte Romy Schneider im Dezember 1975 mit Schäfchenfrisur und im 70er-Jahre-Blümchenkleid ihre Hochzeit mit Daniel Biasini.

Und während Sie sich noch fragen, ob Normalverdiener oder Rentner oder Studenten sich in dieser Stadt überhaupt eine halbwegs akzeptable Wohnung leisten können, gehen Sie am Quai d'Anjou entlang Richtung Île de la Cité. (Die Antwort auf die Frage ist selbstverständlich „Nein": Im Jahr 2008 kostete zum Beispiel eine „Wohnung" in gefragter Lage, Saint-Germain, 950 Euro. Finden Sie nicht teuer? Für 10, in Worten: zehn, Quadratmeter, im fünften Stock ohne Aufzug, dafür mit Gemeinschaftssanitäranlagen?!)

Das Haus mit der Nummer 2 und der Tür zum Fluss, Quai d'Anjou, dessen Haupteingang allerdings zur kleinen Inselhauptstraße hin liegt, haben Sie am Anfang dieses Kapitels bereits gelesen. Immer am Quai entlang bis zum Haus mit der Nr. 17, dem Hôtel de Lauzun. Sogar von draußen können Sie seine herrlichen Decken bewundern. Leider nur von draußen, außer an den „Journées du patrimoine" im September. Es ist das schönste erhaltene Beispiel für einen luxuriös ausgestatteten Stadtpalast aus dem 17. Jahrhundert auf der Insel und wird für Staatsempfänge genutzt.

In den 20ern traf sich im Hôtel de Lauzun der „Club der Haschisch-Raucher", wie man das heute fälschlicherweise nennt, denn angeblich wurde das Haschisch nicht geraucht, sondern in den Kaffee gemischt. So mancher Gast wunderte sich, dass in diesem Haus der Kaffee vor dem Menü gereicht wurde und er später seltsam entspannt dem Essen zusprach.

In der Mansarde verbrachte Baudelaire seine Nächte in einem reich verzierten Sarg. Warum? „Ja, Bett und Sarg, an Frevel überreich, sie spenden uns, barmherzigen Schwestern gleich, entsetzlichen Genuss und süße Pein." Nein, kein Zitat aus Baudelaires „Die Blumen des Bösen", deren erste Verse der Dichter in der Mansarde des Palastes schrieb, sondern aus seinem Werk: „Verdammte Frauen".

Das Wort „Mansarde" leitet sich vom Sonnenkönig-Architekten Mansart ab, der diese Art des bewohnbaren Dachgeschosses erfunden haben soll, da der Versailler Hofstaat soviel Platz brauchte. Tatsächlich hat schon Generationen vorher Pierre Lescot beim Louvre-Bau mit den Dachkämmerchen angefangen. Aber jetzt ist es wohl zu spät, um diese gemütliche Art des Domizils noch in „Lescotte" oder ähnlich Lautendes umzutaufen.

1930 und 1931 ankerte am Quai unterhalb des Hôtels Georges Simenon mit seinem Schiff „Ostrogoth", das er mit Frau, Geliebter und Hund bewohnte, und schrieb wie ein Besessener. Hier entstanden gleich mehrere seiner Maigret-Romane. Ein fanatischer Autor, der gute Mann aus dem belgischen Lüttich.

Folgen Sie weiter dem Quai d'Anjou. Die Brücke, der Sie sich jetzt langsam nähern ist der Pont Marie. Das hat nichts mit der Heiligen Jungfrau zu tun: Monsieur Christophe Marie hat sie erbaut. Genau wie den Quai d'Anjou. Überqueren Sie mit der Rue des Deux-Ponts die einzige Stelle auf der alten Île Saint-Louis, an der die Neuzeit Hand angelegt hat. Die Häuser an der Uferstraße wurden freundlich gebeten, ein Stückchen zurückzutreten. Daher links nun ein paar Gebäude aus dem 19. Jahrhundert.

Zurück auf den Quai, der ab Brücke seinen Namen in „Quai de Bourbon" ändert. Vergleichen Sie bei Nummer 15 das rechte mit dem linken Fenster neben der Eingangstür. Ja, schief! Sie befinden sich auf halt auf einer Insel, und der Boden setzt sich an manchen Stellen immer noch.

Auf Sand gebaut: 15, Quai de Bourbon

Die Wandtafel zwei Häuser weiter, 19, Quai de Bourbon, ist viel zu klein um die Tragödie zu beschreiben, die sich hinter diesem Tor abspielte. – Die begnadete und nur zu oft höhnisch verkannte Bildhauerin Camille Claudel verlebte in einer Wohnung im Erdgeschoss die letzten Tage ihres Lebens in Freiheit. Der geniale Geist der Künstlerin hatte sich verdunkelt, oder war durch Rodins seelische Malträtierungen verdunkelt worden, der sich nicht damit abfinden wollte, dass eine seiner Schülerinnen das Potenzial hatte, ihn zu überflügeln.

Ab 1905 bricht sich die Paranoia zusehends Bahn. Camille fühlt sich verfolgt, zerstört ihre Kunstwerke, Einrichtungsgegenstände, einfach alles, was ihr in den Weg kommt. Aus der ehemals strahlend schönen Frau ist eine aufgedunsene Alte geworden. In ihren letzten Jahren auf der Île Saint-Louis hat allein ihr Vater sie finanziell unterstützt. Acht Tage nach seinem Tod am 2. März 1913 wird sie auf Geheiß ihres Bruders in das Maison de Santé von Ville-Évrard gebracht.

„Il y a toujours quelque chose d'absent qui me tourmente",
*aus einem Brief an Rodin**

 * „Da ist immer etwas Abwesendes, das mich quält."

Solch eine Institution hieß früher in der Übersetzung „Irrenhaus“. 1914 schickt Gutmensch Rodin Geld, damit die Anstaltskosten gezahlt werden können. Trotz vieler Zeitungsberichte, die die Familie angreifen, bleibt Camille weiter eingesperrt, wird von Ville-Évrard nach Enghien verlegt, dann ins Hôpital Montdevergues in Montfavet, in der Nähe von Avignon. Dort stirbt sie, 29 Jahre später, am 19. Oktober 1943. In der Zeit ihrer Internierung werden Artikel über sie geschrieben, Arbeiten über sie angefertigt, ihre Werke ausgestellt. Über aller Anbetung hatten manche ihrer Anhänger bereits vergessen, dass sie noch lebte.

Die kleine Inselspitze samt Baum und Laterne und Blick auf Notre-Dame ist schnell umrundet. Sie befinden sich auf dem Quai d’Orléans. An Nummer 6 residiert die Polnische Bibliothek Paris, die Société Historique et Littéraire Polonaise und das Musée Adam Mickiewicz. Besucher werden donnerstags nachmittags empfangen, am liebsten nach Anmeldung. Einzige Gelegenheit für die Öffentlichkeit, eins der prächtigen Häuser der Insel zu betreten.

Der guten Ordnung halber werfen Sie seineaufwärts einen Blick auf den Quai de Béthune, eine der teuersten Pariser Adressen. In Nr. 36 hat von 1912 bis 1937 die hochintelligente, fähige, disziplinierte, fleißige und sehr stille Maria Sklodowaka gewohnt, nach ihrer Heirat mit Pierre einfranzösisiert „Marie Curie“ genannt.

Schauen Sie sich satt und dann überqueren Sie den Pont Saint-Louis in Richtung Île de la Cité, auf die gewaltige Kirche zu, die sich von hier aus wie ein Dampfer über dem Fluss erhebt. Die Brückenüberquerung kann sich bei schönem Wetter hinziehen, abhängig von der Qualität der diversen „artistes“, die den Übergang als Bühne und Notre-Dame als Kulisse nutzen. Die Menschenansammlungen um sie herum sind ein verlässlicher Indikator für die Kurzweil der Darbietungen.

Was essen?

An Nummer 27, rue des Deux-Ponts, in der kleinen Stube des „Pom'Canelle“ isst man gute Crêpes, leckere Quiches und Berthillon-Eis. Am Tisch wird das Eis nicht im Hörnchen serviert.

11. PASSAGEN I

Dunkle, helle und ein paar Bordelle, Zahnarzt mit freizügigen Vormietern, Büros mit frivolem Vorleben, ein kleines, rundes Schlaraffenland, Wachsfiguren und Bouillon, Witwe mit Schlüssel. Früher war Athen mal überdacht und lag in Paris.

Metro: PYRAMIDES, Ausgang: 13, avenue de l'Opéra

Auf der gegenüber liegenden Seite der Avenue de l'Opéra geht es durch die Rue Ventadour rechts in die Rue des Petits Champs und an Nummer 44 links in die Passage Choiseul, montags bis samstags von 7 Uhr bis 21 Uhr geöffnet. Sie ist mit 190 Metern eine der längsten erhaltenen Passagen in Paris, gebaut, um die Passanten vor Regen, Morast und rücksichtslosen Droschkenkutschern zu schützen.

Eingang in die Passagen-Welt: die Passage Choiseul

Ein Blick nach rechts in die Rue des Moulins, in der hinter den geschlossenen Läden des Luxus-Bordells an Nr. 6 Henri de Toulouse-Lautrec zur Begleichung seiner Schulden die Wände mit seiner belächelten Kunst verzierte. Dieses Etablissement hatte sich das Bett der Païva nach deren Wegzug aus Paris gesichert. Mittlerweile ist es in das überladene Palais an den Champs-Elysées heimgekehrt.

Seit dem Erbauungsjahr 1827 hat sich an der ehemaligen Freudenhausfassade kaum was geändert, sogar die beiden Vordächer an den Eingängen sind noch im Originalzustand. An Nummer 23 die Librairie Percepied, in der bereits Paul Verlaine Gedichtbände veröffentlichte.

Ausgang der Passage Choiseul zur Rue Saint-Augustin, von außen letzter Rest des Portals eines Stadtpalastes aus dem Jahr 1655

Ihr Weg führt in der Mitte der Passage nach rechts in die kleine Passage Sainte-Anne. Das kürzte bereits in früheren Jahren den Weg auf die Rue Sainte-Anne ab und die Schuhe blieben länger sauber. Bürgersteige an den Straßen kamen erst später in Mode.

Sie gehen über die Rue Sainte-Anne in die Rue Chérubini. An deren Ende geraten Sie geradewegs in die anzügliche Atmosphäre der Rue Chabanais. Sie merken nichts? Weder von anzüglich noch von Atmosphäre? Olalalala... es gab mal eine Zeit, da kamen sie alle hierher.

Treppe und Aufzugtüren des Chabanais – im Original erhalten!

Bevor die ehemalige Prostituierte Marthe Richard – Spitzname: „la veuve qui clôt“, die „Schließer-Witwe“ – die Bordelle in ganz Frankreich schließen ließ, befand sich eines der bekanntesten dieser Häuser in der Nummer 12 der Rue Chabanais. Und nach der Straße war diese elegante „maison close“ auch benannt.

Diese Art von Häusern war alles andere als geschlossen, ganz im Gegenteil, man empfing sehr offen und herzig. Der Ausdruck „Freudenhaus“ trifft es wohl auch. Berühmt waren die beiden Aufzüge, jeder für nur je eine Person, einer für „Aufwärts“ und einer für „Abwärts“, damit es zu keinen Begegnungen der peinlichen Art im Aufzug kam. In den Salons und unterschiedlichst eingerichteten Spielzimmern trafen sich Herren aus der ganzen mit einer Schar von 35 ausgewählten Damen aus der halben Welt, „pensionnaires“ genannt. Nicht selten äußerten Staatsoberhäupter den Wunsch, das sagenhafte Etablissement näher kennen zu lernen; im offiziellen Programm des Staatsbesuchs wurde der Termin meist diskret als "Visite au Président du Sénat" umschrieben. König Edward VII. von England unterhielt eine eigene Suite im Chabanais.

Das Haus ist jetzt ein ehrenwertes Bürogebäude. Im Fotogeschäft „Au bonheur du jour“, direkt gegenüber, bietet Nicole Canet Fotos und Fotobücher aus den Glanzzeiten des Chabanais an.

Gehen Sie von der Rue Chabanais über die Rue Lulli, rechts durch den kleinen Park mit dem schönen Brunnen, der vier französischen Flüssen huldigt: Seine, Garonne, Loire und Saône, dann links auf die Rue Richelieu. Die zweite rechts ist die Rue des Filles Saint-Thomas, die erste links ist die Rue des Colonnes.

Was essen?

Das Restaurant „Les Colonnes“ mit seinem gemütlichen bretonischen Chef serviert exzellente französische Küche zu Preisen, die weit unter dem Durchschnitt für hohe Qualität in bester Lage rangieren. Eine Formule kostet zwischen fünfzehn und dreißig Euro.

So stellt man sich das vor.

Zu Beginn des 19. Jahrhunderts, als im Pariser Bauwesen wieder der Hang zur Antike zutage trat, der bereits unter der Monarchie langsam Fuß gefasst hatte, führte hier eine kleine Passage ins Théâtre Feydeau. Im Zuge des antiken Wiedererwachens wurde das Dach der Passage abgehoben und die Rue des Colonnes entstand. Dorisch-ägyptische Säulen, deren bunter Mischung sich kein Bauamt in den Weg stellte und niedrige Arkadengänge, wie sie später von Napoleon auch für die Rue de Rivoli angeordnet werden.

Eins der seltenen Beispiele für die revolutionäre Architektur.

Links in die Rue Feydeau, dann rechts in die Rue de Richelieu, rechts in die Rue Colbert und links in die Rue Vivienne, dort bis zu Nr. 30, wo Sie Hochinteressantes erwartet. Vor allem, wenn Sie Schokolade lieben.

Debauve et Gallais residiert seit dem Beginn des 19. Jahrhundert in diesen prachtvollen Räumen, seinerzeit geschaffen von Percier und Fontaine, die als Architekten im Auftrag von Napoleon auch das Schloss Malmaison restauriert haben, das er seiner Joséphine nach der Scheidung schenkte und in dessen Garten sie bis zu ihrem Tod ihre berühmten Rosen züchtete. (Besuchen Sie es: Château de Malmaison, Avenue du château, Rueil-Malmaison, RER Linie A bis Grande Arche de la Défense, dort Autobus 258 bis „Le Château". Das Schloss befindet sich ca. 10 km außerhalb von Paris. Es ist dienstags geschlossen.)

Also, ebendiese Architekten schufen auch das kleine Schlaraffenland in der Rue Vivienne. Alles ist rund, oder halbrund, und wenn Sie es nur oft genug besuchen, werden Sie sich diesen Formen früher oder später anpassen.

Nur ein paar Schritte weiter, in Nummer 38 begeben Sie sich durch den Eingang auf der rechten Seite in die Galérie des Variétés. Bereits Zola bezeichnete sie als „coin louche", dunkle Ecke, denn dort befand sich der Künstlereingang des „Théâtre des Variétés". Ein merkwürdiges Völkchen drückte sich dort herum und wartete auf die Künstler:

"Unter den von Reflexen blank gewordenen Scheiben war grelle Beleuchtung, ein Strömen von Licht, weiße Lampenglocken, rote Laternen, blaue Transparente, Gasrampen, Uhren und gigantische Fächer aus Flammenstrahlen, die in der Luft brannten; und das bunte Farbengemisch der Auslagen, das Gold der Juweliere, die Kristallsachen der Konditoren, die hellen Seiden der Putzmacherinnen flammten hinter der Reinheit der Schaufensterscheiben im grellen Schlaglicht der Reflektoren, während zwischen dem zusammengekleckstem Gewirr der Aushängeschilder ein ungeheurer purpurner Handschuh von weitem einer blutenden, abgehauenen und mit einer gelben Stulpe befestigten Hand glich."*

*Überdachte Fußgängerkreuzung –
hier trifft die Passage des Panoramas auf die Galérie des Variétés*

* Émile Zola, Nana

Von dieser Galérie zweigt zunächst rechts die Galérie Feydeau ab, dann rechts und links die Passage des Panoramas, Mutter aller Pariser Passagen. Benannt nach zwei hölzernen Rundbauten, die den Eingang am Boulevard Montmartre flankierten und in denen sich mehrere Panorama-Maler auf übergroßen Wänden von fast hundert Metern Breite und zwanzig Metern Höhe austoben durften.

Man gab Jerusalem, Athen und manche Schlachtenansicht. Das Panorama-Malen war zur damaligen Zeit ein gefragter Beruf, dem auch Daguerre, der Fotografenpionier, eine Zeitlang nachging. Das Panorama zog sich in die Passage hinein, bis zur Rotunde hin. Licht von oben sorgte für vollkommene Beleuchtung und machte die Illusion perfekt. Die Besucher waren begeistert und reisten nach Athen und Jerusalem, ohne Paris zu verlassen. Die Rotunden sind schon lange abgebaut, und als einziges Geschäft aus diesen Zeiten hat in Nummer 47 der Graveur Stern seinen nostalgischen Stil und Charme bewahrt.

Immer schon und immer noch an Nr. 47 der Passage des Panoramas: „Stern"

Dem Ausgang der Passage des Panoramas gegenüber liegt der Eingang der Passage Jouffroy, 1847 eingeweiht, darin der Eingang des Musée Grévin des Pariser Wachsfigurenkabinetts.

Der Besuch ist kein Muss, aber lohnenswert. Man trifft viele alte Bekannte, aber auch neuere Berühmtheiten wie Céline Dion, Michael Jackson oder Salvador Dali und darf sich mit ihnen fotografieren lassen. Ein riesiger Spiegelsaal, der „Palais des Mirages“ vermittelt den Eindruck, man sei in das Innere eines riesigen Kaleidoskops geraten.

Der Besucher erfährt sehr genaue Details über die französische Geschichte, sehr, sehr lebensecht dargestellt und für zart besaitete Seelen nicht unbedingt geeignet. Die komplette Ausstellung ist einfallsreich nach Themen geordnet. Ein unterhaltsames Regenprogramm für die ganze Familie.

Auf die Passage Jouffroy folgt die letzte Passage dieser Suite, die Passage Verdeau. Am ihrem Ausgang bitte links, dann stehen

Direkt neben den Wachsfiguren: das Hotel Chopin

Sie an Nr. 35, Rue du Faubourg Montmartre, vor dem Geschäft eines weiteren Pariser Chocolatiers mit Tradition: „À la mère de famille". Gehen Sie die Rue du Faubourg Montmartre auf der Seite mit den geraden Nummern (absteigend) hinauf, dann links in die Rue Bergère, erste rechts und wieder rechts, durch die Cité Bergère mit vielen schönen Hotels, oder sagen wir mal: mit vielen schönen Hoteleingängen. Den Namen „Bergère" kennen Sie vielleicht von der berühmten Revue „Les Folies Bergère"*, die nicht weit von hier zu finden ist, an der Rue Richer.

Was essen?

Durch den engen Torbogen der Cité, geradeaus über die Rue du Faubourg Montmartre und geradeaus durch den dunklen Hinterhof dann stehen Sie vor der Drehtür „Chartier", genauer gesagt: „Bouillon Chartier", dem letzten seiner Art mit diesem Suppenküchennamen.

Nicht verpassen!

* www.foliesbergere.com

Eine Institution seit über 100 Jahren, die rustikale Hausmannskost bietet. Die Kellner haben es eilig, sie arbeiten auf eigene Rechnung und müssen daher auch jeden Teller, den sie aus der Küche tragen, der strengen Madame auf ihrem Thron zur genauen Abrechnung vorweisen. Das Essen ist einfach, der Wein ist günstig, satt wird man auf jeden Fall. Beim Betreten dieses unerwartet prächtigen, zweistöckigen Relikts mit dem vielen alten Holz, den Spiegeln, Lüstern und Serviettenkästchen wird es Ihnen den Atem verschlagen.

12. PASSAGEN II

Die Passage des Verlangens und die Passage der Friseure, Treppe für Mutige, Indien kurz hinter zwei beharrlichen Toren, Napoleon erfindet in Ägypten die französische Verabschiedung, der Hof der Wunder und sein verlauster Hofstaat, Ali Baba. Im Mode-Viertel wird's eng.

Metro: Château d'Eau

Zunächst einmal auf der linken Straßenseite auf die Gare de l'Est zu, Zwillingsschwester der Gare du Nord. Die Eingänge der beiden Bahnhöfe liegen keine 500 Meter voneinander entfernt.

An Nr. 61 nach links beginnt ein Teil der Passage du Désir. Die Passage verband in früherer Zeit ohne jede straßenbauliche Unterbrechung die Rue du Faubourg Saint-Martin mit der Rue du Faubourg Saint-Denis. Das mit dem „Rue du Faubourg Irgendwas": Paris-City hörte früher dort auf, wo nun der innere Boulevard-Ring verläuft (Kapitel „Grands Boulevards"). Jedenfalls so ungefähr.

Alles was davor, draußen vor der Stadt lag, waren Vororte, Weiler, frz. „bourg", dem dann noch ein „fau" vorgesetzt wurde, das sich aus dem lateinischen „foris", draußen, auswärts, ableitet. Die Straßen, die zu den Dörfern hinausführten, waren teilweise nach diesen Dörfern benannt, wie Saint-Denis, Saint-Martin, Saint-Antoine, Montmartre usw... Die alten Wege aus der Stadt heißen heute noch innerhalb der früheren Stadtgrenzen Rue Irgendwas und werden dort, wo früher die Stadtgrenze verlief, und im Fall der Rue Saint-Denis und der Rue Saint-Martin immer noch die Stadttore stehen, zur Rue du Faubourg Irgendwas.

Sie stehen nun auf dem Boulevard de Strasbourg, der in der Stadtmitte Boulevard de Sébastopol heißt und dort von den

Parisern kurz „Sébasto“ genannt wird. Dieser Boulevard ist erst im neunzehnten Jahrhundert entstanden. Er führt nicht zu einem Dorf, sondern schlicht von der Place du Châtelet zum Ostbahnhof, wurde nach der großen Zeit der Stadttore gebaut und bekommt daher auch nirgendwo ein „Faubourg“ angehängt.

Die Passage du Désir zweigt nach ihrer Teilung beim Bau des Boulevards notgedrungen rechts und links ab. Wir gehen zuerst nach rechts.

Tor öffnet sich auf Knopfdruck, der Knopf ist direkt hinter dem Gitter.

In diesen Abschnitt der Passage du Désir gelangt man also durch Druck aufs Knöpfchen. Der gegenüberliegende Teil ist nicht zugänglich, es sei denn, sie schlüpfen hinter einem Bewohner durch das geöffnete Tor. Der komplette Häuserdurchgang wurde zur Zeit der Revolution von „Brunnenpassage“ in „Passage des Verlangens“ umbenannt. Historiker erklären dazu immer ein wenig zu hastig, dass die Namensänderung aufgrund eines gleichnamigen „Hotel garni“ in der Straße vorgenommen wurde.

Es gibt selbstverständlich auch historisch belegbare und lautere Erklärungen für die Rue de Paradis und für die Rue de la Fidelité, die ebenfalls in diesem Viertel liegen.

Wenn Sie es in den zweiten Teil der Passage du Désir geschafft haben – und am anderen Ende auch wieder raus – gelangen Sie in die Rue du Faubourg Saint-Denis.

Wenn Sie sich nicht getraut haben, dann folgen Sie dem Boulevard de Sébastopol nach links, rechts in die Rue du Château d’Eau. So gelangen Sie auch in die Rue du Faubourg Saint-Denis, bereits in nachrömischer Zeit eine der wichtigsten Verkehrsadern der Stadt. Viele Karren, Kutschen, Sänften zogen durch diese Straße. Auch Könige kamen oft hier vorbei, stadteinwärts siegreich oder geschlagen nach Feldzügen, stadtauswärts meistens tot, Richtung Abtei von Saint-Denis, der Begräbnisstätte („Grablege“ ist so ein scheußliches Wort) französischer Majestäten und seit 1966 mit dem Titel „Kathedrale“ bedacht.

26 Könige, 10 Königinnen, 84 Prinzen und Prinzessinnen liegen dort in der „Wiege der Gotik“ bestattet, als erster Hugo Capet, König von Frankreich. Und der ist seit über tausend Jahren tot. Diese Kathedrale trieft vor Geschichte und ist einen kleinen Ausflug immer wert. Die Metro Nr. 13 setzt Sie fast vorm Hauptportal ab.

Achten Sie aber bitte darauf, dass Sie im richtigen Zug sitzen. (Die Züge nach „Asnières“ und „Saint-Denis Basilique“ wechseln sich ab. Spätestens bei der Station „La Fourche“ sollten Sie in Richtung „Saint-Denis Basilique“ unterwegs sein.

Vor Erreichen dieser Station werden Sie noch einmal drauf aufmerksam gemacht und können umsteigen.)

Die Rue du Faubourg Saint-Denis ist ein solides Stück altes Paris. Sie meinen, hier gäbe es ja fast nur Männer? Warten Sie es ab. Zunächst einmal wenden Sie sich nach links und überqueren die Straße, dann rechts in die Cour des Petites Ecuries. Da, wo ein rotes Schild den Weg zu „Flo" weist.

Was essen?

Wunderschönes Interieur, trotzdem gute Küche: „Flo"

Die alte Brasserie mit den typischen Krustentier-Auslagen vor der Tür hat sich ihren Charakter bewahrt, obwohl mittlerweile viele der alten Brasserien zu einer Kette namens „Flobrasseries" zusammengefasst wurden, in deren Jugendstil-Tempeln neuerdings neben der regulären Karte überall eine einheitliche „Wochenspezialität" angepriesen wird. Ebenso wurde die Qualität der Küche des „Flo" auf einem guten Niveau gehalten.

Auf dem Weg zur Toilette ein Relikt: Der Thron, von dem aus kontrolliert wurde, was die Kellner aus der Küche trugen. Nicht aus Sorge um die Qualität der Speisen, sondern im Interesse einer korrekten Abrechnung...

Vorne raus aus der Cour des Petites Ecuries, zurück in die Rue du Faubourg Saint-Denis, die Sie überqueren. Bei Nummer 46 links führt Sie ihr Weg nach Indien, das sie in Gestalt der Passage Brady erwartet. Auch diese Passage wird durch den Boulevard de Sébastopol in zwei Hälften geteilt. Der ungedeckte Teil auf der anderen Seite des Boulevards ist zumindest einen Blick wert, während Sie auf dieser Seite diese typischen Tandoori-Gewürzschwaden umwehen.

Indien mitten im 10. Arrondissement: die Passage Brady

Wieder links auf die Rue du Faubourg Saint-Denis, die auf der anderen Seite der Porte Saint-Denis, des alten Stadttors, wieder ohne „Faubourg“ als Rue Saint-Denis weiter in die Innenstadt führt. Rechts an Nr. 42 geht es in die Passage de l’Industrie.

Zwei Möglichkeiten: 1. Sie gehen Sie durch die Passage, dann rechts auf den Boulevard de Strasbourg, der zum Boulevard de Sébastopol wird, nachdem Sie den Boulevard Saint-Denis überquert haben.

Oder 2. Sie gehen weiter auf der Rue du Faubourg Saint-Denis, werfen an Nummer 16 einen Blick ins „Julien“, dessen herrliches Interieur an dieser Straße – wie soll ich sagen? – hervorsticht. Hier muss der glanzvolle Rahmen sich manchmal ganz schön anstrengen, um über mancherlei Unzulänglichkeiten hinwegzuhelfen.

Ohne Worte

Kurz hinter „Julien“, bei Nummer 18, betreten Sie die Passage Prado, die ihren Namen in „Passage der Friseure“ ändern könnte. Männlein und Weiblein streng getrennt; reiht sich ein „Salon“ an den anderen. Blicken Sie nach oben, ein kleines bisschen von alter Pracht lässt sich erahnen, vorallem in der Kuppel über der Rotunde, wo die Passage nach rechts abknickt.

Passage du Prado, die „Passage der Friseure“

Noch ein paar Schritte und Sie stehen wieder im Freien, auf dem Boulevard Saint-Denis. Links bis zum Boulevard de Strasbourg, wo eine Ampelanlage dafür sorgt, dass Sie diese Kreuzung einigermaßen sicher überstehen.

Nach der Boulevard-Überquerung könnten Sie trotz des Höllenlärms kurz stehen bleiben und sich umsehen: Links, mit dem Rücken zur Innenstadt, ist die Porte Saint-Denis und rechts die Porte Saint-Martin erhalten geblieben.

Die zwei Stadttore haben sich wohl gegenseitig Mut zum Widerstand gegen den Abriss gemacht, denn sie sind die letzten beiden ihrer Art an den Pariser Boulevards.

Ihre Vorgänger standen ebenfalls an der Rue Saint-Denise und der Rue Saint-Martin, jeweils an der Ecke mit der Rue Blondel, die damals „Zu den zwei Toren" hieß.

Nun fand sich aber Ludwig XIV. dermaßen unangreifbar, dass er diese Eigenschaft auch auf seine Hauptstadt übertragen wollte und kurzerhand Stadtmauer samt Toren niederreißen ließ.

Ein einzigartiger Akt von Arroganz, der die kleine Rue des deux portes und ihrem nach Abriss der Tore sinnentleerten Namen der Lächerlichkeit preisgegeben hätte, wäre nicht ein Baumeister gekommen, der 1672 ganz in der Nähe die beiden Tore neu errichtete.

Der Baumeister hieß Blondel und auf Ihrem Weg längs des Boulevard de Sébastopol (ungerade Nummern absteigend rechts) gelangen Sie nach der Rue Sainte-Apolline zu der nach ihm benannten Straße, der Rue Blondel.

Hier stehen sie immer noch, die käuflichen Damen, wie auch in der schmuddeligen Rue du Faubourg Saint-Denis und in der feinen Avenue Foch. „Irma La Douce"?

Es ist höchstwahrscheinlich alles andere als romantisch, wenn man hier stehen muss, um seinen Lebensunterhalt zu verdienen.

Wer hier glotzt, outet sich als Spanner. Wer hier fotografiert, outet sich als Provinzler, was schlimmer ist (und nicht ganz ungefährlich).

Ansonsten sind Sie in diesem Teil der Stadt, trotz manch dunkler Gestalten und finsterer Blicke weitaus besser aufgehoben als dort, wo die großen Touristenscharen aufmarschieren. Denn Besuch von der Polizei, nein, das möchte man hier wirklich nicht...

Auf der Ecke der Rue Blondel mit der Rue Saint-Denis, in den Häusern Nr. 32-34 fand bis 1946 das „Aux belles poules" („Zu den schönen Hühnern") statt, eines der teureren Pariser „maisons closes".

Heutzutage findet man hier eine Boutique mit ständig wechselnden Inhabern, die alle eins gemeinsam haben, nämlich völliges Unverständnis für die Bitte, ob man denn nicht kurz einen Blick hinter die Regale auf den noch erhaltenen und unter Denkmalschutz gestellten Wandschmuck werfen dürfe.

Werfen Sie einfach nur einen unauffälligen Blick nach rechts in die Rue Blondel und einen etwas längeren nach links. Sie können dann auf dem letzten Straßenstück, wo sie für die letzten Meter auch noch ihren Namen in „Impasse de la Planchette" ändert, einen kleinen Überbau erkennen.

Durch dieses Tor gelangte man in die Cour Saint-Martin, wo sich eine Kutschstation befand, von der aus Victor Hugo in „Les Misérables" seinen Jean Valjean eine kleine Reise antreten lässt:

„An der Straßenecke hatte sie ein Schild gelesen: Impasse de la Planchette. Dort war er ausgestiegen und die Kutsche hatte Cosette zurückgefahren in die Rue de Babylone. Im Allgemeinen unternahm Jean Valjean seine kleinen Reisen, wenn zuhause das Geld knapp wurde."

Weiter auf dem Boulevard de Sébastopol bis zu Nummer 135. Ein schöner Eingang, darüber „Passage Lemoine".

Elektrizitätswerk in der Passage Lemoine

Dann wird es immer schmaler und dunkler, bis Sie durch ein kleines Tor (Knopf) wieder auf die Rue Saint-Denis treten.

Sie verlassen jetzt die Passage Lemoine!

Überqueren Sie die Rue Saint-Denis und gehen Sie weiter stadteinwärts bis zu Nummer 263. Die Nummer ist kaum zu erkennen, aber irgendwo hängt ein kleines Schild „Passage Sainte-Foy". Nur Mut! Dies ist tatsächlich ein Eingang, meist flankiert von Damen, die links und rechts der Tür auf Kunden warten. Wenn sich Ihre Augen an das Dämmerlicht gewöhnt haben, sehen Sie sie vor sich: die Passage Sainte-Foy – schmal, düster, muffig.

Der erste Eingang zu Ihrer Linken ist immer offen und gibt den Blick frei auf eine über 350 Jahre alte Treppe, alt, aber zu schäbig, um jemals fotografiert zu werden. Vor Ihnen liegt eine der ältesten und finstersten Passagen von Paris. Die Läden sind winzig, aber Platz für mindestens drei Nähmaschinen ist immer, denn hier befinden Sie sich im Pariser Quartier Sentier, einem der letzten Textilfertigungszentren der Alten Welt!

Dieser Durchgang ist uralt und so schmal, dass Sie insgeheim fürchten, sich verirrt zu haben. Mutig voran! Ein paar Meter verläuft die winzige Gasse ebenerdig, dann stehen Sie vor ein paar Stufen.

Der hellere Teil der Passage Sainte-Foy

Wären Sie nun 600 Jahre früher hier gelandet, befänden Sie sich zwischen Festungswall (oben) und innerem Wehrgang (unten). Und vielleicht würden Ihnen ein paar Kanonenkugeln um die Ohren fliegen. Die waren damals aus Stein, was ihrer Durchschlagskraft enorm zugute kam. Der Festungswall sollte die Kugeln auffangen. Hinter dem Festungswall folgte noch einmal ein Graben, damit die Kanonen nicht direkt vor der Stadtmauer geparkt werden konnten.

Die Festungsmauer ist lange geschleift, und in den Häusern drumherum wurde der beträchtliche Unterschied im Straßenniveau am Eingang und Ausgang dieser Passage durch tiefe Keller ausgeglichen. Einzig die Treppe lässt die Tiefe des früheren Wehrgangs erkennen. Am oberen Ende der Stufen links ist ein klitzekleiner Hof zu bestaunen, Blumen auf einem zierlichen Balkon, verwinkelte Regenrinnen, ein Stückchen Himmel. Manchmal kommt eine der vorgenannten Damen, deren Gewerbe an dieser Stätte eine acht mal hundert Jahre alte Tradition hat, die der alte Durchgang an ihre Schaffensstätte führt, in Begleitung vorbei.

Nach ein paar Schritten teilt sich die Passage noch zu allem Überfluss, aber egal, ob Sie sich für rechts oder links entscheiden, Sie landen schließlich auf der Rue Sainte-Foy. Gehen Sie links, dann wieder links in die Rue Saint-Spire und geradeaus in die Passage du Caire.

Wahrscheinlich rollt ihnen nun der eine oder andere Kleiderständer entgegen. Sie sind im Sentier-Viertel, das nach wie vor als handwerkliche Hochburg der französischen Mode gehandelt wird.

Passage du Caire: eine der helleren...

Erbittert wehrt man gegen die Ausbreitung des so genannten „Silicon-Sentier“ und distanziert sich naserümpfend vom Multimedia-Zirkus mit seinen vielen kleinen Gernegroßen und ihren winzigen Büros, die die Gebäude aus dem 19. Jahrhundert geradezu überschwemmen. Man zahlt jeden Preis für ein winziges Kabuff, von denen es hinter riesigen Trennwänden unzählige gibt in den großen Räumen, die angelegt worden waren, um für feine Schneiderarbeiten so viel Licht wie möglich hereinzulassen. Und man zahlt jeden Preis. Den höchsten zahlt in nicht allzu ferner Zukunft wahrscheinlich das Viertel selbst.

Im Haus Nr. 237, Rue d'Alexandrie, ist einer der vier Eingänge der längsten Passage von Paris, der Passage du Caire, 1798 eingeweiht und zu Ehren von Napoleons glorreichem Ägyptenfeldzug nach der Schlacht bei Kairo benannt. Der ägyptische Stil geriet damals außerordentlich en vogue, was ein Blick auf den Fassadenschmuck bestätigt. Die Passagenflaneure von einst sind vorerst den Schneidern gewichen.*

Kleider, Knöpfe, Zubehör

* Eingänge: 2, Place du Caire, 33, Rue d'Alexandrie, 237-239, Rue Saint-Denis, 14, 34 und 44 Rue du Caire. Geöffnet: MO-FR 7-18.30 Uhr. An Wochenenden geschlossen!

Hinter den schönen Eingängen mit dem ägyptischen Schmuck ist deutlich zu spüren, dass die größte Passage in Paris ihre goldene Zeit lange hinter sich hat. In den drei Passagenflügeln wird mit Kleidung und Chichi en gros gehandelt, auch mit Etiketten, Pailletten, Etikettiermaschinen, Kleiderbügeln.

Gehen Sie von der Rue Saint-Spire hinein, dann folgen Sie geradeaus dem Gang, in den Sie von der Straße aus gelangen. (Falls die Passage geschlossen ist, folgen Sie links der Rue d'Alexandrie, schräg rechts über die Rue Saint-Denis in die Passage Ponceau.) Dieser Gang knickt an seinem Ende links ab, Sie folgen und verlassen die Passage über den ersten Eingang auf der rechten Seite in die Rue du Caire.

Außer der Rue du Caire trifft man hier neben der Rue d'Alexandrie auf die Rue du Nil und die Rue d'Aboukir: Nach dem Ägyptenfeldzug brach ein wahres Ägypten-Fieber aus, und diese Manie schlug sich in Architektur und Kunst, ebenso wie in der Nomenklatur nieder...

Zur Erläuterung hier der glorreiche und viel zitierte Ägyptenfeldzug in Kurzform: Im Juli besetzt Napoleon nach erfolgreichen Schlachten bei Alexandria und Gizeh erst Kairo, dann ganz Ägypten. Auftritt: Lord Nelson, der im Auftrag der britischen Krone die französische Flotte bei Aboukir vollständig zerstört, um das britische Protektorat in Ägypten zu erhalten. Außenminister Talleyrand hat im Trubel der Ereignisse vollkommen vergessen, nach Konstantinopel zu reisen, um sich mit den osmanischen Herrschern abzusprechen.

Das veranlasst das Osmanische Reich, mit England auf Kuschelkurs zu gehen und demzufolge Frankreich ebenfalls den Krieg zu erklären. Nach wechselnd erfolgreichen Schlachten in der ägyptischen Wüste übergibt Napoleon seinem General Kléber das Kommando, macht sich im August 1799 heimlich, still und leise aus dem Staub – manche Bilder sind aber auch treffend – und verabschiedet sich quasi auf französisch, um in Frankreich nach dem Rechten zu sehen.

Der gute Kléber will keinen Streit mit Ägypten und man gewährt ihm freien Abzug. Die hartnäckigen Engländer fordern freilich die Kapitulation der Franzosen und so muss Kléber nolens volens den Krieg wieder aufnehmen. Er siegt, besetzt Kairo, wird ermordet, sein Nachfolger Menou bei Aboukir von den Briten geschlagen und Alexandria zur Kapitulation gezwungen. Das französische Heer muss Ägypten verlassen. Immerhin gibt's freien Abzug.

So „glorreich“ war Napoleons Ägyptenfeldzug. Schließlich und endlich war doch nicht alles vergebens, führt man in Frankreich gern aus, den immerhin fand die französische Armee im Verlauf dieser Wüstenwanderung doch den Stein von Rosette, der Jean-François Champollion als erstem die Entzifferung der altägyptischen Hieroglyphen ermöglichte.

Gehen Sie links, an einem weiteren Ausgang der Passage du Caire vorbei, schräg über die Rue Saint-Denis bis zum Eingang der Passage du Ponceau an Nr. 212.

Sie ist eins der Stiefkinder ihrer Kategorie, vernachlässigt, ungeliebt, billig. Man kann nur hoffen, dass auch ihr, wie mancher ihrer Schwestern irgendwann einmal ein teures Lifting zugestanden wird und sie endlich den ihr zustehenden Rang unter den Pariser Sehenswürdigkeiten einnehmen kann. Vielleicht kommen Sie sich wegen des Vorher-Nachher-Effekts in ein paar Jahren noch einmal hier vorbei. Die Passage Ponceau ist Montag bis Freitag von 8 Uhr bis 19 Uhr geöffnet.

Weiter stadteinwärts auf der Rue Saint-Denis überqueren Sie noch einmal die Rue du Caire und blicken an Nr. 194 links in die Cour du Roi François, einen kleinen Innenhof, früher einer der „Cour des Miracles“, der Wunderhöfe, die man im alten Viertel zwischen der Rue du Caire und der Rue Réaumur fand, wenn sie gefunden werden wollten. Der Gefolge bestand aus Dieben und Bettlern unter der Herrschaft eines selbst gewählten Königs. Diese verwinkelten, höchst gefährlichen Hinterhöfe und ihre Anwohner inspirierten

Victor Hugo zu einigen Szenen in seinem Buch „Notre-Dame de Paris". In diesem unübersichtlichen Gassengewirr sucht und findet Esmeralda den verirrten Dichter Gringoire und rettet ihn, indem sie ihn heiratet. (In dieser Kunst des Männerrettens versuchen sich bis in die heutige Zeit auch Damen mit ungleich profaneren Namen...) Darum also Hof der Wunder?

Hinter einem Tor der Rue Saint-Denis

Nein: Damals kamen in den verdreckten Ghettos hinter den schönen Fassaden von Paris Menschen unter, die überall etwas Besseres als den Tod finden konnten. Die Ärmsten der Armen vom Land und aus kleineren Städten, die in die Hauptstadt gekommen waren, um Arbeit zu finden. Anstellung und Brot fanden sie nur in den seltensten Fällen und daher legten sie sich das eine oder andere Gebrechen zu, um Mitleid zu erregen und auf diese Weise an ein paar Sous zu kommen. Schlichen sie abends in ihre verlausten Bleiben zurück, schwanden die Blessuren und Behinderungen mit dem Tageslicht, sie konnten wieder sehen oder laufen, amputierte Gliedmaßen stellten sich wieder ein – wie durch ein Wunder!

Zur Regierungszeit Ludwig XIV. war die Zahl der „wunderbaren“ Höflinge dermaßen angewachsen, dass man beschloss, etwas dagegen zu unternehmen. 1656 sollte der Lumpenkönig mitsamt Gefolge kurzerhand eingefangen und im Hôpital général weggeschlossen werden. Man beauftragte Gabriel Nicolas de La Reynie, „lieutenant-général de police”, und der griff hart durch: Ganze Straßenzüge wurden dem Erdboden gleich gemacht, 60 000 „Höflinge“ gebrandmarkt und auf die Galeeren geschickt, da sich das Hôpital général als viel zu klein erwies.

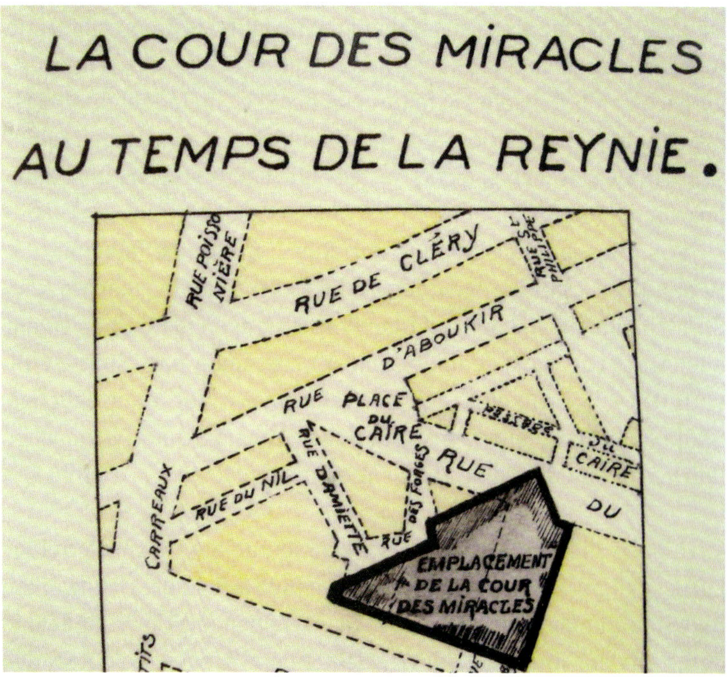

Lageplan im Polizeimuseum

Als de la Reynie per Anschlag die Reinigungsaktion für abgeschlossen erklärte, befanden die Anwohner, dies wäre eine Neuigkeit, die es wert sei, im Namen des angrenzenden Boulevards – dort wo die Porte Saint-Denis steht – „de Bonne Nouvelle“ verewigt zu werden. (Was immerhin eine schöne Geschichte ist. Der Boulevard ist freilich nach der Kirche Notre-Dame-de-Bonne-Nouvelle benannt.)

Weiter auf der Rue Saint-Denis, an Nr. 176 zweigt die Passage Basfour links ab, an Nr. 164 die Passage de la Trinité. Beide sind einen Besuch wert. Sie können durch die Passage Basfour gehen und dann durch die Passage de la Trinité zurückkehren auf die Rue Saint-Denis.

Auf diesem Abschnitt der Rue Saint-Denis ist nun gar nichts mehr von der 1800-jährigen Vergangenheit dieser Straße festzustellen. Dem Auge bieten sich ausschließlich Billigfutter-Läden, blinkende Anstecknadeln, Lederbänder, Nieten, Ketten und anderer Ramsch, verglichen mit dem ein „Eiffelturm im Schnee“ in der Schüttelkugel als filigraner Beweis höchster handwerklicher Meisterschaft wirkt. Schnell weg. Nächste rechts in die Rue Saint-Sauveur und dann links in die Rue Dussoubs.

Von hier aus bis hinauf zur Rue Tiquetonne stammt die Bebauung komplett aus dem Jahr 1241. Damals machte das Sträßchen nicht viel her, auf dem Pflaster gingen Schwalben einem alten Gewerbe nach, der inoffizielle Straßenname war „Gratte-Cul“ („gratter“ = kratzen, „cul“ = sehr unfein für menschlichen Südpol...). Erst viel später kamen die Schneider und Putzmacher und vertrieben die Damen von ihren Stammplätzen.

Jetzt ist es hier still. Und chic. Verkehrsberuhigtes Wohnviertel im Luxussegment. Mit dem abblätternden Putz haben die Handwerker und Stadtplaner auch die Menschen vertrieben, die die Straßen mit dem Lärm aus ihren kleinen Werkstätten und Ateliers belebten, die ihr Lebensmittelpunkt waren. Natürlich, man befindet sich im

Sentier, dem Bekleidungsviertel, und pflichtschuldigst schiebt immer noch mal irgendjemand einen Kleiderständer durch die Straße. Der Ort hat sich Funktion und Architektur bewahrt, wirkt aber fast ausgestorben.

Passage de la Trinité

Fast am Ende der Rue Dussoubs geht es links in eine Passage, die für viele andere Ehre einlegen muss. Die Passage du Grand-Cerf ist ein fein restauriertes Musterbeispiel für die Pracht, die sich mit dem Wort „Passage" zu ihrer Blütezeit verband.

Die Passage du Grand-Cerf

Gehen Sie am anderen Ende nicht hinaus, Sie würden nur wieder zwischen dem Plastikramsch auf der Rue Saint-Denis landen.

Mit dem Rücken zum Ausgang der Passage du Grand-Cerf kommen Sie in die Rue Marie-Stuart, die im Jahr 1809 nach der Gattin des französischen Königs Franz II. benannt wurde. Maria Stuart war schließlich nicht nur Königin der Schotten, sondern auch der Franzosen. Wenn auch nicht lange. Im April 1558 hatten sie geheiratet, er fünfzehn, sie sechzehn Jahre alt, im Juli 1559 wurden sie zu König und Königin von Frankreich, im Dezember 1560 starb Franz II. und Maria ging heim nach Schottland, mit dem Schiff über den Kanal. Elisabeth I. von England fand die Rückkehr der Königin nicht so gut. Zuerst. Zwanzig Jahre später hielt sie die Anwesenheit einer zweiten Königin auf der Insel schließlich für unerträglich und ließ Cousine Maria köpfen.

Am Ende der Rue Marie-Stuart geht es nach links über die Rue Montorgueil zum Forum des Halles. Wenn Sie aber Lust auf Schokolade oder allgemein auf etwas Süßes haben, dann gehen Sie rechts in die Rue Montorgueil bis zum Haus mit der Nummer 51.

Stohrer hat immer was Süßes im Haus!

Ein guter Geist aus dem Haus Stohrer ist seit 1730 bis heute, von Ludwig XV. bis zu Elisabeth II., für das eine oder andere königliche Pfund verantwortlich. Auch bürgerliches Hüftgold hat hier oft seinen Ursprung. Und das alles wegen Ali Baba und weil Marie Leszczynska, Tochter des Königs Stanislas von Polen, 1725 mit Ludwig XV. von Frankreich vermählt wurde.

Sie hatte ein abenteuerliches Leben hinter sich, musste mehrfach mit ihrer Familie fliehen (einmal sogar versteckt in einem Ofen!), verliebte sich in den falschen Mann und landete schließlich mit dem gesamten übrigen Haushalt des polnischen Königs im Lothringer Exil.

Die Hochzeit mit dem Bourbonen war für Marie und ihre Familie wie ein Sechser im Lotto. Das verheiratete Polenkind zog als Frau Königin nach Versailles und erkannte bereits nach kurzer Zeit, dass der Hof nichts so dringend brauchte wie ... Schokolade!

Schleunigst entführte sie den Pâtissier Nikolaus Stöhrer aus den Küchen ihres exilierten Vaters in Wissembourg ins Schloss des Sonnenkönigs.

Als der französische Königsgatte von einer Reise einmal eine trockene Brioche mit nach Versailles brachte (ja, ich finde auch, dass das eine komische Vorstellung ist, wurde aber so überliefert), verfeinerte der junge Stöhrer mit Malaga – Wein, aromatisierte mit Safran und füllte die Brioche schließlich mit Vanillecreme, Rosinen und frischen Trauben.

Der König, inspiriert von den Geschichten aus Tausendundeiner Nacht, die damals schwer in Mode waren, taufte die Leckerei auf den Namen Ali Baba.

Fünf Jahre, nachdem er seinen Dienst in Versailles angetreten hatte, gab Nikolaus Stöhrer seinen Ausstand bei Hof und eröffnete unter seinem neuen Künstlernamen Nicolas Stohrer die Patisserie in der Rue Montorgueil Nr. 51. Er blieb sein Leben lang Pâtissier du Roi.

Das Geschäft steht seit langem unter Denkmalschutz.*

Die mittlerweile unter Glas geschützten Wandmalereien auf Leinwand stammen aus dem Jahr 1860. Der Wandschmuck stammt vom Maler Paul Baudry, der auch das Grand Foyer der Opéra Garnier ausführte.

Vergessen Sie Ali Baba und probieren Sie die kleinen Schokoladenküchlein!

* www.stohrer.fr

13. QUARTIER LATIN

Der Große Albert bastelt sich eine Uni, Gruselfotos – nicht von der Rocky Horror Picture Show, Simenon begibt sich in die Unterwelt, Guillotine auf Rollrasen, Julian der Gastfreundliche, Gallensteine, eine fischende Katze und die schönste Kirche von allen.

Metro: MAUBERT-MUTUALITÉ
Ausgang: MUSÉE DE CLUNY (Saint-Germain 49 boulevard)
Bequemer Ausgang: ESCALIER MÉCANIQUE
(Saint-Germain 47 boulevard)

Die Place Maubert war im 12. Jahrhundert ein einflussreiches Zentrum von Wissenschaft und Lehre und trug maßgeblich dazu bei, dass dieses Viertel heute noch das „lateinische" genannt wird. Kann man sich gar nicht mehr vorstellen, dass hier oder an irgendeinem Ort Schüler still ihren Lehrern lauschten. Das Vorstellungsvermögen der meisten Schüler von Grundschule bis Universität ist mit „still lauschen" wahrscheinlich ebenfalls überfordert.

„Maubert" entwickelte sich aus „Maître Albert", denn hier lernte und lehrte der Albertus Magnus. Der Unterricht fand im Freien statt. Erst im 13. Jahrhundert zogen Wissenschaft und Lehre den Berg hinauf, in die neuen Säle auf der Montagne Sainte-Geneviève.

„Der Große Albertus", das klingt nach Zauberei. Tatsächlich war der Gute mit solch reichem Universalwissen gesegnet, dass ihn viele für einen Magier hielten.

Was zu seiner Zeit nicht unbedingt von Vorteil war, denn je nachdem wie so ein Richter drauf war, drohte für Zauberei die Todesstrafe! Albertus Magnus jedoch gelangte 1248 ungeschoren zurück nach Hause, und schaffte es gerade noch zur

Grundsteinlegung des Kölner Doms. Sein Orden hatte dort während seiner Abwesenheit ein so genanntes Studium Generale eingerichtet und übertrug Heimkehrer Albertus die Leitung.

Dank seiner unermüdlichen Arbeit wuchs der hervorragende Ruf seiner Lehranstalt erheblich schneller als der Dom und verbreitete sich in kurzer Zeit in ganz Europa. Ja, jenau – der Dominikanermönch Albert hatte den Grundstein für die Kölner Uni gelegt.

Nach dem 13. Jahrhundert hörte man auch bei gutem Wetter in den dafür vorgesehenen Sälen und die Place Maubert wurde von allen guten Geistern verlassen.

Der frühere Ort der reinen Lehre verkam zur Hinrichtungsstätte, auf der man bis ins 18. Jahrhundert so recht nach Herzenslust Missetäter verbrannte, räderte, pfählte oder hing.

Dann ging es wieder aufwärts: Mitte des 18. bis weit ins 20. Jahrhundert entwickelte sich der Platz zum Treffpunkt der Crème de la Crème der Pariser Betrüger, Diebe und ihrer Entourage. 1931 verbrachte Georges Simenon sogar eine ganze Nacht in der Gesellschaft von „la Mouf" – der Argot-Ausdruck für die Place Maubert. Für den ersten Einband seines Romans „Der Treidler der Providence" suchte der akribische Belgier einen Obdachlosen, der seiner Vorstellung von Misere möglichst genau entsprechen musste.

Nachdem er fündig geworden war, ging er erleichtert zurück nach Hause an die feine Place des Vosges.

Verlassen Sie den Platz bergauf in die Rue de la Montagne Sainte-Geneviève, links neben der kleinen Reihe mit Lebensmittelläden, vor denen dienstags, donnerstags und samstags Markt abgehalten wird.

Bleiben Sie auf dem rechten, dem unteren Teil. Sie sind richtig, wenn Sie kurz nach der Ecke an einer Pferdemetzgerei vorbeikommen.

„Boucherie chevaline" in der Rue de la Montagne Sainte-Geneviève

Dann folgt auf der rechten Seite ein anschauliches Beispiel federleichter Architektur der 70er Jahre: das Commissariat de Police des vierten Arrondissements. Melden Sie sich beim Wachposten, der – oder die – wahrscheinlich schwer bewaffnet, aber meistens außerordentlich freundlich ist und fragen Sie nach dem Eingang zum Musée des Collections Historiques de la Préfecture de Police.

Nicht verzagen, wenn Sie nur verständnislose Blicke ernten – vor allem jüngeren Polizeibeamten ist nicht immer bekannt, dass sich ihre Präfektur dieses Gebäude mit einem Museum teilt. Und nicht nur sie: Dieses Museum ist unter den unbekannten Pariser Museen wahrscheinlich das unbekannteste! Es ist nicht ungewöhnlich, dass man die Ausstellungsräume ganz für sich allein hat. Und das ist doch schon mal was, mitten in Paris. Außerdem ist es schräg, sehr schräg.

Schon der Eingang ist merkwürdig, denn man muss durch die Tiefgarage der Präfektur in einen betonverschalten Gang und von dort aus in einen Aufzug, der das Prädikat „historisch wertvoll" über viele, viele Jahre mehr als verdient hat.

Das Museum liegt im vierten Stock und kommt auf den ersten Blick ein bisschen langweilig und schlecht gelüftet daher. Man hat den Eindruck, das hier seit Ewigkeiten niemand mehr war und liegt damit wahrscheinlich nicht falsch: kein menschliches Wesen an der Kasse, da der Eintritt frei ist und kein Wachpersonal, denn die Räume werden von Kameras überwacht.

Wäre auch ein schrecklicher Job, hier Eintrittskarten zu verkaufen – im Rennen um die einsamste Arbeitsstelle in Paris wahrscheinlich zweiter Platz, knapp geschlagen vom Phantom der Oper.

Nach und nach kommen Sie zu den Fotos von Ermordeten und Mördern, von Tatorten und Hinrichtungen, von Mord- und Folterinstrumenten, Kerkertüren, Fesseln, Schlüsseln und Schlössern. Alles echt. Man fragt sich vor allem bei den Tatort-Fotos, ob das sein muss bzw. erlaubt ist.

De par le Roy.

Il est ordonné

à la conduire dans les prisons du fort l'Evêque

Enjoint Sa Majesté au Geolier de la recevoir et garder

jusqu'à nouvel Ordre. Fait à Versailles le 29.

„... bleibt bis auf weiteres im Gefängnis. Gruß, Ludwig“

Historische Einblicke bieten die Original-Akten zum Prozess gegen Ravaillac, der Heinrich IV. ermordet hatte und deswegen auf dem Richtplatz vor dem Rathaus einen schauerlichen, stundenlangen Tod starb. – Vom Sonnenkönig und seinen Nachfolgern höchstpersönlich unterzeichnete „lettres de cachet“ liegen aus, mit Hilfe derer jeder Bürger ohne Prozess oder Angabe von Gründen im Handumdrehen hinter Gittern landete. Die Dauer des Aufenthalts hing ausschließlich von Ihro Majestät Entscheidung ab. Diese praktischen „Du kommst aus dem Gefängnis frei“- Kärtchen hatten sich noch nicht durchgesetzt. Allerdings lag das Gefängnis auch nicht zwischen Poststraße und Seestraße...

Schuss- und Stichwaffen, größtenteils in mühevoller Handarbeit hiner Gittern hergestellt, Türen, Schlösser, Uniformen, Prozessakten bis zurück ins 16. Jahrhundert, Fotos von Messerstechern, Meuchelmördern und Giftmischerinnen. Ein Bild des Kommissar Maigret sucht man im Polizeimuseum vergeblich.

Zurück, die Rue de la Montagne Sainte-Geneviève wieder hinunter und links auf den Boulevard Saint-Germain, nach der zweiten Straße links den Boulevard überqueren und geradeaus in die Rue des Anglais, Treppe runter und scharf links in die Rue Galande, dem ersten Teil des römischen Heimwegs über Lyon nach Rom. Was muss das für ein Gefühl gewesen sein, in Lutetia loszumarschieren mit dem sicheren Wissen, dass man noch gut 1500 Kilometer vor sich hat? Wacker, die Römer.

Was essen?

Da gibt es „Le Navigator“ in der Rue Galande Nr. 63, ein Restaurant mit preiswerten Gerichten von guter Qualität und umsichtigem Service, in dem man gut aufgehoben ist.

In unserer Zeit hat die Rocky Horror Picture Show in dieser alten Straße eine feste Bleibe gefunden: In Nr. 42, dem Studio Galande, geht's jeden Freitag und Samstag um 22.10 Uhr ab. Das Publikum gewandet sich in gut nachgebaute „RHPS"-Kostüme, Reiswerfen und Wassersprühen selbstverständlich inklusive.

Pariser Geschichte in Form einer echten Guillotine erwartet Sie im „Caveau des Oubliettes" (Nr. 52 Rue Galande). Ab 17 Uhr geöffnet wird es vor allem am Wochenende erst nach 22 Uhr so richtig voll. Also wirklich richtig voll! Jazz, Soul, HipHop und ähnliches gibt es im Keller, Luft dagegen kaum. Dann noch ein ganz kleines „Häuschen", sehr, sehr eng, sogar für Pariser Verhältnisse.

Sehr originell, sogar für Pariser Verhältnisse, ist der Rollrasen auf dem Boden im Erdgeschoss, aber der Clou ist natürlich die Guillotine, so still und unscheinbar an der Wand, dass man fast nicht bemerkt, oder womöglich als Garderobe benutzt!

Von oben...

... nach unten

„Les oubliettes", die Verliese. Bis vor einigen Jahren konnte man noch vier Stockwerke tief in die Keller unter der Kneipe hinabsteigen, wo einstens die Gefangenen angekettet waren. Die Uferböschungen waren damals noch nicht befestigt und wenn die Seine Hochwasser führte, liefen die Keller voll Wasser. Ob die Gefangenen dann hinaufkommen durften? Würde ich gern glauben.

Als die Keller noch besichtigt werden durften, stand die Guilllotine im ersten oder zweiten Keller. Tiefer ging nicht, denn die Treppen und Gänge werden immer schmaler und niedriger.

In den Gefängniszellen, an denen man vorüber kam, hingen noch vereinzelt rostige Ketten an der Wand und im untersten Keller standen ein paar Tische und Bänke. Es gab vier oder fünf Getränke zur Auswahl und Live-Musik: alte Pariser Lieder zu Akkordeon und Gitarre von Sängerinnen und Sängern im Kostüm und in unterschiedlicher Qualität, aber immer mit viel Herz vorgetragen. Wahrscheinlich verhindern moderne Sicherheitsbestimmungen nun den Abstieg. Wirklich schade!

„... lass alle Hoffnung fahren..." Früherer Eingang zu den Verliesen

Am Ende der Rue Galande rechts, an der hinteren Wand des ersten Hauses rechts in der Rue Saint-Julien-le-Pauvre sieht man die kleine rot gestrichene Tür des „Caveau des Oubliettes“ vorbei. Hier betrat man die Verliese.

Am Ende des kleinen Hofs links der Tür steht ein großer Stein. Ein römischer Stein. Mit so was waren in Paris schon vor 1 700 Jahren die Straßen gepflastert. Sogar Spuren der Karrenräder sind noch schwach zu erkennen, besonders gut auf der rechten Seite des Steins.

Solider römischer Straßenbau, himmelwärts aufgestellt

Viele dieser Steine sind nicht mehr erhalten, denn als die Römer sich verabschiedet hatten, bedienten sich die Einwohner von Paris an deren Bauwerken – inklusive Straßen – und benutzten die Steine für ihre Zwecke. Später beklagten sie sich dann darüber, dass man von einem Haus zum anderen durch Morast waten musste. Die erste gepflasterte Straße nach den Römern ließ erst Philippe-August im Jahr 1292 wieder anlegen.

Die Fassade der kleinen Kirche Saint-Julien-le-Pauvre ist nur noch in Bruchstücken erhalten. Viel ging im Lauf der Jahrhunderte flöten, nicht zuletzt durch die Revolution. Das Fehlen eines Großteils des Vorraums ist auf unzufriedene Studenten zurückzuführen. 1524 hatten sich die Professoren der Sorbonne in der Kirche versammelt und wählen einen neuen Rektor.

Das Ergebnis konnte die Studentenschaft nicht recht zufrieden stellen. Man wollte ein paar Steine werfen und sprengte zu diesem Behufe einen Teil des Kirchenvorraums in die Luft. Bereits damals war die gute alte Studentenzeit, als die Studenten noch brav auf dem Platz vor der Kirche saßen und still den ersten Vorlesungen in dieser Stadt lauschten, schon lange vorbei. Vielleicht hat es sie auch nie gegeben.

Saint-Julien-le-Pauvre ist eine der ältesten Kirchen der Stadt, noch vor Notre-Dame im Jahr 1140 fertiggestellt. Einer der ältesten Bäume der Stadt steht direkt davor, im Square Viviani.

Diese Robinie hat der Botaniker Robin eigenhändig in Südamerika ausgebuddelt und in seinem Hut nach Paris gebracht. Sie wurde 1602 gepflanzt... als Heinrich IV. auf dem französischen Thron saß. Der alte Baum trotzt tapfer den Anschlägen von Alter und Abgasen auf seine Gesundheit. Es ist ihm zu wünschen, dass er auch die Betonfüllung überdauert, die ihm verpasst wurde, als es zur Mode und Methode erhoben wurde, Bäume mithilfe von Betonfüllungen zu erhalten.

Der kleine Park mit dem zeitgenössischen Brunnen in der Mitte bietet einen wahren Postkarten-Blick auf die unglaubliche Silhouette von Notre-Dame.

Der Vorplatz der Kathedrale bietet bei weitem nicht so eine spektakuläre Perspektive, dafür aber umso mehr Amateurfotografen. In diesem charmanten Gärtchen, keine 250 Meter entfernt vom Menschengewimmel unter den Kirchtürmen ist immer ein Plätzchen auf einer der vielen Bänke frei.

Keine 250 Meter entfernt von Notre-Dame: der Square René Viviani

Die Rue Saint-Julien-le-Pauvre beherbergt in Haus Nr. 4 das Hôtel Esmeralda*, von dessen Fenstern man gleichfalls diesen herrlichen Blick auf Notre-Dame genießt. Wenn Sie eins der Zimmer ergattern können, dann fragen Sie nicht nach Komfort. Alle haben Bad und WC, sind nicht zu teuer und schwer zu bekommen.

* Hotel Esmeralda, 4, Rue St Julien Le PauvreF-75005 Paris, +33 1 43 54 17 72

Serge Gainsbourg und Jane Birkin sollen hier intensiv für ihren Stöhne-Hit „Je t'aime... moi non plus" geprobt haben.

Links die Ecke rum auf der Rue de la Bucherie geht der Rummel los. Auch Shakespeare and Company, der legendäre Buchladen, wo vor allem Amerikaner angeblich vor der Abreise ihre Reiselektüre abgeben, um das Übergepäck zu reduzieren, ist immer gut besucht.

Über die Rue Saint-Jacques in die enge Rue de la Huchette. 2009 feiert der sagenumwobene „Caveau de Huchette"* 60 Jahre Jazz im Kellergewölbe.

Rechts die kleinste „Straße" der Stadt, die Rue du Chat-qui-pêche. Die angelnde Katze soll bei einem Seine-Hochwasser am Ausgang der Straße gesessen und ihre Krallen nach Fischen ausgestreckt haben. Vielleicht ist auch irgendwann ein Stückchen accent auf „pêche" weggefallen. Ein „accent grave" auf dem ersten „e" würde bedeuten, die Katze habe gesündigt. Wer weiß? Die Dunkelheit in der 1,80 Meter breiten und 29 Meter langen Straße spricht nicht dagegen.

„Wer angelt, sündigt nicht" – Rue du Chat-qui-pêche

 * www.caveaudelahuchette.fr

Das älteste Pariser Straßenschild, in Stein gehauen, aus dem 13. Jahrhundert fand irgendwann ein Plätzchen an der Hausfront Nr. 14. Es findet in der lärmigen Straße nicht die Beachtung, die ihm aufgrund seines Alters zukäme und zeigt einen Ausschnitt aus der Geschichte von Saint-Julien-le-Pauvre, im germanischen Sprachraum der Heilige Julian.

Dieser Julian war ein begeisterter Jäger und so war es nicht weiter verwunderlich, dass ihm ausgerechnet ein Hirsch prophezeite, er würde seine Eltern töten. Julian floh so schnell er konnte, vergaß trotz der Eile seine Frau nicht und sagte niemandem, wohin er ging. Zunächst wusste er es wahrscheinlich selbst nicht...

Seine Eltern aber machen sich auf, suchen und finden den geliebten Sohn, das heißt, zuerst finden sie seine Burg und ihre Schwiegertochter. Julians Ehefrau erkennt die Schwiegereltern und bittet sie, sich im Bett des Paares zur Ruhe zu legen, da es das bequemste sei. Am Morgen kommt Julian von der Jagd nach Hause, sieht die Umrisse zweier Menschen in seinem Bett, hält sie für seine Ehefrau und ihren mutmaßlichen Liebhaber und erschlägt sie.

Als kurz darauf die vermeintliche Ehebrecherin erscheint, muss er erschüttert erkennen, was er getan hat. Er verschenkt Hab und Gut und zieht mit seiner Frau weit weg an ein nicht näher benanntes Flussufer. Sie öffnen ihre Büßerhütte den Armen, daher im Deutschen Julians Beiname „der Gastfreundliche“. Bei Bedarf rudern sie Wanderer in einem kleinen Boot über den Fluss. Die Überlieferung erzählt, dass ihnen bei einer solchen Überfahrt Jesus erschienen sei.

Und wenn Sie jetzt mal hochsehen möchten: So hat das ausgesehen.

Geradeaus, durch das Getümmel vor der Fontaine Saint-Michel, müssen Sie gut zielen, um den Durchgang in die Rue de l'Hirondelle zu treffen. Einige Stufen tiefer wird das Getöse hinter Ihnen kaum noch zu hören sein.

Endlich Ruhe – die Rue de l'Hirondelle

Was essen?

Am Fuß der kleinen Treppe, die in die Straße führt, warten ein paar freundliche Tische auf Gäste der „Osteria del Passe-Partout".

Der siebenhundert Jahre alte Keller des rauen „Au Caveau de la Bolée“ an Nr. 25 empfängt montags bis freitags ab 19.30 Uhr zu Zaubervorstellungen und Bänkelgesang. Festpreis mit Menü: 60 Euro, Einlass für Nicht-Esser ab 22.30 Uhr, dann kostet der Eintritt ca. 25 Euro, ein Getränk inbegriffen.

Am Ende der Rue de l’Hirondelle geht es auf die Rue Gît-le-cœur, die Straße, in der das Herz ruht, oder Straße der Herberge zum Herzen? Beides nicht. Mit Herz hat der Name nichts zu tun. Er leitet sich von „Gilles, le queux“ ab, einem Koch namens Gilles aus dem 14. Jahrhundert. Als der damals hier seinem Gewerbe nachging, hatte die kleine Straße bereits über hundert Jahre auf dem Buckel. Am Haus Nummer 6 eine Inschrift: „salle d’armes“ – ein Fechtsaal aus dem 19. Jahrhundert, in dem nach wie vor die Klingen gekreuzt werden. Daneben, Nr. 4, verkündet ein kleiner, handgeschriebener Hinweis an der Ladentür vom Stolz des Besitzers auf sein Buchbindergewerbe.

Alte Zunft neben altem Fechtsaal

Er sei der letzte wahre „relieur“ in der Stadt und empfängt Besucher am liebsten nur in Buchbindeangelegenheiten. Ein strenger Franzose der alten Schule und versierter Vertreter seiner Zunft.

Gehen Sie die Straße links hinauf, dann rechts in die Rue Saint-André des Arts, links in die Rue de l'Éperon und noch einmal rechts in die Rue du Jardinet. Hinter dem Eisentor am Ende dieser Straße, das sonntags verschlossen bleibt, beginnen drei mittelalterliche Höfe, die „Cour de Rohan". Die Erzbischöfe von Rohan (heute „Rouen") hatten sich hier ein „pied-à-terre" geschaffen, eine inoffizielle Rückzugsmöglichkeit für dies und das...

Der erste Hof verbirgt in einer Ecke auf der linken Seite einen Brunnen aus dem vierzehnten Jahrhundert, im dritten Hof werden Terrasse und Treppe von einem Teil der alten Philippe-Auguste-Stadtmauer gestützt.

Ein Hof schöner als der andere: die Cour de Rohan

Im mittleren Hof rechts erhebt sich ein Palast mit Renaissancefassade – Sandstein-Backstein-Sandstein, siehe auch Place des Vosges! – in dem Heinrichs II. Liebchen, Diane de Poitiers, gewohnt hat. Lange nicht benutzt steht rechts hinter dem Tor der letzte „pas-de-mule" von Paris, ein eiserner Dreifuß, mit dessen Hilfe Herren und Damen elegant ihr Maultier, „mule", erklimmen konnten.

Und dann geht alles wie von selbst... Aufsteigehilfe in der Cour de Rohan

Sie gelangen in einen Handelshof, die Cour du Commerce Saint-André, vermutlich die einzige komplett aus dem siebzehnten Jahrhundert erhaltene Pariser Straße mit dem ältesten Restaurant, dem „Procope". (Beide werden in allen Pariser Stadtführern – so auch hier! – stets erwähnt und erfreuen sich entsprechenden Zuspruchs.) Als Napoleon seinerzeit im „Procope" speiste, blickte es schon auf fast zweihundert Jahre Tradition zurück. Das spricht für die Qualität der damaligen Küche und umsichtiges Finanzgebaren. Anschreiben war hier nicht. Napoleon meinte, für ihn würde man eine Ausnahme machen und speiste bargeldlos. Der Inhaber zwang ihn daraufhin, seinen Hut zurückzulassen, damit er am nächsten Tag brav zurückkam, um die Zeche zu bezahlen. Was er auch tat.

In Nummer 9 wohnte Joseph-Ignace Guillotin, der den Entwurf zum Bau des nur deswegen nach ihm benannten Instruments angeregt hat. Entwickelt wurde die Maschine letztendlich vom Leibarzt des Königs, Herrn Antoine Louis, nach dem sie anfänglich „Louisette" genannt wurde, und einem Herrn Tobias Schmidt, Klavierbauer aus deutschen Landen. Guillotins Forderung nach einer „humaneren Todesstrafe" wurde unterstützt vom Henker von Paris, dessen drastische Beschreibung des Köpfens mit stumpfen Schwertern sicher einen guten Teil zur Entwicklung einer modernen Tötungsmaschine beigetragen hat.

„Louisette" – der Name könnte wirklich genauso gut als Bezeichnung für eine harmlose Küchenmaschine herhalten. Der zeitgenössischen Presse gefiel „Guillotine" besser. Guillotin war erwiesenermaßen nur am Rand beteiligt und es war ihm zutiefst zuwider, Zeit seines Lebens mit dem Fallbeil und seinen Opfern genannt zu werden. Er selbst entging dem Schafott nur knapp und seine Familie entschied sich nach dem Tod des Vaters für einen neuen Namen.

„Procope" rechts, verlassen Sie die Cour nach vorne, auf den Boulevard Saint-Germain.

Was essen?

Natürlich, bei Boulevard Saint-Germain denkt man zuerst an die weltberühmte Brasserie Lipp an Nr. 151, gegenüber der weltberühmten Cafés „de Flore“ und „Deux Magots“. Das „Vagenende“*, Hausnummer 142, ist nicht so berühmt, dafür umso schöner.

Auf Ihrem Weg über den Boulevard Saint-Germain zurück zur Place Maubert könnten Sie noch links in die Rue Boutebrie abbiegen, in der Verlängerung Rue des Prêtres Saint-Sévérin. Der Garten auf der rechten Seite gehört zur Kirche Saint-Sévérin bzw. zum früheren Kloster Saint-Sévérin. Der Garten war früher der Gemeindefriedhof und die kleinen Beinhäuser umstanden ihn in größerer Zahl als heute. Dazwischen lagen die Gräben für Massenbestattungen.

Saint-Sévérin war eine große Gemeinde, viele Geburten, viele Tote. Zu dieser Zeit wurden 250 Tote jährlich in Massengräbern auf diesem Friedhof beigesetzt. Anwohner beschwerten sich über den Geruch.

Aber niemand waren die armen Toten in den Gräben näher als den Patres, die auf zwei Etagen über den Beinhäusern direkt am Friedhof wohnten. Den reichen Toten im ersten Stock der Beinhäuser waren sie sogar noch ein bisschen näher... Dazu kam noch eine eigene Note von den in den kleinen Galerien zwischen Gräbern und Klosterzellen gelagerten Gebeinen. Im Jahr 1763 von offizieller Stelle nach dem Leichengeruch befragt, gaben die Klosterbrüder an, dass sie diesen nicht als störend empfanden.

1447 nutzt ein frühes Chirurgenteam, das sich seiner Sache nicht ganz sicher war, die grabnahe Lage. Sie planten die erste Gallenoperation an einem lebenden Menschen und wählten für die Durchführung des Eingriffs einen Ort, an dem sie den Patienten bei Nichtgelingen rasch verschwinden lassen konnten. Einstimmig votiert man für eins der Beinhäuser auf dem Friedhof von Saint-Sévérin – da hatte man auch ein Dach über dem Kopf – und lockt

* www.vagenende.fr

einen an Gallensteinen erkrankten, zum Tode verurteilten Bogenschützen mit dem Versprechen auf den OP-Tisch, ihn im Falle seines Überlebens freizulassen. Er willigt ein, überlebt, gesundet, wird frei gelassen und bekommt zudem noch ein bisschen Geld von den glücklichen Chirurgen.

Saint-Sévérin wird hinter den vielen Souvenir-Läden in der Rue Saint-Sévérin von vielen übersehen. Sehr zu Unrecht, denn sie ist vielleicht die schönste Pariser Kirche, bestimmt jedoch die älteste auf dem linken Seine-Ufer, in Teilen sogar älter als Saint-Julien-le-Pauvre, denn auch sie musste nach einem Brand bereits gegen 1430 in großen Teilen neu errichtet werden.

Im Zentrum des Chors zieht statt eines Kreuzes ein fein gemeißelter Stützpfeiler in Form eines Baums als Symbol des ewigen Lebens die Blicke der Gemeinde auf sich.

Baum des Lebens

Die Decke der Seitenkapelle zeigt eine Jakobsmuschel – hinter der Kirche führt ja die Rue Saint-Jacques, der Beginn des Pariser Jakobswegs, vorbei. Die Wasserspeier an der Kirchenfassade gleichen den „gargouilles“ von Notre-Dame. Sie sind genauso so furchterregend, dabei älter und besser zu sehen. Zum Ausgangspunkt des Spaziergangs an der Place Maubert folgen Sie der Rue Saint-Jacques und dann links dem Boulevard Saint-Germain.

14. PONT NEUF

Der zweite Heinrich plant, der dritte Heinrich heult, der vierte Heinrich baut, royale Morgenübelkeit, Bouquinisten, Bronzeschmelze allenthalben, chambre séparée. Wer will nicht im Kaufhaus wohnen? Spott kann tödlich sein. Philipp der Schöne war jung und brauchte das Geld.

Metro: PONT NEUF Ausgang: Pont Neuf – Musée de la Monnaie

Der Pont Neuf ist die älteste Brücke von Paris. Als Heinrich II. die Pläne in Auftrag gab, hatte sie vier ältere Schwestern. Nur vier, nicht mehr. Diese verbanden die dicht besiedelte Île de la Cité mit den benachbarten Ufern und wurden vor allem von den Marktkarren arg in Mitleidenschaft zogen. „Les halles" standen noch nicht, aber auf dem bekannten Gelände vor Saint-Eustache hielt man bereits ab 1135 Markt ab.

Der Vorsteher der Händler wehrte sich 25 Jahre lang gegen den Bau der „Neuen Brücke". Warum sollte man einen so großen Umweg in Kauf nehmen? Außerdem war den Anlieferern schleierhaft, wie sie die Brücke erreichen sollten, da es nur eine Straße gab, die am Ort der neuen Brücke zur Seine führte.

Schließlich gab der Händlerchef nach. Das nutzte Heinrich II. nichts mehr, denn er war schon tot, ebenfalls zwei seiner Söhne, die ihm als Könige nachgefolgt waren. Heinrich III., als letzter der Mohikaner, ehrte am 31. Mai 1658 die Grundsteinlegung für den Pont Neuf mit seiner Anwesenheit.

In einem gut bewachten Boot setzte er zum linken Ufer über, wo ihn seine Mutter, Katharina von Medici, seine Gemahlin, Königin Louise de Vaudémont und ein beträchtlicher Hofstaat bereits erwarteten. Heinrich III. war ganz in Schwarz gekleidet und weinte in einer Tour. Nicht etwa, weil er Angst vor der Überfahrt hatte, oder weil der Schmerz um seinen Vater ihn übermannte. Nein: Der König hatte an diesem Samstagmorgen zwei seiner „Mignons“ beerdigen müssen. Die „Mignons“ waren, nun ja, wie soll ich sagen, äh, ... ihm in großer Liebe zugetane, sehr hübsche, sehr gepflegte und aufwändigst gekleidete Knaben, die ihm erheblich näher standen als die angetraute Louise.

Diese schönen Mignons hatten sich am Morgen des 27. April gleich haufenweise duelliert. Noch immer ist man sich nicht einig, worum es bei diesem Kampf ganz genau ging. Jedenfalls nicht um die Gunst des todunglücklichen Königs, der nun mit schwarzem Spitzentaschentuch vor dem Gesicht an der Seine stand und dem so gar nicht nach offizieller Handlung war.

Die Pariser fanden die Aufführung lächerlich. Wie die ganze Brücke, für die sie den Namen „Pont des Pleurs“, Tränenbrücke, vorschlugen. Was sollte man hier mit einer Brücke? Hier wohnte doch niemand. Das Leben spielte sich weiter seineaufwärts statt, auf der Île de la Cité und drumherum. Auf der linken Seine-Seite gab es noch nicht mal eine Straße, nur einen Trampelpfad durch das Kloster der Grands-Augustins, die ein offizielles Wegerecht prompt verweigerten. Auf der rechten Seite führte die Brücke auf die wenig befahrene Rue de la Monnaie, über die man die „In-Places“ auch nicht erreichte.

Maliziös lächelnd umstand Volk und Festgemeinde den heulenden Heinrich und beschloss abzuwarten. Es dauerte zehn Jahre, bis die Brückenpfeiler standen. Dann passierte elf Jahre nichts – bis auf mehrere Schiffsunglücke wegen der dämlichen Pfeiler.

Dann kam Heinrich IV., der „Gute König Heinrich“, mit seiner Schwäche für die Jagd in den Wäldern hinter Saint-Germain-des-Près. Der direkte Weg vom Louvre ins Jagdrevier ging über die Seine und so musste der Tross samt König in aller Frühe mit Booten übersetzen, da es nach wie vor nur vier Brücken an der Île de la Cité gab. Und genau wie die Markthändler in entgegengesetzter Richtung wollte auch Heinrich IV. sich den Umweg sparen. Da hätte er das jeweilige Liebchen ja noch früher verlassen müssen...

Der Wasserweg zur Jagd sparte dem Bourbonen also Zeit für die

Minne, sonst sparte er ihm nichts. Der König hasste Bootsfahrten, er wurde schon seekrank, wenn er ein gut gefülltes Glas Wasser sah. Was tun? Heinrich wollte seiner Passion der Jagd auf Hirsche und Schürzen endlich ohne Morgenübelkeit nachgehen und befahl die unverzügliche Wiederaufnahme der Arbeiten am Pont Neuf.

Im Juni 1603 waren die beiden Inselchen, auf denen die Brückenpfeiler angelegt worden waren, waren zu einer einzigen Insel aufgeschüttet und mit der Île de la Cité verbunden worden. Über die Brückenpfeiler waren Holzplanken gelegt, die die beiden Ufer miteinander verbanden. Im Juni betrat der König zum ersten Mal das leicht schwankende Provisorium. Warnende Stimmen mahnten, es seien schon mehrere Menschen ertrunken, die den Mut gehabt hatten, die wackligen Bretter zu betreten. „Pah", war die Antwort, „wer von denen war denn ein König?" Ging los und erreichte das linke Ufer ohne Brechreiz. Endlich!

Im Dezember des folgenden Jahres war die Brücke fertig. Zur Unterstützung der Finanzierung hatte man eine kleine Zusatzsteuer auf Wein erhoben, die nachher der Einfachheit halber bestehen blieb. Heinrich IV. weihte die Brücke ein, dieses Mal hoch zu Ross und mit Gefolge. Binnen kurzem wurden auf dem linken Ufer Straßen angelegt, die einer Überquerung der Seine an dieser Stelle Sinn gaben.

Es ist richtig, dass die Trottoirs der Brücke zum Schutz der Fußgänger über vier Stufen von der Fahrbahn getrennt waren. Der hohe Absatz ist heute noch gut zu erkennen. Es ist aber geflunkert, dass die Brücke nicht mit Häusern bebaut wurde wie alle anderen, damit die Bürger endlich den Fluss sehen konnten, über den sie marschierten.

Die Brücke wurde nur aus einem Grund flach gehalten: Der König wollte sich die schöne Aussicht nach Süden nicht verbauen lassen, die sich ihm von seinen Fenstern im Louvre aus bot. Die halbrunden Ausbuchtungen waren für Händler angelegt worden, damit ein bisschen Leben in die Bude kam.

Bald entwickelte sich geschäftiges Treiben: fliegende Händler, Blumenverkäuferinnen und Bader waren hier zu finden, Flussschiffer und Bänkelsänger, Diebe und Betrüger und die ersten Bouquinisten (beliebte Vokabel, ca. Kapitel 1-3 „Französisch für Anfänger").

Die Buchhändler konnten diesen Billigableger ihres Berufsstandes nicht ausstehen und taten alles, um die Bouquinisten von der Brücke zu vertreiben. Sie vertrieben sie 1650, 1686 und 1742, immer kamen sie zurück. Dabei hatten sie das ab 1670 gar nicht mehr nötig, da man ihnen erlaubt hatte, sich mit ihren Kisten am Seine-Ufer niederzulassen, wo diese Pariser Tradition geradezu darauf wartete, endlich begründet zu werden.

Vom Pont Neuf an die Ufer verbannt und dort mittlerweile Tradition: die Bouquinistenkästen

1775 wurden die Buchten auf der Brücke überbaut und die entstandenen runden Lädchen vermietet. Die Miete auf der Ostseite lag bei 600 Pfund und 1200 Pfund auf der beliebteren Westseite. Die Aufbauten verschwanden bei einer Großrenovierung der Brücke zwischen 1848 und 1855.

Auf dem zweiten Bogen der rechten Brückenseite ließ Heinrich IV. die Samaritaine errichten. Nicht, weil er neben der Jagd auch gern zum Shoppen ging. Nein, er brauchte Wasser für seinen Palast... Und das kaufte er im Kaufhaus?

Die erste Samaritaine war kein Kaufhaus, sondern ein Pumpwerk! Der alte Palast-Brunnen schaffte nicht genügend Wasser für die Bauarbeiten am Tuilerien-Palast und am Louve heran. Heinrich ordnete eine den Bau einer Pumpstation über dem zweiten Brückenbogen auf der rechten Talseite der Brücke an. Und wieder meldeten sich die Händler zu Wort, dieses Mal die mächtige Zunft der Wasserhändler, deren Wappen damals nicht umsonst zum Wappen der ganzen Stadt wurde. Eine Pumpstation würde den Bootsverkehr empfindlich stören. Heinrich entgegnete, er werde auf dieser Brücke bauen lassen, was er wollte, er habe sie ja schließlich bezahlt, und gab 1608 den Startschuss für den schnell vollendeten Bau.

Auf Höhe des Wasserspiegels pumpten Radschaufeln das Wasser nach oben in mehrere Leitungen, darüber das Erdgeschoss auf Höhe der Schutzgitter und über dem ersten Stock mit Einliegerwohnung für den „gouverneur de la pompe“ ein Campanile mit astronomischer Uhr und Glockenspiel zu jeder vollen Stunde. Die Front schmückte eine Darstellung der Begegnung zwischen Jesus und der Frau aus Samaria am Jakobsbrunnen.

1712 wurde die überalterte Anlage durch eine neue ersetzt, lediglich Uhr und Glockenspiel wurden übernommen. 1776 wurde die Pumpe komplett überholt. Ab 1813 ließ der Canal de l’Ourcq mehr Wasser in die Pariser Leitungen fließen, als die Samaritaine jemals zu pumpen in der Lage gewesen wäre und daher wurde sie abgerissen. Die 23 Glocken wurden der Pfarre Saint-Eustache vermacht, aber niemals im Glockenturm über dem Markt aufgehängt.

1833 verkaufte die Kirchenverwaltung 19 der Glocken und ließ die restlichen vier, drei aus dem Jahr 1685 und eine aus dem Jahr 1774, zu einer einzigen von 1200 Kilo einschmelzen.

Die Samariterin an der Brücke geriet trotz eines kleinen Gedenkbrunnens schnell in Vergessenheit, obwohl es sogar ein Café „À la Samaritaine" gab. Ganz in der Nähe des Cafés bot auf dem Pont Neuf ein fliegender Händler unter einem großen Schirm Stoffe an. Als Verkäufer im Angestelltenverhältnis war Ernest Cognacq eine Niete gewesen. An seinem eigenen Stand auf der Brücke lief er zu Hochform auf und tauschte seine zugige Theke über dem Fluss bald gegen einen kleinen Laden, der im Grunde genommen nichts weiter war als ein Nebenraum des Cafés „À la Samaritaine".

In kürzester Zeit übernahm er die kompletten Räumlichkeiten des Cafés und den Namen, dann das komplette Gebäude. Die angrenzenden Gebäude folgten nach und nach und als Ernest Cognacq im Jahr 1928 starb, gab es in diesem Viertel kaum eine Immobilie, die nicht zu seinem Imperium gehörte. Herzstück ist das elfstöckige Gebäude, dessen Terrasse im obersten Stock über der Seine vielen Besuchern von Paris lange eine gern genutzte, weil kostenlose Aussicht bot.

„Hinter verschlossenen Türen" geht es um die Existenz einer Institution

„Bot“ – leider muss man in der Vergangenheit von der Samaritaine, ihrem herrlichen Art-Deco-Interieur, der geschwungenen Treppe und den knatternden Fahnen über der Besucherterrasse sprechen. 2005 wurde das Kaufhaus geschlossen. Zur Zeit findet ein unwürdiges Hickhack zwischen dem Luxuskonzern LVMH (Moët Hennessy - Louis Vuitton S.A.) und der Stiftung des Firmengründers statt. LVMH hält 60 Prozent der Anteile an der Samaritaine.

Das Kaufhaus war geschlossen worden, da LVMH trotz mehr-maliger Aufforderung durch die zuständigen Ämter dringend erforderliche Brandschutz-Arbeiten nicht durchführen ließ. Da schlossen die zuständigen städtischen Behörden das renovierungsbedürftige Gebäude und die Konzernleitung hatte genau das erreicht, was sie erreichen wollte.

Hartnäckig hatte sich bereits vor der Schließung das Gerücht gehalten, in die Samaritaine sollten Luxuswohnungen und ein Luxushotel einziehen. Als die ersten Pläne vorgelegt wurden, bekam man Gewissheit – LVMH schlägt in seinem ersten konkreten Vorschlag einen Bürokomplex von 26 000 Quadratmetern vor, plus noch einmal die gleiche Fläche für Geschäfte. Dann noch 14 000 Quadratmeter für ein Hotel und selbstverständlich „mehrere Sozialwohnungen“ (und wer da einzieht, bestimmt LVMH). Das Projekt soll 2 000 Arbeitsplätze schaffen, wenn alle Büros besetzt sind und die neuen Wohnungsbesitzer genügend Personal einstellen. Wenn... Selbstverständlich kann der Konzern die Vollbeschäftigung in diesem Komplex, der früher 1 300 Menschen ernährte, nicht garantieren...

Die Pariser Stadtverwaltung lehnte das Projekt ab. Die ehemalige Besitzerfamilie stellt sich über die Fondation Cognacq-Jay (Jay ist der Mädchenname der Firmengründer-Gattin) und mit ihrem 40-prozentigen Aktienanteil ebenfalls gegen das Projekt.

LVMH wird bald den nächsten Vorschlag vorlegen und wie auch immer der aussehen wird, die Aussichtsterrasse für jedermann wird es wohl nie mehr geben.

Ernest Cognacq stiftete der Stadt auch seine private

Kunstsammlung, die in den Räumen seines ebenfalls gestifteten Privathauses am Boulevard Haussmann, nunmehr „Musée Cognacq-Jay“ ausgestellt ist.

Im Haus rechts neben der Samaritaine, wenn man vom Pont Neuf aus schaut, kann man im „Kong“[1] unter der Glaskuppel in der futuristischen Philippe-Starck- Inneneinrichtung einen teuren Drink zu sich nehmen. Das Gebäude gehört Herrn Kenzo. In den unteren Stockwerken werden seine exklusiven Kreationen verkauft, im vierten exklusive Kenzo-Wellness[2].

Und nun zum Standbild Heinrichs IV., mitten auf der Brücke. Der Gute König Heinrich – „le bon roi Henri“. Seinen Untertanen versprach und verschaffte er für jeden Sonntag ein Huhn im Topf.

"Ich will, dass jeder Arbeiter meines Königreiches sonntags sein Huhn in den Kochtopf legen kann.“ Der König selbst legte sich auch an Wochentagen gewisse Arten von prächtigen Hofhühnern in sein Bett, wo er sich dann höchstpersönlich des edlen Geflügels annahm.

Am Beispiel dieses ersten Pariser Reitermonuments auf einem öffentlichen Platz lässt sich der Ruhm der Welt und seine Vergänglichkeit exemplarisch verfolgen: Der erste bronzene Heinrich mit Pferd wurde in Florenz gegossen und im April 1612 auf ein Schiff gehoben, das quasi umgehend mit Mann und Maus, Pferd und Heinrich versank. Ein Jahr später fischte man das bronzene Meisterwerk wieder aus den Fluten und stellte es im Mai 1614 auf den hierfür vorgesehenen Marmorsockel, dessen Grundstein Ludwig XIII., Heinrichs Sohn, gelegt hatte.

Da stand er nun endlich... Bis zur Revolution, die ja bekanntlich nicht nur weiße Seidenhemdenkragen rot färben, sondern auch Bronze in Nullkommanichts zum Schmelzen und in kriegstaugliche Form bringen konnte. In der sprichwörtlichen Hitze vergaß man ein paar Teile des Ur-Heinrichs: das rechte Vorderbein des Pferdes,

 1 www.kong.fr 2 www.labulekenzo.com

die Hände, von denen die eine immer noch den Herrscherstab hält und einen seiner Stiefel kann man daher im Musée Carnavalet besichtigen.

Schmolzen nicht dahin: Heinrichs Hände (Musée Carnavalet)

Nach dem Ende der französischen Bronzeschmelzezeit goss man sich einen neuen Heinrich und stellte ihn wieder auf. Bis 2006 ging die Sage von einem unverbesserlichen spätrevolutionären Skulpteurslehrling, der beim Zusammenbauen der Statue im rechten Königsarm eine Ausfertigung der Erklärung der Menschenrechte, eine Revolutionskokarde und eine Statuette von Napoleon I. versteckt haben soll.

Bei der Restaurierung fand man allerdings trotz genauer Suche nur ein paar Zettel, so fest zusammengefaltet, dass sie kaum zu entziffern sind. Den stolzen Heinrich, König durch und durch, hätte ein Lausbubenstreich dieser Kategorie wohl kaum gestört.

Der nördlichen Inselspitze der Île de la Cité drehen Pferd und Reiter den Rücken zu. Vielleicht doch angepiekst, der König, weil man dem kleinen Park spitzbübisch seinen Spitznamen verpasst hat? „Le Square du Vert-Galant“ – der „Park zum Frauenhelden“, oder auch die „Grünanlage zum Schürzenjäger“.

Auf allen vier Inselspitzen der beiden Seine-Inseln wird gern geknutscht. Aber hier am liebsten. Ist auch beängstigend romantisch.

Jacques de Molay, letzter Großmeister des Templerordens, musste hier sterben und konnte diesem Ort folglich gar nichts Romantisches abgewinnen.

Philipp der Schöne, König von Frankreich, ließ ab 1307 alle Templer jagen, verhaften und töten, weil ihre große Macht ihm ein Dorn im Auge war. Außerdem hatte er es auf das Geld des Templerordens abgesehen, denn die ständigen militärischen Querelen des Königs mit England und Flandern verschlangen Unsummen.

Am 18. März 1314 wurde Jacques de Molay nach lächerlichem Justizaufwand, dessen Ergebnis von vornherein feststand, auf dem Scheiterhaufen verbrannt. Das war für Ketzer damals vorgesehen und de Molay wurde wegen Ketzerei zum Tode verurteilt.

Dort, wo er, gefesselt an seinen Mittempler Geoffroy de Charnay, sein furchtbares Ende fand, ist eine kleine Gedenktafel angebracht. Sie finden sie eine Etage tiefer an der Mauer, zwischen den Treppenausgängen am Fuß der Brücke.

Manchmal finden sich dort kleine Menschengruppen ein, tun geheimnisvoll und trauern den guten, alten Templerzeiten nach. Als Männer noch Männer waren. Und Ketzer noch verbrannt wurden.

Finanziell hat sich die Aktion für den schönen Philipp nicht gelohnt: Zwar mussten die entsprechend hoch angesetzten Prozesskosten vom Geld der Templer bezahlt werden, der Großteil ihres Vermögens ging aber auf päpstliche Weisung an die Johanniter.

Datum und Ort

Soweit der Blick von der Brücke aus die Seine hinauf und hinunter auch reicht – Sie können sich nicht retten vor soviel Geschichte und Architektur. Das hat auch die UNESCO bemerkt.

Man hielt sich nicht lange mit Einzelheiten wie Eiffelturm, Notre Dame, oder Pont Neuf auf und erklärte die Seine-Ufer zwischen Pont d'Iéna (am Eiffelturm) und Pont de Sully (an der Spitze der Île Saint-Louis) insgesamt zum Weltkulturerbe.

Auf der Seite der Brücke gegenüber der Samaritaine führt die Rue Dauphine stadtauswärts.

Genau vor dem Brückenkopf kam 1906 Marie Curies geliebter Ehemann Pierre Curie im Alter von 46 Jahren hinter einem Pferdekarren zu Fall. Der Karren rollte rückwärts über seinen Kopf hinweg und der Nobelpreisträger erlag an Ort und Stelle seinen Verletzungen. Ein schwerer Schlag, von dem sich Marie Curie nie erholte.

Daseinsberechtigung für Fußgänger... äußerst fragwürdig.

Rechts neben der Kreuzung des Quai de Conti mit der Rue Dauphine gibt ein großer Torbogen die Sicht frei auf ein sehr altes Stück Paris.

In der Decke des Torbogens ein Gedicht aus dem Zyklus „Paris ridicule“ des Dichters Claude le Petit, in dem er spöttisch den Pont Neuf aufs Korn nimmt. Der junge Mann nahm es reichlich locker und ignorierte jegliche Obrigkeit.

Überall eckte er an und das aus guten Gründen. Auch sein Werk "Le Bordel des Muses ou les Neuf Pucelles Putains, Caprice Satirique de Théophile le Jeune" (Das Bordell der Musen, oder die neun jungfräulichen Huren, eine satirische Caprice von Théophile dem Jüngeren) sehr frei gefasst.

Es dauerte nicht lange, da war das Maß voll und 1662 stand le Petit wegen seiner entspannten Schriften vor Gericht. Das Urteil besagte, man solle ihm zunächst die rechte Hand abschlagen und ihn auf dem Richtplatz vor dem Rathaus verbrennen. In unendlicher Güte verfügten die Richter, der Dichter solle vor dem Anzünden erdrosselt werden. Heimlich natürlich, um Beschwerden aus dem

Publikum zu vermeiden. Das Urteil schloss mit dem zeitgenössischen Postskriptum: „So barmherzig ist die Gerechtigkeit".

Hinter dem Torbogen wird es leise. Spätabends schwillt der Geräuschpegel immer dann merklich an, wenn Besucher des „The Highlander"* kommen und gehen, die letzten um fünf Uhr...

Dies ist zwar ein seltsamer Ort für ein schottisches Pub, aber kein Grund, nicht mal auf einen Whiskey hineinzuschauen. Es hält sich schon enorm lange.

Direkt hinter dem Pont Neuf: die Rue de Nevers

* www.the-highlander.fr

In die Häuser auf der linken Seite am Ende der Rue de Nevers wurde wieder einmal ein Stück der achthundert Jahre alten Stadtmauer integriert. Auf diese Art konnten die Erbauer und Bewohner sicher sein, dass das Gebäude fest stand. Zumindest dieser Teil.

Vor der Stadtmauer zweigt links die Rue de Nesle ab. Auf der rechten Seite das Hôtel de Nesle[1]. Die getrockneten Blumensträuße an der Decke im Empfangsraum erinnern an die gute, alte Flowerpower-Zeit. Bei weitem keine Luxus-Bleibe, aber sehr nonchalant, sehr freundlich geleitet und in sehr ruhiger Lage.

Schräg gegenüber das Musée des Lettres et Manuscrits, in dem sich ein Besuch schon wegen der herrlichen Räume in diesem Palast aus dem Jahr 1608 lohnt. Die Vitrinen hüten unerwartete Schätze, darunter Handschriftliches von Katharina von Medici, Jacques Prévert, Hector Berlioz, John F. Kennedy und vielen anderen.

Am Ende der Rue de Nesle links in die Rue Dauphine, rechts in die Rue du Pont-de-Lodi, dann links in die Rue des Grands-Augustins.

Am Haus Nummer 5 eine marmorne Tafel, die darauf hinweist, dass Pablo Picasso hier sein Werk „Guernica“ malte. Das Bild hing ab 1939 im Metropolitan Museum of Modern Art in New York, da Picasso verfügt hatte, es dürfe erst nach Francos Abdankung nach Spanien zurückkehren. So hing im Mai 1944, als ein Angehöriger der deutschen Wehrmacht Picassos Atelier inspizierte, lediglich eine Reproduktion des Gemäldes an der Wand. „Haben Sie das gemacht?“, fragt der Besatzer. „Nein, Sie“, war die berühmte Antwort.

Folgen Sie der Rue des Grands-Augustins in Richtung Seine, bis auf den gleichnamigen Quai. Die reich verzierte Fassade auf der Ecke gehört zu einem Denkmal der Pariser Gastronomie – Lapérouse[2]. Den Gästen dieses Etablissements standen die weltweit ersten „cabinets particuliers“ zur Verfügung, die später unter dem Namen „chambre séparée“ berühmt wurden.

 1 www.hoteldenesleparis.com 2 www.laperouse.fr

Einige der Spiegel und Fensterscheiben tragen immer noch Kratzspuren. Die Schrammen wurden ihnen von Damen beigebracht, die vor größeren Liebesbeweisen erstmal testeten, ob der von ihrem Galan überreichte Diamant auch echt war.

Hier wurde das „chambre séparée“ erfunden: Lapérouse.

15. BASTILLE

Helden und Mumien über Kanalwasser, kein Schlüsselservice für Revolutionäre, bitte auf den Gleisen laufen, fast unter der Brücke essen, wie viel ist fünfzehn mal zwanzig, ein armer Elefant.

Metro: BASTILLE, Ausgang: OPÉRA BASTILLE

Von den Treppen der Opéra National Paris-Bastille, so der volle Name silbergrauen Monsters, bietet sich der schönste Blick auf den großen Platz, um nicht zu sagen: auf das weite Rund. Die Festung stand auf der anderen Seite des heutigen Platzes, zwischen elf und zwölf Uhr, wenn Sie mit dem Rücken zur Oper stehen.

Die Bastille und der berühmte Volkssturm auf ihr Gemäuer, am Tag 1 der Französischen Revolution. Gerade mal sieben Gefangene wurden befreit. Nur zu gern hätte man auch den berühmten Marquis de Sade rausgelassen, aber dieser war zwei Wochen vorher in ein Irrenhaus eingewiesen worden.

Ursprünglich war das Gebäude nicht als Gefängnis, sondern als Zitadelle, also stärkster, innerster Teil einer Festung erbaut worden. Manchmal wurden die Räumlichkeiten sogar als Gefängnis genutzt, aber keinesfalls hauptamtlich. Richelieu änderte das und ernannte die Bastille zum Premium-Gefängnis für VIP-Häftlinge. Hierher kam man nur mit Rang und Namen, auf persönliche „Einladung" des Königs, „lettre de cachet" genannt und mit allem Luxus, den man sich leisten konnte, aber ohne Angabe von Haftgründen oder -dauer. „Begeben Sie sich in die Bastille. Begeben Sie sich sofort dorthin...!"

Das war überhaupt nicht ehrenrührig, in diesem Gefängnis blieb man – Gott sei Dank! – zunächst unter sich. Hier saß ein, wer es sich leisten konnte und brachte Hausangestellte und Möbel gleich mit. Der Häftling Kardinal von Rohan gab sogar mal ein Essen für 20 Personen.

Die Belegschaft der Bastille, samt Offizieren, Wachmannschaften, Köchen, Geistlichen, Apothekern, Ärzten etc. pp. kostete die Krone täglich einen Haufen Geld. Unter Ludwig XVI. war deswegen bereits kurz vor der Revolution mit der Schließung geliebäugelt worden. Die Festung sollte bis auf einen einzigen Turm abgerissen werden und auf den Trümmerberg wollte Ludwig sich ein Denkmal in Befreier-Pose errichten lassen. Es war für den König also gar nicht unerwünscht, dass das böse Bollwerk fiel, denn er sparte nicht nur Unterhalts- und Personal- sondern auch die Abrisskosten. Leider hatte er ja nicht lange Freude an dieser Sparmaßnahme, die Guillotine wartete.
Am Ausbruchstag der Revolution kam jedenfalls das Volk und stürmte das verhasste Symbol der königlichen Willkür, warf alles, was es fand, in den Festungsgraben, entriss den Wächtern die Festungsschlüssel und trug sie grölend durch die Straßen. Freude allenthalben, ein schöner Tag. Abends fiel den ausgelassenen Stürmern siedend heiß ein, dass sie über dem fröhlichen Treiben die Befreiung der Gefangenen komplett vergessen hatten... Klar, die Schlüssel waren im Trubel des Triumphzugs verloren gegangen. Man brach die Türen auf und ließ die sieben Gefangenen laufen: Vier Fälscher, die am nächsten Tag bereits wieder eingefangen und in ein anderes Gefängnis gebracht wurden, ein Geisteskranker, der auf Anweisung seiner Familie vom Irrenhaus hierher gebracht worden war, ein Comte (Inzest), und ein gewisser Tavernier, der nach 30 Jahren Haft wegen einer Staatsaffäre schon fast zum festen Bastille-Inventar gehörte und daher von Glück sagen konnte, dass er nicht mit den anderen Möbeln im Festungsgraben gelandet war.

Dann wurde geschleift, was das Zeug hielt. 800 Arbeiter hatten bis zum Oktober alle diese bis zu 3,30 Meter dicken Mauern bis auf ein Mäuerchen von 50 Zentimetern heruntergebrochen. Ein Großteil der Steine wurde sofort wieder in den Pont de la Concorde verbaut. Der Platz war nun fast leer, bis auf einen Brunnen mit Namen „Régénération", einem jämmerlichen Abbild der Göttin Isis in Gips, 1793 errichtet.

1794 schleppte man die Guillotine an, doch nach 73 Enthauptungen war Schluss – die Nachbarschaft hatte sich beschwert. Die Guillotine zog weiter auf die Place de la Nation.

Ganze 14 Jahre später hatte Frankreich einen Selfmade-Kaiser. Einen, der dem Land einerseits regelmäßig die Reihen seiner Söhne ausdünnte, und andererseits Sorge trug, dass seinen Pariser Schäfchen endlich Wasser in ausreichender Menge zur Verfügung stand, das in neu angelegten Kanälen in die Stadt floss – man wollte die männliche Jugend nicht bereits, bevor der erste Schuss gefallen war, an die katastrophalen hygienischen Verhältnisse verlieren.

Bis dahin kam das Wasser zum Großteil aus der Seine, in die es auch wieder hineinlief, dabei alles mitbrachte, was ihm unterwegs begegnet war, um dann wieder von einem fleißigen Wasserträger hinausgeschöpft zu werden. Napoleon sorgte dafür, dass die Seine durch den Canal Saint-Martin und den Canal de L'Ourcq mit dem Flüsschen Ourcq verbunden wurde. Und dieser Kanal floss – und fließt! – durch einen Tunnel unter der Place de la Bastille. 1808, zur Einweihung des Kanals, wurde mitten auf der Place de la Bastille der Grundstein für einen zweiten, größeren Brunnen gelegt, damit die arme Isis auch mal eine Pause machen konnte.

Der Canal Saint-Martin

Dem korsischen Kaiser gefiel es zu befehlen, dass der Brunnen die Form eines Elefanten bekommen sollte: 15 Meter hoch, 16 Meter lang, mit einem neun Meter hohen Aussichtsturm auf dem Rücken, der durch eine Wendeltreppe in einem der Vorderbeine erklommen werden sollte, das Ganze aus der Bronze spanischer Kanonen, die Napoleon aus Madrid mitbringen wollte, da er gerade in Spanien eingefallen war, von wo er allerdings im folgenden Jahr unverrichteter Dinge und ohne erbeutete Kanonen zurückkehrte. Der Brunnen wurde deswegen noch lange nicht ad acta gelegt. Man hatte in der Zwischenzeit außerdem reiflich nachgedacht und sich entschlossen, das Wasser originellerweise aus dem Elefantenrüssel spritzen zu lassen. Darüber hinaus wurde zu Demonstrationszwecken ein Elefantenmodell aus Holz im Maßstab 1:1 angefertigt und dort aufgestellt, wo sich heute der Eingang der Opéra Bastille befindet und wo man in der Zeit zwischen Elefant und Oper die Gare de Vincennes betrat. Jetzt stand dort erst einmal der hölzerne Koloss und wartete geduldig darauf, von einem 170 Tonnen schweren, bronzenen Kollegen abgelöst zu werden. Das war 1812.

1814 wird Napoleon gegangen, kommt 1815 auf Stippvisite für 100 Tage zurück, um die Metapher vom „persönlichen Waterloo´“ zu prägen und verschwindet final nach Sankt Helena.

Mit Ludwig XVIII., dem opportunistischen Bruder des guillotinierten Ludwig XVI., besteigt wieder ein Bourbone den Thron, dann der reaktionäre Karl X., der von den alten Verhältnissen träumt, bis das Volk ihm im Juli 1830 per Juli-Revolution zu verstehen gibt, dass das ein Traum bleiben würde und sich einen Bürgerkönig nimmt: Louis-Philippe. Zum Gedenken an die Toten der drei Tage der Juli-Revolution („les Trois-Glorieuses“) erging ein Gesetz für die Errichtung einer Säule auf der Place de la Bastille.

Mit dem Auftrag zur Errichtung der Säule überraschte man 1833 den Architekten Alavoine, just als der gerade schwungvoll den siebten Entwurf zur Ausführung des bronzenen Elefanten in Angriff nahm.

Man trug Malavoine auf, unterhalb der Säule, in den Fundamenten direkt über dem Kanaltunnel, eine Gruft für die Gebeine der toten Juli-Revolutionäre einzufügen. Ganz oben, auf dem dreigeteilten, hohlen Schaft der Säule sollte eine Allegorie der „Freiheit, die mit zerrissenen Ketten davonfliegt und das Licht der Erleuchtung in die Welt trägt" das Mahnmal glorreich abschießen.

Als die Säule fertig ist, wiegt sie mit 170 Tonnen genauso viel, wie für den bronzenen Elefanten vorgesehen war, auf den sein hölzerner Bruder bei der Einweihung der Säule im Jahr 1840 bereits seit 28 Jahren still und bescheiden in seinem Eckchen wartet. Hier und da schwächelt das Holz, fällt auch schon mal ein Brett herunter. Schließlich bricht der Riese in sich zusammen und wird zu einem gigantischen Rattennest, in dem Victor Hugo in seinem Roman „Les misérables" den armen Gavroche unterkriechen lässt. 1847 schließlich wird das, was die Ratten übrig gelassen hatten, verkauft.

Die Säule war fertig, blieb noch das Umbetten der Gebeine der toten Helden der Juli-Revolution. Ein Teil davon war bislang in einem Graben vor den Louvre-Kolonnaden zwischengelagert worden, wo man kurz zuvor bereits einige ägyptische Mumien verscharrt hatte, die von der Feuchtigkeit in den Kellern des Louvre zersetzt worden waren. Es ist mehr als wahrscheinlich, dass man bei der Exhumierung keinen Unterschied zwischen den Juli-Revolutionären und den Nachfahren Ramses II. machte und daher auch einige Alt-Ägypter im Fundament der Bastille-Säule endlich ihre letzte Ruhe fanden.

Jetzt gehen wir einmal rund um den Platz. Dort, wo heute die Oper steht, fuhr im Jahr 1969 die letzte Dampflok aus der Gare de Vincennes. Bis zu seinem Abriss 1984 wurde der alte Bahnhof als Ausstellungsgebäude genutzt. Trotzdem war hier nicht mehr viel los. Daher war es Aufgabe der Opéra Bastille „l'Opéra" – ohne Namenszusatz immer die Opéra Garnier – zu entlasten und den umgebenden Straßen, die zusehends verkamen, neuen Schwung zu bringen und die Place de la Bastille aufzuwerten. Schauen Sie sich um:

Hat doch ganz gut geklappt?!

Wenden Sie sich mit der Oper im Rücken nach links und überqueren Sie zuerst die Rue de Lyon, dann den Boulevard de la Bastille. Sie stehen nun an einem der Yachthäfen von Paris, dem Port de Plaisance Paris-Arsenal.

Was essen?

Links führt eine breite Rampe an den Hafen hinunter, folgen Sie dem kleinen Schild „Grand Bleu“. In diesem Restaurant sitzt man bei Sonnenschein mit herrlichem Blick auf den Hafen und bei Regen ist es innen gut auszuhalten. Die Küche ist für die schöne Lage mehr als in Ordnung. Man kann aber auch einfach nur was trinken und die unwirkliche Ruhe in knapp 300 Meter Entfernung des brüllenden Verkehrslärms auf der Place de la Bastille genießen.

An diesem Quai fahren auch die Kanalschiffe* los, die durch den dunklen Bogen unter der Metro-Station „Bastille“ in den Canal Saint-Martin verschwinden. Sie schippern zuerst durch die dunkle Einfahrt direkt unter der Juli-Säule hindurch.

Und dann noch ungefähr anderthalb Kilometer weiter durch die Dunkelheit. Die alten Treidelpfade sind noch komplett erhalten und der Tunnel wird in regelmäßigen Abständen von großen Schächten belüftet und beleuchtet.

* www.canauxrama.com

Licht und Luft für den Kanal unter dem Boulevard

Dann kommt der romantische Teil, vier Doppelschleusen und eine einfache, zwei Drehbrücken und eine Hebebrücke. Die Bootsfahrt dauert ungefähr zweieinhalb Stunden und endet am Bassin de la Villette. Von dort aus geht's mit Bus oder Metro wieder in Stadt, oder mit dem Boot zurück zur Bastille.

Wenn Sie die über das alte Kopfsteinpflaster die Rampe vom Yachthafen Richtung Place de la Bastille wieder hinaufgehen und dann links auf den Boulevard de la Bastille, kommen Sie auf einen kleinen Platz mit ein paar Bäumen und zwei Treppenabgängen. Seit langem verschlossen, aber erhalten, wie mir versichert wurde, gibt es auch hier zwei öffentliche Bedürfnisanstalten (Deutsch kann so romantisch umschreiben...) aus der Belle-Epoque, wie an der Madeleine.

Man denkt darüber nach, sie wieder zu öffnen – irgendwann.

Jugendstil, vergessen...

Weiter links um den Platz herum überqueren wir die Kanaleinfahrt und die Metro-Station Bastille mit ihren lustigen Revolutionskachelbildern und den Boulevard Bourdon. Die erste Straße, die von diesem Boulevard rechts abzweigt – links geht ja auch nicht – ist die Rue de la Cerisaie, die Kirschbaumstraße. Eine kleine unscheinbare Straße, deren Besuch Sie sich sparen können. Es sei denn, Sie haben „Paris. 21 Tage mit Anton" von C. Bernd Sucher* gelesen, dann werden Sie sicher den kleinen Umweg in Kauf nehmen. Es ist eines der besten Bücher, die jemals über Paris geschrieben wurden, ein Stadtführer, um den sich eine zarte Liebesgeschichte rankt.

Die Straße, die nach dem Boulevard Bourdon von der Place de la Bastille abzweigt, wenn Sie weiter in derselben Richtung um den Platz herumgehen, ist der Boulevard Henri IV. Vor dem Haus

* C. Bernd Sucher, Paris 21 Tage mit Anton, Prestel Verlag, München, 1999

Nummer 46 sind die Umrisse der Bastille quer über den Boulevard ins Pflaster genietet. Vorsicht, nur angucken, nicht drübergehen! Autos, Busse, Vespas, Reiter und seit einiger Zeit auch immer mehr Fahrradfahrer zeigen wenig Verständnis. Geschweige denn Rücksicht... Und die Nieten lösen sich langsam ab.

Auf einer Marmorplatte am Haus Nummer 3, Place de la Bastille sind die Umrisse der Bastille-Festung in den heutige Straßenverlauf eingezeichnet.

Weitere Umrisse sind ins Pflaster des Platzes direkt vor den Bushäuschen zwischen dem Boulevard Henri IV und der Rue Saint-Antoine und in die Einmündung der Rue Saint-Antoine eingelassen.

Plan de la Bastille

Eine kleine Tafel an Nr. 5 Rue Saint-Antoine macht darauf aufmerksam, dass man die Bastille durch einen kleinen Eingang an dieser Stelle betrat.

„Hier befand sich der Eingang der Vorhofs der Bastille, durch den die Angreifer am 14. Juli 1789 in die Festung eindrangen."

Was essen?

Die erste Straße links nach der Rue Saint-Antoine ist die Rue de la Bastille. Unter den roten Markisen geht es hinein in die Brasserie Bofinger, sehr Belle-Epoque. Im Erdgeschoss unter der Glaskuppel sind die schönsten Plätze.

Warten lohnt sich.

Nachdem Sie die Place de la Bastille zu drei Vierteln umrundet haben, überqueren Sie nun den Boulevard Richard-Lenoir, unter dessen breiter Mittelallee sich der Canal Saint-Martin versteckt. Wenn Sie bis zum ersten gittergedeckten „Oberlicht“ auf dem Spielplatz gehen und hinunterschauen, sehen Sie – tatsächlich Wasser!

Auf der Ecke des Boulevards eines der angesagten „Indiana“-Lokale. Auf der Höhe des Kiosks fängt links der Spaziergang durch das Bastille-Viertel an. In der kleinen Cour Damoye. Kaum zu fassen, die Ruhe hinter dem Torbogen. Nach ein paar Metern ist das Gebrüll der Place de la Bastille fast verstummt.

Cour Damoye

In der Cour Damoye finden Sie auch zwei kleine Tische auf dem Bürgersteig. Hier können Sie Kaffee trinken. Die Kaffeerösterei Daval: 12 Quadratmeter Ladenfläche und ein Duft, ein Duft! Am Ende der Cour rechts in die Rue de Lappe bis auf die Rue de Charonne. Gehen Sie nach links und überqueren Sie die Straße. Dieses Viertel weist so viele Passagen und Hinterhöfe auf wie kaum ein zweites in Paris. Eine der schönsten ist die Passage L'Homme, die an Nummer 26 der Rue de Charonne abzweigt.

Nach einem Linksknick führt die Passage durch ein Tor auf die Passage Josset. Gehen Sie rechts und überqueren Sie die Avenue Ledru-Rollin geradewegs in die Passage de la Bonne Graine. Am deren Ende rechts in die Rue du Faubourg Saint-Antoine. Der Holzhafen der Seine war nahe, folglich siedelten sich hier die Möbelschreiner an. Als der Hafen geschlossen wurde, ging es dem Viertel schlecht. Mittlerweile hat es sich ein wenig erholt und das alte Handwerk kehrt in die Höfe zurück.

Nachdem Sie die Avenue Ledru-Rollin wieder überquert haben, blicken Sie nach rechts viermal hintereinander in solche kleinen Handwerkerhöfe: die Cour de l'Ours, Cour de la Maison brulée, Cour des 3 Frères und die Cour de l'Étoile d'Or.

Einer der schönen Hinterhöfe an der Rue du Faubourg Saint-Antoine, gleich hinter der Place de la Bastille

Dann überqueren Sie die Rue du Faubourg Saint-Antoine und trauen sich nach links, in die Passage du Chantier:

Sie gelangen auf die Rue de Charenton und stehen vor dem Hôpital des Quinze Vingts. Merkwürdiger Name für ein Krankenhaus, aber als Ludwig der Heilige die Institution gründete, wollte er, dass jedem klar war, für wie viele Menschen dieses Krankenhaus gedacht war. Zu dieser Zeit rechneten viele, auch die, die in Mathe ganz gut waren, mit Händen und Zehen (= 20). Das Krankenhaus hatte 300 Betten, also 15 – quinze – mal 20 – vingt.

Es soll für 300 Kreuzritter errichtet worden sein, die von den Sarazenen geblendet worden waren. Die ersten Gebäude des

Hospitals lagen in der Rue Saint-Honoré, 1780 zog es an diese Stelle in eine verlassene Musketier-Kaserne um und 1957 wurde das jetzige Gebäude eingeweiht. Das Krankenhaus blieb durch alle Jahrhunderte auf die Augenheilkunde spezialisiert.

Im 18. Jahrhundert, so wird erzählt, konnten Sehende im Quinze-Vingts bei dichtem Nebel stundenweise einen blinden Führer mieten, der dann seinerseits als Blindenführer Menschen und Kutschen sicher durch die Stadt lotste.

Links die Rue de Charenton hinunter bis zur Rue Traversière und dann rechts...

Was essen!!!

L'encrier, 55, Rue Traversière. Familienbetrieb. Das Essen ist ausgezeichnet, der Empfang ist sehr freundlich, die Preise angemessen. Viele Stammgäste aus den angrenzenden Quartiers bürgen für dieses wunderbare Restaurant!!!

„Zum Tintenfass“

Das Viadukt hinter dem „L'encrier" ist kaum zu übersehen. Es ist die alte Eisenbahntrasse der Gare de Vincennes und heißt jetzt „Promenade Plantée". Fast zwei Kilometer geht es ohne Steigung geradeaus im Grünen Richtung Schloss Vincennes.

Ein wunderbarer Spazierweg, wenn auch morgens und abends viele Jogger unterwegs sind. Manche der Aufgänge riechen unangenehm. Gehen Sie einfach ein bisschen schneller hoch. Mit der Avenue Daumesnil unten zur Linken kommen Sie hinter der Opéra Bastille wieder runter.

16. GRANDS BOULEVARDS

Sehr, sehr großes Kino, 6000 Bühnentote, Demonstrationen hin, Demonstrationen her, eine Pariser „location" von Kölner Gnaden, Chanel, Piaf, Kamelien, ein ziemlich anstößiges Café. Die Sache mit den Zetteln. Ein Theater verteidigt die Ehre des „Boulevard der Verbrechen"

Ludwig XIV. war ein König von echtem Schrot und Korn. Er regierte unter dem berühmten Motto „Der Staat bin ich" und führte Kriege à la „Viel Feind', viel Ehr'". Stärke zeigen, wo es nur ging. In Versailles, auf dem Feld der Ehre, auf der Jagd, im Bett und auf den Boulevards, die es vor seiner Regentschaft gar nicht gab. Er wollte nicht nur ein schönes Schloss, er wollte auch ein modernes Paris.

Und so ließ der Sonnenkönig in einer einzigartig arroganten Aktion die unter anderem von Vater Ludwig XIII. errichtete Stadtmauer schleifen. „Soll er doch kommen der Feind, soll er doch kommen! Wir fürchten uns dermaßen überhaupt nicht, wir brauchen noch nicht einmal so einen spießigen Schutzwall!" Soweit die Message an den Feind.

An der Stelle der muffigen Mauern entstand eine herrliche Ringstraße, der „Nouveau Cours". Sie führte von der Porte Saint-Antoine – jetzt Place de la Bastille – bis zur Porte Saint-Honoré – jetzt Place de la Madeleine –, genau dort, wo heute die Grands Boulevards verlaufen.

Diese königliche Baumaßnahme hat sogar Haussmanns „Unsere-Stadt-soll-schöner-werden"-Baumaßnahmen getrotzt. Ihr Halbrund umfasst die Stadt liebevoll und zerschneidet sie nicht, wie die stachelig-sternförmig angeordneten Straßen aus der Mitte des 19. Jahrhunderts, für die gnadenlos alles zerstört wurde, was sich ihnen entgegenstellte. Diese mit der Axt eingefügten Fahr- und

Gehwege werden niemals zu den „Grands Boulevards“ gehören. Auch nicht der Boulevard Haussmann.

Ein Spaziergang als „Boulevardier“ beginnt an der Place de la Madeleine mit dem Boulevard de la Madeleine, wo Sie auf eines der „Grands Magasins“ treffen. Seit 1829 an dieser Ecke, wurde „Les trois quartiers“ im 20. Jahrhundert zum Art-Deco-Tempel umgestylt und im 21., also erst kürzlich, noch einmal dem aktuellen Geschmack angepasst, jedenfalls die Inneneinrichtung.

Die erste Straße rechts ist die Rue Cambon. In der Nummer 21 hat Gabrielle Chanel, dite „Coco“, 1911 ohne großen Erfolg ihren ersten Laden eröffnet. Sie verlagert ihre bescheidenen Geschäftsaktivitäten nach Biarritz und kehrt wenige Jahre später mit 300 Angestellten zurück nach Paris, in die Nummer 31 derselben Straße.

Mittlerweile gehört auch die Nummer 29 dazu. – Zurzeit geht hinter diesen Mauern „King Karl“ Lagerfeld seiner kreativen Arbeit nach. An der Tür zu seinen Arbeitsräumen immer noch das berühmte Schild: „Mademoiselle“.

An Nr. 38, Rue Cambon liegt der berühmte Hintereingang des Hôtel Ritz, durch den der Sohn des Hotelbesitzers Mohammed Al-Fayed in Begleitung von Prinzessin Diana seine letzten Schritte auf dieser Welt tat.

Eine Gedenktafel am Haus Nr. 11, Boulevard de la Madeleine, erinnert an Alphonsine Plessis alias Marie Duplessis alias „die Kameliendame“. Nach einer armen Kindheit vom Vater als Wäscherin zu Verwandten in die Stadt gegeben, erreichte sie durch reinen Körpereinsatz – es soll ein sehr schöner Körper gewesen sein –, dass ein freundlicher Verehrer sie in die Gesellschaft einführte. Dort stand ihr dann eine ausreichende Kollektion an vermögenden Herren, oder – wie man es damals nannte – „amants de qualité“, zur Verfügung. Ein achtzigjähriger

Galan mietete der durch Eigeninitiative mittlerweile überaus gebildeten Mätresse die Beletage des Hauses, wo sie ihn mit Alexandre Dumas (d.J.) betrog und diesen zu seinem berühmten Roman „Die Kameliendame“ inspirierte. Marie Duplessis trug immer Kamelien im Haar, wenn sie ausging, den Großteil des Monats in weiß, an gewissen Tagen in rot. Ihr hochbetagter Gönner starb, und sie konnte in aller Eile einen früheren Liebhaber dazu anstiften, sie zu heiraten. Diesen Ehemann betrog sie nicht. Jedenfalls nicht mit Alexandre Dumas, da sie ihre Vorliebe für Franz Liszt entdeckt hatte. Der Gatte erfuhr von der Liaison, war mehr als erzürnt und erklärte die Ehe für gescheitert. Zu diesem Zeitpunkt war Marie Duplessis bereits seit längerem an Tuberkulose erkrankt.

Während ihrer letzten Monate warf sie das Geld, das sie lange nicht mehr besaß, mit vollen Händen zum Fenster hinaus und starb, erst 23 Jahre alt, verlassen und bankrott in ihrer Wohnung in diesem Haus.

440 Meter Boulevard des Capucines. Das Kino in Nr. 2 steht an der Stelle des früheren Théâtre de Vaudeville, das wiederum in den Räumen eines ehemaligen Stadtpalasts spielte, der seinerseits...

Während das Haus durch viele Hände ging und häufig umgebaut wurde, blieben die Säulen, Figuren und Fensterverzierungen der Fassade bis heute unberührt, das heißt, sie sind gut und gern 300 Jahre alt. Auch die Kassenhäuschen sind nicht mehr die neusten, haben aber höchstens 50 Jahre auf dem Buckel. Der größte Saal bietet 800 Besuchern Platz. Das ist noch nicht einmal ein Drittel eines anderen Kinosaales weiter unten an den Grands Boulevards...

Was essen?

Direkt gegenüber: das „Grand Café“, une brasserie simplement glorieuse... Roter Plüsch, bemaltes Glas und viel Holz.

Von den Fenstertischen in den oberen Etagen bietet sich ein schöner Blick auf den Boulevard. Das historische Etablissement aus dem Jahr 1875 gehört mittlerweile zur Brasserie-Kette der umtriebigen Gebrüder Blanc. Auch hier hält man weiterhin die Tradition des 24-Stunden-Service aufrecht. Das versierte Personal serviert traditionelle französische Küche zu Preisen, die dem schönen Rahmen halt angemessen sind.

Auf der linken Seite erkennt man von weitem die rote Leuchtreklame des „Olympia"*, Doyenne der Pariser Music Halls aus dem Jahr 1888.

Hier haben alle gesungen: Joséphine Baker, die Beatles, die Rolling Stones, Charles Aznavour, Janis Joplin, Reinhard Mey (unter seinem Pseudonym Frédéric Mey), Jacques Brel, Nana Mouskouri, Dalida, Bob Dylan,... If you can make it there, you'll make it anywhere!

Mit vereinten Kräften musste das abgewirtschaftete Olympia bereits mehrfach vor dem Ruin bewahrt werden. 1958 rettete Edith Piaf es ganz allein, indem sie drei Monate en suite auftrat, obwohl sie bereits schwerkrank war.

Eins ihrer letzten Konzerte gab sie ebenfalls hier. Trotz Krankheit sang sie wie immer: Mit aller Kraft, in einem schwarzen Kleid, ganz allein vor ihrem Publikum und zeichnete, während sie sang, die Geschichten ihrer Lieder mit ihren schönen Händen in das Scheinwerferlicht. Das letzte Konzert der Piaf im Olympia ist nicht das einzige „letzte Konzert" auf der berühmten Bühne, das Musikgeschichte geschrieben hat. Aber das ergreifendste. Ihr allerletzter Auftritt, im September 1962, bleibt dem Eiffelturm vorbehalten.

Das Olympia wurde noch einige Male gerettet, zum letzten Mal vom französischen Kultusminister, Jack Lang, der es 1993 zum nationalen Kulturerbe erhob. In den zwei darauf folgenden Jahren wurde das Theater umgebaut.

Nur die Fassade blieb an ihrem Platz, der rückwärtige Teil wurde 30 Meter vom Boulevard weggerückt, der Eingang entsprechend verlängert. Bühne und Hall wurden bis ins kleinste Detail nachgebaut.

 * www.olympiahall.com

„If you can make it there...“

Sie wäre nicht böse, „la môme Piaf“, dass es auch in diesem Kapitel später noch einmal mit den „maisons de tolérance“ und ihren freizügigen Bewohnerinnen weitergeht. Sie hatte 1943 selbst eine Zeitlang bei „Mutter Billy“ im berühmten „Étoile du Kléber“ (4, Rue Paul-Valéry, sehr elegant zwischen Avenue Foch und Avenue Kléber gelegen) gewohnt. Nur gewohnt, wohlgemerkt.

Im Weiterflanieren erreichen Sie zunächst einmal den Boulevard des Capucines. Auf der rechten Seite, Nr. 39, im Gebäude des früheren Théâtre des Capucines, hat im Jahr 1993 nach Umbau „le théâtre-musée des Capucines“ eröffnet. Der Eintritt in die Ausstellung in den wertvoll ausgestatteten Räumen aus dem Jahr 1895 ist frei. Es erwartet Sie ein Ausflug ins Reich der Düfte und Kristallflakons, eine Duftwassser-Fabrik en miniature und eine Reihe von Kupferapparaten für die Destillation, wie man sie im Film „Das Parfum“ sehen kann. Zerbrechliche Ausstellungsstücke erzählen die über 3000 Jahre alte Geschichte des Parfums. Sehr edel gemacht. Sonntags geschlossen.

Auch das „Café de la Paix“ liegt am Boulevard des Capucines. Man sollte wirklich mal einen Kaffee auf dieser viel besungenen Terrasse getrunken haben – vor sich die Oper von Garnier und im Rücken die ehrwürdigen Räume des Cafés, ebenfalls von Garnier entworfen. Die Preise sind enorm günstig, wenn man bedenkt, wer hier schon alles gesessen hat. Für eine Tasse doppelten Expresso muss man irgendwas um acht Euro hinlegen.

Bummeln Sie weiter. Es geht an der Oper vorbei und dann in die zweite Straße rechts. Das ist die Rue de la Michodière und sie zweigt bereits nicht mehr vom Boulevard des Capucines, sondern schon vom Boulevard des Italiens ab.

Nach ein paar Metern links in die Rue de Hanovre. Diese unscheinbare Straße war den deutschen Stadtbesatzern gut bekannt, denn auch hier fand sich eins der vielen Bordelle, die während der Besatzung selbst für Paris ganz erstaunliche Umsätze verzeichneten.

Die fürsorgliche deutsche Stadtkommandantur Paris hatte ihre Soldaten im Zuge der Wehrmachtsbetreuung mit einem genauen Stadtplan ausgerüstet. Auf der letzten Seite des Plans fand sich vorne eine Liste der Freudenhäuser, die für die deutschen Soldaten erlaubt waren und hinten waren diejenigen aufgeführt, zu denen sie keinen Zutritt hatten, weil in den „Absteigehotels für durchreisende Offiziere, die unter deutscher sanitärer Überwachung stehen" eben die Offiziere... verkehrten. Auf den Listen mit den Offiziersbordellen waren ebenfalls die entsprechenden Metro-Stationen und „Sanierstationen" angegeben.

Soldaten mussten nach dem Damen-Besuch kleine Kärtchen ausfüllen, die in den Häusern auslagen. Folgende Rubriken waren auszufüllen: 1. Bordell (war vorgedruckt), 2. Name der Partnerin (Übersetzung: „Surnom de la pensionnaire") und 3. Datum. Darunter: „Du musst Dich nach dem Geschlechtsverkehr sanieren lassen! Die nächste Sanierstelle findest Du auf dem Plakat am Ausgang! Bewahre diese Karte mindestens 5 Wochen gut auf!".

Seit der offiziellen Schließung aller französischen Bordelle im Jahr 1946 sind die Läden an dem unscheinbaren Haus 4, rue de Hanovre auch tagsüber geöffnet.

Zurück auf die Boulevards. Der Boulevard des Italiens ist 390 lang. An Nr. 19 hat sich „Le Crédit Lyonnais" niedergelassen und der ehrwürdige Kuppelbau bleibt seit der Renovierung nach einem Brand vor einigen Jahren der Öffentlichkeit verschlossen. Nur gucken ist also nicht. Aber zum Betreten einer Bank findet sich doch immer ein Grund?! Vielleicht eröffnen Sie einfach ein Konto, oder Sie haben eine Frage wegen Ihrer Kreditkarte, oder Sie verspüren ein dringendes Bedürfnis. Ohne jede Ausrede werden Ihnen an den „Journées du Patrimoine" im September die Türen geöffnet.

Das fürstliche Innenleben des Gebäudes mit marmorner Doppeltreppe und zwei Glaskuppeln, die durch eine Glasgalerie verbunden sind, wirkt, als sei es nie etwas anderes als Bank gewesen. Stimmt auch. 1878 wurde es im Auftrag der Lyoner Hauptverwaltung an dieser Stelle erbaut.

Zurück auf den Boulevard des Italiens. Nr. 5 eröffnet Ihnen den Blick in die Passage des Princes. Das Nesthäkchen der Pariser Passagen entstand im Jahr 1860 und blieb wegen aufwändiger Arbeiten der Öffentlichkeit lange verschlossen. Weltberühmt für seine Pfeifen: La maison Sommer, unschwer zu erkennen an der Pfeifensammlung in der Bel-Etage.

Die Fassade aus dem Jahr 1900 ist original erhalten. Leider ist von Ursprünglichkeit ansonsten nicht mehr viel zu spüren. Nach ihrer Restaurierung wurde im Jahr 1988 die ehemalige „Passage des Princes“ zur „Passage des jouets“, Spielzeugpassage. Ein wahres Kinderparadies – elegant, edel, anspruchsvoll und für Kinder gemacht, die mit diesen Attributen etwas anfangen können. Vielleicht hätte man den alten Namen behalten sollen.

Wenn Sie die Passage des Princes auf den Boulevard des Italiens verlassen, bietet sich Ihnen ein überraschender Ausblick auf Sacré-Cœur, die Weiße.

215 Meter Boulevard Montmartre. Hier trifft der Boulevard Haussmann auf die Grands Boulevards, die ihm keinerlei Beachtung schenken.

Der Impressionist Camille Pissaro konnte diesen Boulevard gar nicht oft genug malen: Boulevard Montmartre an einem Wintermorgen, bei Nacht, bei Regen, bei Sonne. Erstaunlich, dass der Künstler nebenher noch Zeit für andere Sujets fand.

Da der Bilderverkauf des Herrn Pissaro ebenfalls nur schleppend in Gang kam, musste er eine Aushilfsstelle annehmen und Markisen bemalen, um sich und seine Familie zu erhalten.

Die Original-Fassade des „Théâtre des Variétés“* an Nr. 7 wirkt ein wenig eingeklemmt. Sie stammt aus dem Jahr 1807. Vorher hatte die Truppe im Palais-Royal gespielt und war 1806 von Napoleon mit kaiserlichem Dekret zum Umzug gezwungen worden.

Andere Theater wurden auf diesen Erlass hin komplett geschlossen, da Majestät das Gefühl hatte, acht Spielstätten müssten reichen für die Stadt. Die unterteilte er dann noch in „Grands Théâtres“ und „Théâtres sécondaires“. Das „Variétés“ schaffte es

 * www.theatre-des-varietes.fr

nur in die zweite Kategorie. Vorsichtig renoviert bietet es heute seinen 820 Zuschauern allabendlich Boulevardstücke „à l'italienne", also auf roten Samtsitzen unter vergoldetem Stuck.

Standhaft gegen Geschubse von den Seiten: das Théatre des Variétés

351 Meter Boulevard Poissonière.

Das Kino „Max Linder Panorama“[1], Nr. 24, ist nebst gut sortierter Bar ein attraktiver Rahmen aus den 30er Jahren des vergangenen Jahrhunderts. Als das Kino in den 80ern Konkurs anmelden musste, fand sich ein Grüppchen junger Kintopp-Liebhaber zusammen. Sie hatten nicht viel Geld, aber den unbedingten Willen, dieses ehrwürdige Haus am Leben zu erhalten. Mit viel Enthusiasmus und Unterstützung durch großherzige Sponsoren haben sie es geschafft: Nach der Renovierung war der große Saal für 800 Zuschauer mit neuer Technik ausgestattet, durfte aber viel von seinem Charakter behalten.

Neue Filme – alter Rahmen: das Max Linder Panorama

An Nr. 1 ein Kino-Superlativ aus dem Jahr 1931: „Le Grand Rex“[2]! Ein Fünf-Sterne-Art-Deco-Totalangriff rund um den größten Kinosaal Europas mit 2650 Plätzen einschließlich funkelndem Sternenhimmel und nostalgischer Wasser- und Lichtshow vor den

 1 www.maxlinder.com 2 www.legrandrex.com

Hauptfilmen. Wenn Sie kein Kinogänger sind, dann wählen Sie „Les étoiles du Rex“, eine Führung durch das Kino, für ca. 10 Euro, mittwochs bis sonntags und an Feiertagen. Im angeschlossenen „Rex Club“ finden junge Männer alles, was ihr Herz begehrt. Weibliche Wesen gehören eher nicht dazu.

„Le Grand Rex“!

Auf den 347 Metern des Boulevard de Bonne Nouvelle finden Sie ein geöffnetes Bordell. Das heißt, es ist geöffnet, aber selbstverständlich seriös umgewidmet.

Was essen?

Das Delaville Café, Nr. 34, serviert leichte Küche in den vorgenannten Räumen. (Nein, ich hege keine besondere Affinität, aber es verhält sich bei diesem Thema wie bei vielen Dingen: Hat man erst einmal angefangen, auf sie zu achten, stolpert man überall darüber…)

Hinter der Terrasse, bei niedrigen Außentemperaturen gut geheizt, erwartet der Besucher vielleicht ein Bistro – wenn er überhaupt etwas erwartet. Tatsächlich trifft er im Innern auf eine schwülstige Treppe aus der schwülstigen Napoleon III.-Epoche, selbstverständlich mit Marmorsäulen, vergoldeten Decken und verschnörkelten Wandmosaiken. Der kleine Saal in der ersten Etage ist besonders deswegen zu empfehlen, weil er die Möglichkeit bietet, diese Wahnsinnstreppe zu beschreiten.[1]

Die Bar im „Delaville Café", früher mal mit entsprechenden „Damen" bestückt

Über 210 Meter Boulevard Saint-Denis, vorbei an der Porte Saint-Denis und vorbei an der Porte Saint-Matin, erreichen Sie nach 470 Metern Boulevard Saint-Martin die Place de la République.

Aber bitte nicht, ohne vorher die Fassade des 1872 gegründeten Théâtre de la Renaissance[2] gewürdigt zu haben. Vielleicht klingt dem einen oder anderen von Ihnen noch der Name des berühmten

 1 www.Delavillecafe.com 2 www.theatredelarenaissance.com

französischen Schauspielers Sacha Guitry im Ohr? Hier machte er seine allerersten Schritte als Schauspieler, da sein Papa, Lucien Guitry, das Haus von 1902 bis 1909 leitete.

Im 19. Jahrhundert erforderten die Nivellierungsmaßnahmen, den Boulevard Saint-Martin tiefer zu legen. Getunt passt er perfekt zur Place de la République, die nicht nur einem protzigen Stadtbild als Hintergrund dient, sondern deren großzügige Dimensionen dem Militär endlich reichlich Platz für Niederschlagungsmanöver im Fall von Unmutsbezeugungen seitens der Bürgerschaft zur Verfügung stellten. Die früheren Gässchen und Winkel boten unerwünschten Aufmüpfigen viel zu viel Unterschlupf.

Dieser merkwürdig seelenlosen Place de la République zuliebe musste unter anderem auch das im Jahr 1822 eröffnete, einzigartige Diorama eines gewissen Herrn Daguerre weichen – samt angrenzendem Atelier.

Gut, es war infolge eines Brandes nicht mehr so ganz intakt, aber mit ein bisschen gutem Willen hätte man es bestimmt wieder aufbauen können. Tat man aber nicht, sondern riss auch noch die letzten Reste ab und errichtete auf dem Gelände eine Kaserne...

Zur „République“ bliebe noch zu sagen, dass Bürgeraufstände, auch wenn sie mittlerweile in „Demonstrationen“ umgetauft wurden, stets hier beginnen – und auch enden. Gerade in Paris ist man immer mal wieder schnell auf der Straße, um für das eine oder gegen das andere zu demonstrieren.

Die Sicherheitskräfte lassen die Bürger gewähren, aber nur zwischen République, Bastille und Nation, wo man sie – dank Haussmann! – immer noch am besten unter Kontrolle hat.

Nicht auszudenken, was passieren würde, wenn Demonstranten das touristische Zentrum stürmen würden. Und so sehen wir dann im Fernsehen bei den Kundgebungen in Paris die modernen Revolutionäre zwischen den Kaskaden der Wasserwerfer brav den immer gleichen Weg marschieren. (In gleicher Tradition spielen sich auch die aktuellen „Studentenunruhen" pflichtschuldigst im Quartier Latin, Rue Soufflot rauf und runter, ab.)

405 Meter Boulevard du Temple. Bis jetzt mögen Sie es nicht bemerkt haben, aber Sie bewegen sich auf höchst gefährlichem Pflaster.

Der Boulevard du Temple wurde Anfang des 19. Jahrhunderts nicht umsonst „Boulevard du Crime" genannt, „Boulevard des Verbrechens"! Das Risiko, einem Verbrechen zum Opfer zu fallen, bestand allerdings in der Hauptsache für die Akteure der 52 Theater, die die Straße vor fast 200 Jahren säumten.

An einem Abend wurde auf den Bühnen bis zu 6 000 Mal theatralisch gestorben. Einer der Protagonisten wurde über 16 000 Mal erschlagen, ein anderer starb mehr als 11 000 Mal an den Folgen eines feigen Giftanschlags, ein armes Fräulein verlor über 75 000 Mal seine Unschuld!

Zu Spitzenzeiten drängelten sich am Abend 10 000 Menschen auf dem Boulevard. Das Publikum, mit einer Vorliebe für Gänsehaut und immer auf der Seite der bösen Jungs, konnte gar nicht genug bekommen von den bluttriefenden Aufführungen.

Auf den Trottoirs bot man Pantomime, Akrobatik, Marionettentheater, Kuriositätenkabinette, sprechende Hunde und gelehrte Affen. Marktschreier, Gaukler und Scharlatane rundeten dieses schrille Kaleidoskop ab. Die Besucherzahlen der 52 Theater, Schuppen und Bretterbuden auf den 500 Metern des Boulevards, waren so hoch wie die aktuellen... wenn man alle Theater der Stadt zusammennimmt!

Michel Carnés weltberühmter, preisgekrönter Film „Les enfants du paradis" („Kinder des Olymp") zeichnet ein genaues, stimmungsvolles Bild des Treibens auf dem „Boulevard du Crime". Er wurde während der Zeit der Pariser Besetzung gedreht und uraufgeführt.

Der Höhenunterschied zwischen der rechten und der linken Straßenseite erklärt sich daraus, dass an Stelle des heutigen Boulevards hier der Festungsgraben verlief, der nach Erfindung der Artillerie vor jede gute Stadtmauer gehörte, damit der Feind seine Kanonen nicht direkt vor der Stadtmauer aufstellen konnte.

Von den vielen Theatern ist nur ein einziges übrig geblieben. Die Eingangstür ist eingezwängt zwischen einem „Tabac“ und der Brasserie „Chez Jenny“. Man kann sich kaum vorstellen, das sich hinter dieser schmalen Tür ein Saal für 800 Personen versteckt. Das Théâtre Déjazet* entging dem destruktiven Treiben eines gewissen Stadtplan(ier)ers, da es als einzige Bühne auf dieser Seite des Boulevards angesiedelt war. Alle anderen mussten weichen.

1851 hob sich in diesem Haus der erste Vorhang. Vorher hatte hier ein „jeu de paume“ gestanden, ein Ballhaus, das für den Grafen d'Artois, Bruder des sechzehnten und achtzehnten Ludwigs und bis 1830 selbst König unter dem Pseudonym „Karl X.“, erbaut worden war. Dessen reaktionäre Anwandlungen lösten im Jahr 1830 die Juli-Revolution aus und waren der Grund, dass der letze „König von Frankreich und Navarra“ im Exil starb. (In Görz, dem heutigen Nova Gorica, Slowenien. Dort wurde er auch begraben. Bislang ist allem Anschein nach noch niemandem die Idee gekommen, ihn heim nach Saint-Denis in den Kreis seiner erlauchten Vorgänger zu holen.)

1939 wurde das Theater in ein Kino verwandelt. 1943 dient es als ideale Kulisse für die Innenaufnahmen der „Kinder des Olymp“. (Das Wort „Olymp“ steht im Theater für die obersten Ränge.) Die Filmszenen in den Salons, auf den Treppen und im Saal des Theaters zeigen, dass bereits zu dieser Zeit die heiteren, handfesten Wand- und Deckenmalereien übermalt worden waren. Dem bemerkenswerten Werk, das offiziell als wichtigster französischer Film überhaupt gilt, hat das Fehlen dieser Dekoration keinen Abbruch getan. Mittlerweile hat man sie wieder freigelegt und restauriert.

* www.dejazet.com

Für Ihre Empfänge in Original- „Karl X."-Interieur: Salon im Théâtre Déjazet

In den 70er Jahren wurde der Saal in erster Linie dazu genutzt, Filme von Rock- und Popkonzerten vorzuführen. 1976 bestanden Pläne, das Theater in einen Supermarkt zu verwandeln, was aber durch das beherzte Eingreifen aufmerksamer Künstler und Politiker erfolgreich verhindert wurde.

1977 wird es als Théâtre Déjazet wiedereröffnet. Und zwar von Coluche, diesem viel zu früh verstorbenen genialen französischen Komiker mit dem großen Herzen, der in Frankreich die „Restos du Cœur“, Mittagstisch und Lebensmittel für Bedürftige, einführte und sich für das Präsidentenamt bewarb:

„Ich werde mit der Politik aufhören, wenn die Politiker aufhören, sich wie Komiker aufzuführen.“ Seine Kandidatur zog er aufgrund massiver Drohungen zurück.

Das Théâtre Déjazet wird im Mai 1981 wegen sicherheitstechnischer Mängel geschlossen und an eine Clowntruppe vermietet, die es im Oktober 1983 nach Erfüllung einer Reihe von amtlichen Auflagen erneut eröffnet und bis 1985 dort spielte.

Dann pachtet eine andere Gesellschaft die Räumlichkeiten: Wiederum ist es soweit und das neue „Théâtre Libertaire de Paris“, TLP-Déjazet, feiert Premiere. Und wie es sich für ein Haus gehört, das die Anarchie im Namen trägt, wird es von einem bekannten französischen Anarchisten eröffnet: Léo Ferré, einer der wichtigsten französischen Chansonniers des vorigen Jahrhunderts, bissig, radikal, dabei unglaublich zärtlich und hinreißend poetisch.

1992 kündigt der Eigentümer den Pachtvertrag: Zur Rettung der Anarchie muss ein kommerzielleres Programm her. Der Kommerz kommt, aber das Herz des Déjazet schlägt im Takt seines Direktors weiter für diese besondere Art der Anarchie, die zwar die Abwesenheit von Herrschaft anstrebt, nicht aber die Abwesenheit von Herz und Geist.

Der Direktor heißt Jean Bouquin, ist ein charismatischer Menschenfreund und leitet das Theater seit 1976. (Trotz anarchistischer Gesinnung – einer muss es ja machen!) In seinem Grußwort auf der Homepage schreibt er:

„Nach meiner Überzeugung findet Revolution nach wie vor nur im Theater statt. Schließlich bietet es seit 1770 der Revolte eine Heimat. Sorgen wir also dafür, dass dies so bleibt (...).“

Restauriertes Wandbild im Treppenaufgang des Déjazet

Das Programm ist abwechslungsreich, bietet eine erfolgreiche Mischung von Bewährtem, Neuem, Gesellschaftskritik und Musik aller Stilrichtungen. Wenn Sie sich vorher „Kinder des Olymp" ansehen, ist die Vorfreude größer und die Wirkung der historischen Räume – neben dem gebotenen Programm – nachhaltiger.

Was essen?

Direkt neben dem Theater erwartet Sie die Brasserie „Chez Jenny", Hausnummer 39.

Eine Institution. Viel Jugendstil, viele Holzschnitzereien mit Szenen aus dem Elsass, das auch für die Spezialitäten aus der Küche verantwortlich zeichnet, und schon lange kein Geheimtipp mehr. Wie in fast allen Brasserien sind fast alle Kellner Meister ihres Fachs, das Essen gut und reichlich. Bedenken Sie bitte auch hier, dass sich die Kombination „Jugendstil und alteingesessen" immer auch ein wenig im Portemonnaie bemerkbar macht.

Brasserei „Elsässer Art“

An Nr. 13, Boulevard du Temple, könnte man glatt vorbeigehen. Schauen Sie doch mal kurz rein. Nein, dies ist kein exklusiver Lampenladen, sondern eins der neuen, teuren Hotels der Stadt, das sehr gern von Prominenten genutzt wird, da hier nicht ständig, wie zum Beispiel vor dem Ritz, Fotografen vor der Türe stehen. Schicke Bar. Sehr teuer, sehr angesagt.*

* www.muranoresort.com

Dies ist kein Lampenladen.

210 Meter Boulevard des Filles du Calvaire.
Ein Kölner mit französischem Pass (vergessen Sie nicht, dass ganz Köln und Umgebung im achtzehnten Jahrhundert dank Napoleon die französische Staatsangehörigkeit besaß!) namens Jakob Ignaz Hittdorf vollendete die Place de la Concorde und errichtete die Gare du Nord. An diesem Boulevard errichtete er den Winterzirkus, den „Cirque d'Hiver"*. Dies ist der letzte von insgesamt 18 seiner Art in Paris.

Er war ein wenig in Vergessenheit geraten und bröckelte leise vor sich hin. Mittlerweile wurde die dringend erforderliche Renovierung durchgeführt. Jetzt muss er sich damit abfinden, dass er als „location" für „events" gebucht werden kann. Aber zwischendurch gibt's auch immer wieder Zirkusveranstaltungen. Dann kann man ihm fast ansehen, wie wohl er sich fühlt.

 * www.cirquedhiver.com

Gruß aus Kölle!

Rücken an Rücken mit dem Winterzirkus liegt das „Hôtel Alhambra“*. Zwei Sterne, kleiner Garten (!), der in der warmen Jahreszeit zum Frühstück unter freiem Himmel lädt, freundlicher Familienbetrieb mit wachsender Stammkundenkartei und sehr praktischer Metro- und Busanbindung.

Drei Metro- und vier Buslinien führen in unmittelbarer Nachbarschaft vorbei, da das Hotel in einer kleinen Nebenstraße liegt, hört man nichts von ihnen!

750 Meter Boulevard Beaumarchais, dann sind Sie an der Place de la Bastille.

* www.hotelalhambra.fr

17. MONTMARTRE

Stufen, Stufen, Stufen. Dieser Weg wird kein leichter sein. Ein sehr weißes Weiß, eine sehr stille Terrasse. Dunkel ist's, der Turm scheint helle. Wabernde Nebel – unsichtbar, ägyptische Haarpracht – sonst nichts, Wilhelm Tells französischer Bruder, noch ein paar Stufen.

Metro: LAMARCK-CAULAINCOURT (zum Ausgang geht es 112 Stufen hoch, deshalb gibt es einen Aufzug!)

Vom Ausgang dieser Metro-Station arbeiten Sie sich von Norden her den Hügel von Montmartre, die „Butte" hoch. Die berühmte weiße Kirche liegt nach Süden und kommt daher erst später in Ihr Blickfeld. Ausgangs der Metro geht Ihr Blick ebenfalls nach Norden. Drehen Sie sich um 180° und gehen Sie um den Eingang in den Untergrund herum.

Hier treffen Sie, falls Sie in der Metro-Station den Aufzug benutzt haben, auf die ersten Treppen. Hinauf und über die erste Straße, die Rue Lamarck, geradeaus, noch mehr Treppen. Sie befinden sich nunmehr auf der Rue Caulaincourt. Gegenüber ist die kleine Place Constantin-Pecqueur vor lauter Bäumen kaum zu erkennen.

Auf dieser Terrasse beginnt Georges Simenon 1924 seinen ersten Roman „Le roman d'une dactylo". Genau hier. Sogar der Name ist unverändert: „Au Rêve"

Das Bistro „Au Rêve" in der Rue Caulaincourt 89. Authentischer geht es kaum auf Montmartre. Pierre und Elyette regieren dieses kleine Reich seit 1968. Viele Fotos hinter dem Tresen stammen aus dieser Zeit. Auch die Öffnungszeiten sind Alt-68er, denn das „Au Rêve" hat dienstags bis samstags von 12 bis 2 Uhr geöffnet. Und solange Pierre und Elyette hier weitermachen, wird sich das nicht ändern. Das Publikum ist sehr bunt gemischt, der älteste Stammgast ist die Toleranz.

1924 saß also genau in diesem Bistro der aufstrebende Schreiberling und versucht sich an seinem ersten Groschenroman*. Zum Pseudonym hat er sich die ersten drei Buchstaben seines Nachnamens erkoren: „Sim“. Und während Georges Simenon sitzt und sinnt, stellt seine Ehefrau Régine zwischen den Bäumen auf der Place Constantin-Pecqueur auf Stellwänden ihre Bilder aus. Die „Foire aux Croûtes“ eine Art Talentschuppen oder Kunstflohmarkt, für viele aufstrebende Künstler auf Montmartre eine erste Chance, ihre Bilder auszustellen. Picasso? Nein, Picasso war zu dieser Zeit schon fast arriviert.

Simenon hatte es noch nicht so weit gebracht, als er hier saß. Später scheint er sich gern an die Stätte seiner Anfänge zu erinnern und lässt auf der Place Constantin-Pecqueur seinen Inspektor Lognon einziehen. Der enge Maigret-Mitarbeiter in Mausgrau mit nörgelnder Gattin und Allerweltsgesicht bekommt vom Autor ein höchst unwahrscheinliches Domizil in Nr. 29 verpasst, denn ein Haus mit dieser Nummer ist auf dem Platz nicht zu finden. Hinter dem Platz beginnt die Rue Saint-Vincent. Wie schnell das alles geht mit den Überbauungen: Erst vor knapp 700 Jahren trippelten hier die Nonnen aus dem nahen Kloster auf ihrem Weg zum Gemüsegärtchen durch die Wiesen.

Viele steile Stufen an der rechten hinteren Ecke der kleinen Grünanlage führen empor zu einer ständig verschandelten Dalida-Büste. Die ägyptische Sängerin („Er war gerade 18 Jahr’“, „Gigi l’Amoroso“) hat auf Montmartre gelebt. Als ihre große Zeit unwiederbringlich vorbei war und sie das Altern nicht mehr ertrug, setzte sie ihrem Leben von eigener Hand ein Ende.

Auf dem Friedhof von Montmartre ist das Grab mit ihrer Statue in Lebensgröße vor Strahlenkranz neben dem von Heinrich Heine eins der meistbesuchten.

Seit neuestem muss die Dalida-Büste mit Steinplatten vor einfältigen Sprayern und anderen selbst ernannten und ebenso unbedarften Verschönerern geschützt werden. Nur die steinerne

* www.maigret.de

Haarpracht ist noch zu sehen. Wird hoffentlich nicht der Weisheit letzter Schluss sein.

Sie wenden sich nach links in die Allée des Brouillards. Der schmale Weg nimmt hinter dem Dalida-Abbild seinen Anfang, neben dem Garten des einzig überlebenden von nur zwei allein stehenden Häuser der Butte. Es gibt einige Erklärungen für den Namen „Allee der Nebel". Die plausibelste ist noch, dass in früheren Jahren ein Feuchtgebiet an kühlen Sommer- und feuchten Herbstabenden für dicke Luft gesorgt haben soll. Andererseits auch eine schwierige Vorstellung, da unter der Butte seit Römerzeiten Kalk abgebaut wurde und jedes Tröpfchen Wasser sofort in den riesigen Gruben versickerte, aber im Vergleich mit einer Vielzahl anderer Spökenkiekereien zum Thema Dunst geradezu plausibel.

Wird erst abends gruselig: die Allee der Nebel

Wie „Schloss“ wirkt das unspektakuläre Gebäude entlang der unspektakulären Allee eigentlich nicht – allerhöchstens wie „Schlösschen“.

Es wurde 1772 oberhalb eines Weinbergs erbaut, der mittlerweile verschwunden ist, genau wie die Gesinde- und Stallanlagen. (Es gibt an anderer Stelle einen Weinberg auf Montmartre. Ich bitte um Geduld.)

Der nervenkranke Dichter Gérard de Nerval bewohnt das Anwesen 1846. Oft begibt er sich in dieser Zeit in die nahe Klinik des Nervenarztes Dr. Blanche im anderen allein stehenden Haus auf Montmartre.

Ein Teil des schönen Portals dieses kleinen Anwesens mit Namen „Folie-Sandrin“ wurde in das später darüber gebaute Haus, 22 rue des Norvins integriert und ist immer noch gut zu erkennen. (Auch dort führt dieser Weg später vorbei.) Nach dem guten Doktor ist in großer Dankbarkeit die schmuddelige Metro-Station zwischen der Place Pigalle und der Place de Clichy benannt.

Als „Folie“, also Verrücktheit oder Spleen, bezeichnete man früher in Frankreich seine Datsche vor der Stadt. In Paris findet sich auch noch die Rue de la Folie-Méricourt und die Rue de la Folie-Regnault, beide nach ihren Erbauern benannt. Im Château des Brouillards wird 1894 der zukünftige Regisseur Jean Renoir geboren. Sein Vater, Auguste Renoir, hatte sich zwei Jahre zuvor hier oben, „auf dem Land“, niedergelassen. Es gibt ein Bild von seiner Hand von Haus und Garten.

Am Ende der Allée des Brouillards die Treppen hinunter auf die Rue Simon Dereure, die am Ende auf die Avenue Junot trifft. Nach ein paar Metern links aufwärts auf der rechten Seite die Villa Léandre. Und wenn Sie nun in Betracht ziehen, dass Sie keine zehn Minuten Weg von den Menschenmassen vor Sacré-Cœur trennen, dann ist es hier noch mal so friedlich.

Nach dem nächsten Haus rechts ein Durchgang hinter einem Tor, der so aussieht, als dürften Sie ihn nicht benutzen. Dürfen Sie aber doch! Die „passage commun M/ 18“ an Haus Nr. 21 verbindet die Avenue Junot, auf der Sie sich befinden, oben, mit der Rue Lepic, unten. Sie bietet dem Besucher neben einer Schwindel erregend steilen Treppe einen wunderbaren Blick auf den Eiffelturm, vor allem nachts.

Einzelstück

Noch nicht allzu lange versteckt sich hinter dem Zaun zur Linken mit Blick auf die Stadt das „Hôtel particulier Montmartre"*.

Man bietet drei Suiten und zwei geräumige Doppelzimmer in verträumter Lage. Louvre und Notre-Dame sind zwar nur sehr umständlich zu erreichen, aber die mangelnde Verkehrsanbindung an die kulturellen Pariser Hochstätten wird durch massive Romantik hinreichend ersetzt.

Wenn es wirklich was bemängeln gibt, dann die helle Lampe mit Bewegungsmelder, die das Hotel über dem Eingangstor zum Garten installiert hat. Es hat der Atmosphäre am mysteriösen „Rocher de la sorcière", Hexenstein, viel von seiner Magie genommen.

Zugegeben: Es riecht auch ein bisschen weniger streng. Gehen Sie rechts um den Stein herum, dann „sieht" der Bewegungsmelder Sie nicht.

Trimmpfad auf Montmartre

Die Stufen der „passage commun M/18" sind ausgetreten, unregelmäßig und an manchen Stellen fehlt das Geländer. Wo es vorhanden ist, sollten Sie es benutzen. Vor allem bei Nacht!

So gelangen Sie sicher durch das echte Montmartre, das still, steil und schlecht beleuchtet ist. Am besten, Sie gehen den gleichen Weg wieder zurück und rechts in die Avenue Junot.

Eine Tafel an der Hauswand von Nr. 15 lässt Sie wissen, dass dieses Haus für Tristan Tzara entworfen und gebaut wurde, der den

* www.hotel-particulier-montmartre.com

regellosen Dadaismus ausgerechnet dadurch mitbegründete, dass er ihn federführend ordnete und verwaltete!

Links oben, an der Fassade des Hauses mit der Nummer 13, ein paar Kinderköpfe.

Sie stammen aus der Feder von Francisque Poulbot, dem Erfinder dieser berühmten frechen Straßengören mit den großen Augen, deren zuckersüße Nachahmungen uns heute noch von jeder zweiten Postkarte in den Souvenir-Läden auf Montmartre anschauen.

1921 ist Poulbot einer der Mitbegründer der „République de Montmartre", die immer noch besteht*.

Sein Leben lang hat er für soziale Gerechtigkeit und Bedürftige gestritten, vor allem für die bedürftigen Kinder der Butte, die schließlich sogar nach ihm „les petits poulbots" benannt wurden. In diesem Haus wollte er seinen Lebensabend verbringen, starb aber bereits 1946 im Alter von 67 Jahren.

In memoriam Francisque Poulbot: „Autofahrer, fahrt langsam! Achtet auf die ‚petits poulbots'!" (Rue Norvins Ecke Impasse du Tertre.)

 * www.republique-de-montmartre.com

Der Durchgang an Nr. 13 führt zum „Hameau des Artistes“.

Dieses Künstlerdörfchen ist für die Öffentlichkeit schon lange geschlossen. Als Pierre-Auguste Renoir unterhalb der von hier aus noch nicht sichtbaren Mühle sein berühmtes Bild „Bal au Moulin de la Galette“ malte, war zahlendes Tanz-Publikum in diesem Garten durchaus erwünscht bis unverzichtbar.

Die berühmte Mühle kommt ein wenig später im Verlauf dieses Spaziergangs in Ihr Blickfeld. Van Gogh malte sie von oben, aus Richtung Sacré-Cœur, Utrillo malte sie von unten, mit einem der weißen Kirchentürme im Hintergrund. Die Bilder von Toulouse-Lautrec, Picasso und Renoir mit gleichem Sujet entstanden mittendrin, im „Bal au Moulin de la Galette“.

Eine Mühle mit dem Namen „Moulin de la Galette“ hat es nie gegeben. Es ist lediglich die Bezeichnung für ein Gartengelände, auf dem in Wahrheit zwei Mühlen standen, von denen die „Blute-fin“, die andere „Radet“ heißt. Im Jahr 1809 werden sie von der Familie Debray erworben und zum Mahlen von Mehl, Pressen von Trauben oder als Steinmühlen genutzt.

1870 wird unterhalb der „Blute-fin“ ein Ausflugs- und Tanzlokal eröffnet, dass sein Eigentümer Debray nach den kleinen Roggenbrötchen, den „galettes“, benannte, die den Gästen wie in der guten alten Zeit mit einem Glas Milch von Kellnern im Müllerkostüm serviert wurden. (Natürlich gab es auch anderes zu trinken.)

Jahrzehntelang kommen die Pariser in ihr Lieblingstanzlokal auf Montmartre, tanzen, singen, amüsieren sich. Aber irgendwann verfliegt der Zauber von Müller, Milch und Roggenbrötchen. Das Etablissement verkommt zur Music-Hall, zum Aufführungssaal für öffentliche Radio- oder Fernsehsendungen, wird 1966 für Aufzeichnungen vor Publikum genutzt, später als öffentlich-rechtliches Fernsehstudio und verschwindet schließlich ganz.

Was jetzt noch an Gebäuden und Räumen unterhalb der Mühle Blute-fin steht, wird als Künstlerkolonie genutzt, heißt es.

Weiter die Avenue Junot hinauf, finden wir an der nächsten Straßenkreuzung tatsächlich immer noch die zweite Mühle, den Moulin Radet. Dafür hat man das darunter gelegene Restaurant „Moulin de la Galette“ getauft. Lassen Sie sich nicht verwirren.

„Le Moulin Radet“!

Gegenüber, in der Mauer hinter der kleinen Anlage unterhalb der ansteigenden Rue Norvins, ein Denkmal für Marcel Aymé, der lange an diesem kleinen Platz gewohnt hat. Das Modell für die Skulptur vom „Mann, der durch die Wand ging", nach Aymés berühmter Geschichte, stammt von Jean Marais (1913-1998), dem französischen Mantel- und Degenheld, der in späteren Jahren auch elegant in die Haut von „Fantomas" schlüpfte. Eher unbeachtet hat er sich während seines ganzen Lebens immer mal wieder auch der Bildhauerei gewidmet. Und seinem Lebensgefährten, Jean Cocteau, Regisseur und Autor.

„Le passe-muraille"

Nach rechts abwärts in die Rue Lepic, die sich um den Hügel herum schlängelt, bis sie bei der Place Blanche auf den Boulevard de Clichy trifft. Die erste Straße links beginnt mit Treppen: Es ist die steile Rue Tholozé. Rechts das alte Tor zum Bal du Moulin de la Galette, oberhalb erkennen Sie den Moulin de Blute-fin, original erhalten steht sie noch immer auf dem gleichen Platz, auf dem Vincent van Gogh sie malte.

Eine der letzten von einstmals 30 Mühlen auf Montmartre – „Le Moulin Blute-fin"

Was essen?

Eine Tarte vielleicht? In Nummer 10 befindet sich das Studio 28*, ein winziges Viertelkino aus dem „age d'or", dem goldenen Zeitalter, in dem 1930 Buñuels gleichnamiger Film uraufgeführt wird. Für damalige Verhältnisse mehr ein öffentliches Ärgernis als ein Kinofilm.

Gehen Sie hinein, bis vorn an die Bar und dann rechts. In diesem Teil der Stadt gibt es kaum einen friedlicheren Ort für eine kleine Pause als diese überdachte und im Winter geheizte Terrasse. Und die Tartes schmecken köstlich!

Die Crème de la Crème des französischen Films, versammelt im „Studio 28"!

* www.cinemastudio28.com

Von der Wand hinter den kleinen Tischen schaut alles herab, was im französischen Kino Rang und Namen hat. Der Kinosaal und die Leuchter wurden von Jean Cocteau gestaltet und sind im Original erhalten. Falls gerade kein Film läuft, gestattet man Ihnen gern einen Blick in den Saal. Im Eingang ein Bild von Napoleon, den der Schauspieler Albert Dieudonné offensichtlich sehr glaubhaft verkörperte, denn die Bildunterschrift von Bonaparte-Biograf Elie Faure besagt: „Wenn mir Napoleon, der echte Napoleon, begegnete, würde ich ihn nur deswegen erkennen, weil er Albert Dieudonné so ähnlich sieht...“

„Ceci n'est pas Bonaparte.“

Wenn Sie das Studio 28 verlassen, folgen Sie der Rue Tholozé weiter abwärts. Die nächste Straße links, die Rue Durantin, knickt nach der nächsten Kreuzung – Rue Burq – nach rechts unten ab. Folgen Sie geradeaus der Rue Garreau, dann links der Rue Ravignan. So gelangen Sie auf die „very Montmartre“ Place Émile-Goudeau. Die erste Straße nach links oben die Rue d’Orchampt. Die Sängerin Dalida lebte und starb im Haus Nr. 11 bis dieser Straße.

Weniger tragisch ging es in der Nummer 13 der Place Émile-Goudeau zu. Als Picasso hier lebte, glich das Haus, das man nach einem Brand 1970 wiederaufgebaut hat, mit seinem flachen Dach einem Waschboot in der Seine, „Bâteau-lavoir“ genannt. Der Künstler lebt hier von 1904 bis 1909 in fröhlich-freien Zuständen, die, so wurde erzählt, „sogar den Legionären die Röte in die Wangen trieben“. Auch Apollinaire und Max Jakob sind häufig zu Gast und man diskutiert bei einem Opiumpfeifchen über Kunst. 1906 erschafft Picasso in diesem verrufenen Atelier „Les Demoiselles d’Avignon“, sein erstes großes kubistisches Werk, das selbst seine besten Freunde vorsichtig als „gewagt“ bezeichnen. Im „Bâteau-Lavoir“ wohnen später auch Gris, Modigliani, Rousseau und Braque, um nur einige zu nennen.

Fast wie das „Bâteau-lavoir“

Das „Bâteau-lavoir“ ist in den 70ern ausgebrannt, aber das erste Haus auf der rechten Seite der Rue Orchampt, die ebenfalls von der Place Émile-Goudeau abgeht, vermittelt eine Idee vom Aussehen des berühmten Ateliers.

Geradeaus bergan gehen Sie durch die kleine Rue de la Mire und oben rechts auf die Rue Norvins. Hier wird es merklich belebter.

Was essen?

Die erste Straße rechts ist die Rue Poulbot, nach ein paar Schritten auf der linken Seite das winzige „Le Poulbot“. Versuchen Sie, an den vorderen Tischen einen Platz zu bekommen, der Blick nach draußen ist schön und das enge Hinterzimmer arg vollgetrödelt. Der Inhaber ist freundlich, der Kellner hat einen gewöhnungsbedürftigen Tick, die Augen zu schließen, wenn er spricht, was der Qualität seiner Dienstleistung aber keinen Abbruch tut.

...frisches Brot für die Gäste des „Poulbot“

An Nr. 22, rue Norvins finden Sie das schöne alte Portal aus der Folie-Sandrin, von dem schon einmal die Rede war. Und auf der Ecke mit der Impasse du Tertre finden Sie das erwähnte Poulbot-Hinweisschild. Vorwärts geht es über die Rue Norvins auf die Place du Tertre. Das Stimmengewirr ist babylonisch, die Menschenmenge an schönen Tagen unübersehbar. Wenn Sie hier wirklich was essen möchten, wählen Sie unter den vielen Restaurants rund um den kleinen Platz vielleicht das „Chez la Mère Cathérine“.

Geradeaus weiter geht es am Ende der Rue Norvins links in die kleine Rue Saint-Eleuthère, dann links in die Rue Azaïs. Lassen Sie sich nicht vom Sog der vielen Besucher mitreißen: Schauen Sie noch kurz in den Park Nadar zu Ihrer Linken, in dem sich einmal jährlich Anarchisten, Atheisten und andere freidenkende Zeitgenossen um ein Denkmal für einen der ihren scharen.

Der Chevalier de la Barre war zwar im Jahr der Kommune 1871 schon über 100 Jahre tot, und daher auch nicht in den Reihen der Kommunarden zu finden, aber seine tragische Geschichte passte den Aufständischen wie ein alter Schuh und so erkoren sie ihn posthum zur Lichtgestalt aller aufständischen Bürger.

Im Jahr 1762 musste er im Alter von 16 Jahren aufgrund prekärer finanzieller Verhältnisse seiner Familie Paris verlassen und zu seiner Tante in ein Kaff in der Picardie auswandern. Dort begegnet man dem großspurigen Stadtbengel mit den aufklärerischen Ideen im Kopf mit Misstrauen, verdächtigt ihn, ein Wegkreuz geschändet zu haben. Es bleibt beim Verdacht. Als aber der gute Jean-François Lefèbvre, Chevalier de la Barre, mit zwei aufrührerischen Freunden im Schlepptau der Fronleichnamsprozession nicht den gebührenden Respekt zollt, weder den Hut zieht, noch das Knie beugt und obendrein noch ein deftiges Liedchen zum Besten gibt, haben die meinungsbildenden Bigotten und Spießer des Dorfes endgültig die Nase voll von dieser ostentativen jugendlichen Opposition.

Man sperrt ihn ein und macht ihm den Prozess. Er wird der Ketzerei für schuldig befunden und enthauptet, wie sich das für den

Adel gehörte, dem wohl das Todesurteil, nicht aber der Strick zuzumuten war. Auf der Rechnung des Henkers soll auch das Zungeherausschneiden als Posten vermerkt sein, da spielte die Herkunft scheinbar keine Rolle. Tod aus religiösen Gründen – es sollte das letzte Mal sein, dass ein christliches Gericht im Abendland solch ein Urteil fällte und vollstreckte.

Als der Bau von Sacré-Cœur beschlossen war und die Arbeiten fortschritten, ohne dass von offizieller Seite eine Gedenkstätte für die Aufständischen der Pariser Kommune auch nur angedacht war, sannen die Kommunarden darauf, wie sie das Andenken an ihr Anliegen und ihre Toten im Volksbewusstsein verankern könnten. Sie erklärten den rebellischen Chevalier kurzerhand zu einem der ihren und stellten Antrag auf Genehmigung zur Aufstellung eines Standbilds zu seinen Ehren. Die Genehmigung wurde erteilt, weil irgendjemand in der Verwaltung das Kleingedruckte nicht gelesen hatte, und so stand ab 1897 unmittelbar vor der unfertigen Kirche eine Statue des aufmüpfigen Chevalier mit dem Hinweis auf dem Sockel, „musste sterben, weil er sich weigerte, eine Prozession zu grüßen".

Aufgrund seines Standorts erschien das Standbild „Chevalier auf Scheiterhaufen" auf fast jedem Foto von Sacré-Cœur. Die Stadtväter waren entsetzt. Hinzu kam, dass auf dem Scheiterhaufen auch Voltaires „Dictionnaire philosophique" dargestellt war. Der Philosoph hatte sich vehement für die Freilassung des jungen Freigeistes eingesetzt. Was tun?

Man beschloss, die Figur in den kleinen Park zu versetzen. 1941 wurde sie gemeinsam mit vielen anderen Pariser Metallstatuen von den Nazis in einer deutschen Waffenschmiede recycelt. „Es gibt doch tatsächlich nichts, das so schlecht wäre, das nicht irgendetwas Gutes daran ist", dachte man vielleicht seitens der Stadtverwaltung. Aber die Bürgerfront gibt keine Ruhe und 2001 wird eine neue Statue auf den verwaisten Sockel der Place Nadar gehievt, bei der man vorsorglich auf Scheiterhaufen und Voltaire verzichtet hat.

Wer nicht grüßen will, muss sterben.

Seitdem versammeln sich jeweils am 1. Juni, dem Todestag des Chevalier, Revolutionäre von Jung-Kommunarden bis Alt-68er vor dem neuen Standbild mit der alten Inschrift. Es gibt was zu essen und zu trinken, Musik, Handzettel und Mützen, die das revolutionäre Anliegen in ihrer Farbe zusammenfassen... Ganz, ganz ernst ist es nur wenigen.

Weiter auf der Rue Azaïs und dann direkt vor Sacré-Cœur.

Die gute Aussicht nutzten schon die Kommunarden 1871 bei ihrem Aufstand. Von Montmartre aus verteidigten sie mit Kanonen zunächst ihre Sache und später ihr nacktes Leben. – Der Aufstand wurde so brutal niedergeschlagen, wie er sich erhoben hatte. Und damit nun keiner auf die Idee kam, an dieser Stelle ein für die reaktionäre Regierung unangenehmes Denkmal für die Toten der Kommune zu errichten, den Grundstein für eine Pilgerstätte zu legen und auf diese Weise immer wieder neue Aufstände zu schüren, beschloss die Staatsmacht in Windeseile, eine Kirche auf die Butte zu bauen. Sie sollte Hoffnung symbolisieren, Hoffnung, dass es nie mehr zu solch fürchterlichen Auseinandersetzungen kommt. (Welcher Staatenlenker hofft nicht, tagaus, tagein, dass das Volk ruhig bleibt?)

Es gab schon seit 1147 eine Kirche auf Montmartre: Saint-Pierre-de-Montmartre, die wirklich und wahrhaftig und trotz großer Konkurrenz tatsächlich die älteste Kirche von Paris ist. Sie taugte allerdings nicht zum Hoffnungssymbol im Sinne der Regierung, da sie von der Stadt aus kaum zu sehen ist.

Um das Jahr 250 nach Christus hatten zunächst mal die Römer ihrem Kriegsgott Mars hier oben auf dem höchsten Hügel ihrer Stadt Lutetia einen Tempel errichtet. Aus dieser frühen Zeit stammt wahrscheinlich auch der Name Montmartre, wenn er sich denn von „mons martis“, Berg des Mars, ableitet. Um das Jahr 500 folgte die erste Kirche, 1147 die zweite.

Noch heute stützen historische Säulen aus dem Mars-Tempel gut sichtbar den Chor und die Orgelempore ab. Auf dem kleinen Friedhof, der nur an den „Journées du patrimoine“ und an Allerheiligen geöffnet ist, liegen ausschließlich Anwohner der Butte begraben, darunter auch die Müller-Dynastie Debray, Eigentümer und Erfinder des „Bal du Moulin de la Galette“, über deren Grabmal eine kleine eiserne Mühle klappert.

Eintausendsiebenhundertundfünfzig Jahre alt

Wie gesagt, diese kleine, alte Kirche war als Fanal der Hoffnung nicht gut genug. Es musste was Großes sein. Man plante groß und ließ sich auch nicht davon abhalten, dass der Hügel unter dem Gelände, das für die neue Kirche vorgesehen war, löchrig war wie ein Schwamm. Mehrstöckige Holzgerüste und 83 Drainage-Brunnen mit fast vierzig Metern Tiefe mussten gebaut und miteinander verbunden werden. Es dauert fast 20 Jahre, bis 1891 die Basilika eingeweiht werden kann, Kuppeldom (1899) und Glockenturm (1912) folgen.

Bei Regen wirkt die Zuckerbäcker-Konstruktion, als sei sie von versteckten Strahlern beleuchtet, so weiß wirkt sie dann. Dank eines speziellen Kalksteins aus Château-Landon wird Sacré-Cœur überall dort, wo der Regen hinkommt, niemals schwarz werden, denn in Verbindung mit Wasser setzt diese Travertin-Art winzig kleine Kalkpartikel frei.

So wird die Kirche mit fortschreitendem Alter immer weißer. Jedenfalls da, wo Regen hinkommt. An den tiefschwarzen Flecken der Fassade herrscht ewige Trockenheit.

Vom Vorplatz bietet sich eine fabelhafte Aussicht auf die Stadt – Eiffelturm nicht inbegriffen! –, aber das Panorama von der Kirchenkuppel aus, mit Eiffelturm und Umland, ist unschlagbar!!!

Hier oben ist man auch der „Savoyarde" näher, der großen Glocke von Sacré-Cœur, die mit ihren fast 19 000 Tonnen zu den größten ihrer Art weltweit zählt. Die vier kleinen Glocken stammen aus der Kirche Saint-Roch, die ein stummes Dasein fristet, seit ihr Glockenturm einer dringend erforderlichen Baumaßnahme zum Opfer fiel...

Was noch? In der Kirche wird seit dem 1. August 1885, lange vor der Weihe, ununterbrochen gebetet, der Fachterminus lautet „ewige Anbetung". Das Deckenmosaik zählt mit 452 Quadratmetern zu den größten auf dieser Welt.

Das haben die reaktionären Regierungskräfte der dritten Republik gut hingekriegt – hier erinnert wirklich nichts mehr an die aufständischen Kommunarden und ihren Kampf. Ludwig der Heilige und Johanna von Orléans blicken ungerührt über das Gedrängel vor ihnen hinweg. Nur manchmal blinzeln sie heimlich nach rechts, in Richtung des Chevalier de la Barre.

Fit für ein paar schöne Montmartre-Fotos mit Treppen und Lampen und über allem immer mal wieder die Türme von Sacré-Cœur? Wenden Sie sich mit der Kirche im Rücken nach links und steigen am Ende der Balustrade die Stufen hinunter, überqueren die Straße, weiter hinunter. Jetzt befinden Sie sich auf der Rue Muller, an deren Ende sie nach links in die Rue Ramey einbiegen. Dann wieder die Treppen zur Linken hoch, erste rechts – Rue Falconet, dann wieder links, treppauf durch die Passage Cottin und immer geradeaus, dann kommen Sie hinter Sacré-Cœur wieder raus und biegen nach rechts ab, in die Rue du Mont-Cenis.

Falls Sie sich diesen anstrengenden Umweg sparen wollen, gehen Sie mit der Kirche zur Rechten und dem Chor von Saint-Pierre-de-Montmartre zur Linken durch die Rue du Cardinal-Guibert, links in die Rue du Chevalier de la Barre und rechts in die Rue du Mont-Cenis hinunter bis zur Rue Cortot.

Hier wird es wieder beschaulich, nach kaum 300 Metern nichts mehr zu sehen von Menschenmassen. An Nummer 12, Rue Cortot öffnet sich ein Tor zum Musée de Montmartre*. Nicht spektakulär, aber sehr liebevoll zusammengestellt, erzählt es stolz die Geschichte dieser unbeugsamen Gemeinde auf ihrem geliebten Hügel. Einladender Garten!

Weiter die Rue Cortot hinunter und dann die erste rechts in die Rue des Saules. Das Haus auf der Ecke hat Aristide Bruant gehört. Zwar Eigentümer einer der berühmtesten Kneipen von Montmartre, des „Lapin Agile“ wäre er ohne das berühmte Bild von Toulouse-Lautrec, das ihn mit schwarzem Hut, rotem Schal und Cape zeigt und – wie bei Plakaten nicht unüblich – zudem noch seinen Namen trägt, schon lange in Vergessenheit geraten.

Rechts der Weinberg von Montmartre, in idealer Nordlage, von der Sonne weitgehend verschont. Ist ja auch nur symbolisch, das mit dem Wein. Er soll darin erinnern, dass es bereits im Mittelalter

* www.museedemontmartre.fr

Rebstöcke auf der Butte wuchsen, manche sogar auf dem südlichen Hang. Ob das aus diesen Trauben gewonnene Getränk besser war als das heutige? Sie werden kaum in die Verlegenheit kommen, einen Vergleich anzustellen. Viel Wein gibt's nicht aus diesen Reben, ca. 800 Liter, darum ist er heiß begehrt. Unter Sammlern. Im Moment kostet eine Flasche 40 Euro. Der Erlös kommt sozialschwachen Kindern der Butte zugute.

Von der Sonne verschont?

Trinken?

Selbst der zuständige Winzer wagt nur ein ganz leises Lob... Aber darum geht es auch nicht, guten Wein gibt es in Frankreich genug. Es geht in erster Linie um das Weinfest*, das seit 1933 am jedem zweiten Oktoberwochenende seit mit Feuerwerk und Musette und allem Pipapo gefeiert wird. Das ist der wahre und gute Grund des Weinbergs.

„Gilles' Pinte" oder „Gilles' Hase" oder „Zum fidelen Hasen"?

* www.fetedesvendangesdemontmartre.com

Weiter hinunter auf der Rue des Saules überqueren Sie die Rue Saint-Vincent. Das kleine rosa gestrichene Haus auf der rechten Seite ist das berühmte „Au Lapin Agile“, das Cabaret zum fidelen Hasen, das in grauer Vorzeit einem gewissen Gilles gehörte.

Er bestellte ein Schild: „Einmal ‚la pinte à Gilles', bitte“. Der Schildermaler hatte ein kleines Hörproblem und malte „Le Lapin à Gilles“, Gilles' Hasen, aus dem sich schließlich der fidele Hase, „le lapin agile“, entwickelte.

Hier kann man – am besten auf Vorbestellung – für ungefähr 25 Euro, ein Getränk inbegriffen, andächtig lauschen, wenn das „Lapin Agile“ jeden Abend unser kulturelles Erbe wiederaufleben lässt“, so die Homepage. Weitere Stichworte: „atmosphère, plaisir, ambiance“. Wenig, sehr wenig Gäste aus der Nachbarschaft.

Zu Picassos Zeiten war es ein Bumslokal im schönsten Sinne des Wortes, und es wurde auch durch seine Bilder nicht geadelt, weil es das weder brauchte noch wollte. Nach dem Ausbruch der „Grande Guerre“ im Jahr 1914 blieben die Gäste aus, die Künstler, das fidele Leben. Es wurde zwar immer wieder neu entdeckt und diente auch einigen Künstlern als Sprungbrett, aber das „Lapin Agile“ wurde nie mehr das, was es vor dem Ersten Weltkrieg war. Bis heute nicht.*

Dem fidelen Hasen gegenüber liegt der Friedhof Saint-Vincent, auf dessen Grabsteinen sich viele der Namen wiederfinden, die auf den Straßenschildern durch Montmartre führen.

Es ist schwierig, eine letzte Ruhestätte auf dem Friedhof Père-Lachaise zu ergattern. Ein Grab auf dem Friedhof Saint-Vincent, wenn man nicht sein Leben auf Montmartre verbracht hat, bekommt man nicht. Punkt.

Die Rue des Saules trifft unten wieder auf die Rue Caulaincourt, die Metro-Station Lamarck-Caulaincourt liegt links von Ihnen, abwärts gewandt.

 * www.au-lapin-agile.com

Was essen mit Musette?

„Les copains d'abord"* in der Rue Caulaincourt Nr. 62 bietet „cuisine traditionnelle et chanson française", ist täglich (außer sonntags) von 12 Uhr bis 22.30 Uhr geöffnet und bietet eine dreigängige „formule" zum Preis von 20 Euro. Musique compris, wohlgemerkt!! Die Metro-Station ist nicht weit und bevor sie zumacht, ist das „Les copains d'abord" lange zu.

Pigalle?

Im nächsten Buch. Versprochen.

* www.lescopainsdabord.fr

„A la mère de famille“ (Feinkost) 194
„A priori thé“ (Restaurant) 97
Abbesses (Metro-Station) 17
Abélard 166f., 168
Al-Fayed, Mohammed („Ritz“-Eigentümer) 270
Albertus Magnus 220
Alexandria 210f.
Ali Baba 196, 218f.
Allée des Brouillards 292f.
„Angélina“ (Salon de thé) 38
Anna von Österreich 72, 87f., 142
Anreise (Allgemeines) 12
Arago (Medaillons) 94
Arago, François 94
Arc de Triomphe 28, 60
Arrondissements 36, 62, 66, 222
Assemblée Nationale 35
Association pour la Sauvegarde et Mise en Valeur du Patrimoine historique 140, 142
„Au Caveau de la Bolée“ (Kellerlokal) 233
„Au Lapin Agile“ (Cararet) 314
„Au Rêve“ (Bistrot) 290
„Au Pied de Cochon“ (24h-Restaurant) 108f.
Aubriot, Hugues 118
Avenue Daumesnil 268
Avenue de l’Opéra 51, 53, 82, 185
Avenue des Champs-Élysées 28
Avenue Foch 203, 273
Avenue Junot 293ff., 298
Axe historique 28
Aymé, Marcel 299
Baker, Joséphine 272
„Bal au Moulin de la Galette“ (ehem. Gartenlokal) 297
Balladur, Édouard 60, 61
Baltard 104f.,110
„Bar de Jarente“ (Bistrot) 154, 156

Bartholomäusnacht 66, 70
Bassin de la Villette 260
Bastille 69, 89, 154, 176f., 254ff., 268f., 281, 289
Bâteau-Lavoir 303f.
Baudelaire 180
Beatles 272
Bercy 61
Berlin 139
Berlioz, Hector 252
Bibliothèque Nationale de France 55
„Bistrot du 1er“ (Restaurant) 104
Blanche, Docteur 293
Blücher, Gebhard Leberecht von 33
„Bofinger“ (Restaurant-Brasserie) 263
„Bouillon Chartier“ (s. Chartier) 194
Boulevard Beaumarchais 289
Boulevard de la Bastille 259f.
Boulevard de Sébastopol 196, 198, 200f., 203f.
Boulevard de Strasbourg 196, 201, 203
Boulevard des Capucines 271, 274
Boulevard des Filles du Calvaire 288
Boulevard des Italiens 274ff.
„Boulevard du Crime“ 282
Boulevard du Palais 171
Boulevard du Temple 282, 287
Boulevard Montmartre 192, 276
Boulevard Périphérique 14
Boulevard Poissonière 278
Boulevard Richard-Lenoir 264
Boulevard Saint-Denis 201, 203, 280
Boulevard Saint-Germain 224, 236ff.
Boulevard Saint-Martin 280f.
Bouquin, Jean (Direktor des Théâtre Déjazet) 285
Bouquinisten 239, 242
Braque, Georges 303
Brel, Jacques 272

Bruant, Aristide 311
Buddha Bar 46
Buñuel, Luis 301
Bus (Allgemeines) 15
„Café de la Gare“ 114f.
„Café de la Paix“ 274
„Café Marly“ 61f.
Camille Claudel 182
Camille Desmoulins 89
Canal de l’Ourcq 243, 256
Canal Saint-Martin 256, 259, 264
Capet, Hugo 198
Carafe d’eau 20
Cardin, Pierre 41
„Caveau des Oubliettes“ (Jazz-Club) 225, 227
Centre de Danse du Marais 114
Centre Pompidou 111, 119, 122f., 126
Chagall, Marc 54
„chambre séparée“ 239, 252f.
„chambres d’amour“ 41
champignons de Paris 109
Champollion, Jean-François 211
Chanel, Gabrielle dite „Coco“ 270
Charles d’Albert 86
Charles de Gaulle (Flughafen) 12
Charnay, Geoffroy de 248
„Chartier“ (Restaurant) 194
Château de la Punta, Ajaccio 35
Château-Landon 310
Châtelet (Metro-Station) 17
Chevalier de la Barre, Jean-François Lefèbvre 305
„Chez Jenny“ (Brasserie) 283, 286
„Chez la Mère Catherine“ (Restaurant) 305
„Chez Paul“ (Restaurant) 174
Choltitz, Dietrich von 37
Cimetière des Innocents 105

Cirque d’Hiver (Winterzirkus) 288
Cité (Metro-Station) 170
Cité Berryer 47
Cité d’Antin 59
Cité Noël 111
Clark, Alfred 55
Clichy, Boulevard de 300
Cocteau, Jean 299, 302
Cognacq, Ernest 244f., 245
Coligny, Gaspard de 60
Colonne astrologique 101
Coluche (comédien) 285
Comédie Française 82ff.
Conciergerie 62, 158, 171f.
Conseil d’État 83
Cour Carrée (Louvre) 64, 70f., 73, 98, 102
Cour Damoye 264
Cour de l’Étoile d’Or. 265
Cour de l’Ours 265
Cour de la Maison brûlée 265
Cour de Rohan 234, 235
Cour des Petites Écuries 199, 200
Cour des 3 Frères 265
Cour des Miracles 211
Cour du Commerce Saint-André 236
Cour du Roi François 211
Cour Marly 75
Cour Napoleon III. 73
Crypte archéologique du parvis Notre-Dame 160
Curie, Marie 183, 249
Curie, Pierre 249
D’Éstrées, Gabrielle 72, 137
Daguerre, Louis 181, 192
Dali, Salvador 57, 193
Dalida 272, 291f., 303
Danton, Georges 74, 150

Daval, Kaffeerösterei 264
Debray (Müller-Dynastie) 297, 308
Delacroix, Eugène 74
„Delaville Café“ (Restaurant in ehem. Bordell) 279f.
Delon, Alain 70
Desmoulins, Camille 89
Dieudonné, Albert (Napoleon-Darsteller) 302
„Domaine de Lintillac“ (Restaurant) 59
Dumas, Alexandre (d.J.) 271
Edward VII. von England 57, 188
Eiffelturm 20, 249, 272, 294, 310
„Eine Liebe von Swann“ (Roman, Proust) 42
Elisabeth I. von England 217
Elysée-Palast 47
Escalier du Ministre (Louvre) 75
Étoile du Kléber (ehem. Bordell) 273
Eugénie (letzte französische Monarchin) 73
„Fauchon“ (Feinkost) 49
„Finkelsztajn“ (Feinkost) 146
„Flo“ (Brasserie) 199
Folie-Sandrin 293, 305
Fondation Cognacq-Jay 245
Fontaine des Innocents 105
Fontaine Saint-Michel 231
Fontaine Stravinsky 115
Franklin, Benjamin 39
Franz I. von Frankreich 74, 133
Galérie d’Apollon (Louvre) 74
Galérie de Beaujolais 85, 90, 97
Galérie de Chartres 84
Galérie de Montpensier 84f., 95
Galérie de Valois 85, 92
Galérie des Variétés 190f.
Galérie Feydeau 192
Galérie Nationale du Jeu de Paume (Museum) 35
Galérie Véro-Dodat 100

Galérie Vivienne 97
Galéries Lafayette (Kaufhaus) 58f.
Gare de l'Est 196
Gare de Vincennes 257f., 268
Gare du Nord 196, 288
Garnier, Charles 52f., 55
Gaultier, Jean-Paul 97
Genoveva (Stadtheilige von Paris) 67
Gizeh 210
Goncourt, Edmond de, Julien de 25
„Grand Bleu“ (Restaurant) 19, 259
„Grand Café“ (24h-Brasserie) 271
„Grand Colbert“ (Brasserie) 97
Grand Louvre 60
Grand Palais 25
„Grand Véfour“ (Restaurant) 90f.
Grand' Arche 190
Grands magasins 270
Grands-Augustins (Kloster) 240,
Gris, Juan 303
Guerlain, Champs-Élysées 25
Guillotin, Joseph-Ignace 236
Guillotine 12, 22, 28, 31, 82, 220, 225, 236, 255f.
Guimard, Hector 81, 146
Guitry, Sacha 281
Hameau des artistes 297
Haussmann, Georges-Eugène 50, 59
Hédiard (Feinkost) 49
Heine, Heinrich 291
Heinrich II. 64, 71, 103, 130, 239
Heinrich III. 85, 239
Heinrich IV. 32, 70ff., 74, 85, 125, 173ff., 224, 228, 240f., 241
Heloïse 166
Henckel von Donnersmarck, Florian 24
Henckel von Donnersmarck, Guido 24
Henker 22, 29, 172, 236, 306

Hermès 46f.
Hittorf, Jakob Ignaz (Baumeister aus Köln) 288
Hôpital des Quinze Vingts 266
Hôtel Alhambra (Hotel) 289
Hôtel de Beauvais (Stadtpalast) 142
Hôtel de Coislin (Stadtpalast) 39
Hôtel de Crillon (Hotel) 36, 39
Hôtel de Lauzun (Stadtpalast) 180
Hôtel de Lille (Hotel) 98f.
Hôtel de Nesle (Hotel) 252
Hôtel de Saint-Aignan (Museum) 112
Hôtel de Sens (Stadtpalast) 135f., 138ff.,
Hôtel de Soissons (Stadtpalast) 101, 132
Hôtel de Sully (Stadtpalast) 152ff.
Hôtel de Tournelles (Stadtpalast) 132
Hôtel Esmeralda (Hotel) 229
Hôtel Henri IV. (Hotel) 173
Hôtel Hospitel (Hotel) 159
Hôtel Lambert (Stadtpalast) 176
Hôtel Meurice (Hotel) 37f., 55
Hôtel particulier Montmartre (Hotel) 295
Hôtel-Dieu (Krankenhaus) 158ff., 169
Île de la Cité 62, 157, 161, 168f., 179, 183, 239ff., 248
Île Saint-Louis 166, 176, 178, 181f., 249
Impasse de la Planchette 204
Impasse Guémémée 154
Impasse Saint-Eustache 107
Institut du Monde Arabe 161
Jakob, Max 303
Jardin Anne Frank 111
Jardin du Palais-Royal 84
Jean le Bon 124
Jeanne d'Arc 79, 310
„Journées du Patrimoine“ 180, 275, 308
Juli-Revolution 69, 140, 257f., 283
Juli-Säule (Bastille) 259

Jünger, Ernst 37
Justizpalast 158, 170f., 173
Kaiserappartements (Louvre) 75
Kameliendame 270f.
Kapetinger 29
Karl der Große 9, 117, 164
Karl IX. 70, 72
Karl V. 63, 118, 124f.
Karl VII. 80
Karl X. 22, 33, 257, 283f.
Katharina von Medici 32, 64, 70f., 101f., 130, 252
Keaton, Diane 69
Kennedy, John F. 252
Kenzo 246
„Kinder des Olymp" (Film) 282f.
Kiosque des Noctambules 81
Kiosque-Théâtre 49
Kléber, Jean-Baptiste 210f.
Köln 87, 288
Kölner Dom 87, 221
Kommune, Pariser (1871) 34, 305f.
„Kong" (Restaurant) 246
Korsika 35
„L'Encrier" (Restaurant) 267f.
„L'Incroyable" (Restaurant) 96
„L'Indispensable" (Stadtplan) 18
„L'Orangerie" (Restaurant) 179
La Défense 28
„La Maison Bosc" (Roben und Talare) 171
„La Maison Sommer" (Pfeifen) 276
La Païva 24, 25
La Reynie, Gabriel Nicolas de 213f.
La Roquette (Gefängnis) 31
„La rose de France" (Restaurant) 174
La Santé (Gefängnis) 31
„Lachaume" (Blumen) 42-45

„Ladurée“ (Confiserie) 45
Lagerfeld, Karl 270
Lamarck-Caulaincourt (Metro-Station) 290, 314
Lang, Jack (frz. Kultusminister) 272
„Lapérouse“ (Restaurant) 252, 253
„Le Chabanais“ (ehem. Bordell) 57, 187f.
Le Crédit Lyonnais (Hauptsitz) 275
„Le Fumoir“ (Restaurant) 66, 68
„Le Grand Rex“ (Kino) 278f.
„Le Louchébem“ (Restaurant) 105
„Le Minim's“ (Restaurant) 42
„Le Mini-Palais“ (Restaurant) 25, 27
„Le Navigator“ (Restaurant) 224
Le Nôtre 112
„Le Paparazzi“ (Restaurant) 56
Le Petit Parisien (Stadtplan) 18
„Le Poulbot“ (Restaurant) 304
Le Square du Vert-Galant 248
Leichenschauhaus 165
Léo Ferré 285
Leonardo da Vinci 74
Leroux, Gaston 52
„Les Bougresses“ (Restaurant) 154
„Les Colonnes“ (Restaurant) 188
„Les copains d'abord“ (Musette-Lokal) 315
„Les Côtelettes“ (Restaurant) 154
„Les Folies Bergère“ (Revue-Theater) 194
Les Halles 17, 98, 109, 239
Leszczynska, Maria 218
„Librairie Percepied“ 186
Liszt, Franz 271
Lord Nelson 210
„Lou Cantou“ (Restaurant) 59
Louis Napoleon 73
Louis XVI. 152
Louis-Philippe 33, 82, 257

Louis-Philippe II. 88
Louis-Sébastien Mercier 89
Louvre 9f., 28, 32, 34, 36, 53, 60ff., 81f., 88, 98, 137f., 180, 240f., 258, 295
Louvre des Antiquaires 82
Ludwig IX, „der Heilige“ 117, 171
Ludwig XIII. 26, 85, 87, 149ff., 151, 157
Ludwig XIV. 60, 64f., 72, 82, 87, 125, 174, 203, 213, 269
Ludwig XV. 30, 128, 218,
Ludwig XVI. 12, 28, 32f., 36, 39, 152, 255, 257
Ludwig XVII. 152
Ludwig XVIII. 32f., 64, 73, 127, 257
Lutetia 124, 160, 168, 224, 308
Maigret, Jules (Kommissar) 124, 126, 145, 149, 154, 175, 180, 224, 291
Malmaison (Schloss) 190
Mansart, François 180
Marais 62, 124ff., 133, 144, 146ff.
Marais, Jean (Bildhauer) 299
Marcel Proust 39, 42
Marcel, Etienne 124
Marché aux Oiseaux 170
Marguerite de Valois 135, 138ff.
Maria Stuart 131, 217
Maria Theresia von Spanien 142
Maria Theresia von Österreich 72, 106, 152
Maria von Medici 85, 87, 137
Marie Duplessis (Kameliendame) 270f.
Marie-Antoinette 36, 83, 106, 148, 152, 171f.
Marly, Pferde von (Standbild) 23, 75
Max Linder Panorama (Kino) 278
„Maxim’s“ (Restaurant) 41, 42
Mazarin, Jules 88
Mercier, Louis-Sébastien 89
Meridian von Paris 90, 94, 95
Metro (Allgemeines) 13, 15
Metro, letzte 17
Metropolitan Museum of Modern Art 252

Mey, Reinhard 272
Meyssonnier, Fernand (Henker) 32
Mittérand, François 60f.
Mobilmachungsbefehl 22
Modigliani, Amedeo 303
Molay, Jacques de 248
Molière 83, 111
Mona Lisa 74
Monet, Edouard 35
Monsieur de Paris (Henker) 29f., 172
Montagne Sainte-Geneviève 220
Montgoméry, Gabriel de 129ff.
Montmartre 196, 290ff.
Montmartre (Friedhof) 291
Montmartre (Musée de) 311
Montmartre (Weinberg) 293, 311
Montmartre (Weinfest) 313
Moulin de Blute-fin (Mühle) 297, 300
Moulin de la Galette (keine Mühle) 297f. 300, 308
Moulin Radet (Mühle) 297f.
Musée Adam Mickiewicz 183
Musée Art Nouveau Collection 1900 41
Musée Carnavalet 29f. 83, 148, 247
Musée Cognacq-Jay 246
Musée d'Art et d'Histoire du Judaïsme 112
Musée d'Orsay 59
Musée de Cluny 163, 220
Musèe de l'Érotisme 57
Musée de l'Orangerie 35
Musée de la Poupée 111
Musée des Arts décoratifs 77
Musée des Collections Historiques de la Préfecture de Police 222
Musée des Lettres et Manuscrits 252
Musée Grévin 193
Musée historique de la Justice et des Châtiments 32
Musée national du Moyen Âge 163

Napoleon I. 32, 34, 36, 60, 65, 73f., 247
Napoléon III. 34, 50, 52f., 55, 65, 73, 75f., 280
Neo-Klassizismus 52
Nerval, Gérard de 293
Nicholson, Jack 69
Niki de Saint-Phalle 115
Nostradamus 131
Notre-Dame 70, 116, 131, 157, 159ff., 164ff., 168f., 171, 175, 183, 228f., 238, 295
Notre-Dame-de-Bonne-Nouvelle (Kirche) 214
Nullmeridian 94
Obelisk 22, 23, 28, 32
Olympia (Music-Hall) 272
Opéra Bastille 254, 257f., 268
Opéra Garnier 50, 52ff., 59, 219, 258
Orly (Flughafen) 12
„Osteria del Passe-Partout“ (Restaurant) 232
Ourscamps (Abtei) 141
Palais du Luxembourg 87
Palais-Royal 33, 81, 83, 86, 88ff., 93, 95, 276
Panthéon 176
„Paris-Story“ 56
Pariser Kommune 34, 178, 306
Parisii 62, 157
Parkhäuser (Allgemeines) 13
Parkplätze (Allgemeines) 12
Parvis de Notre-Dame – Place Jean Paul II. 158
Pass Navigo (Metro und Bus) 16
Passage Basfour 214
Passage Brady 200
Passage Choiseul 185f.
Passage commun M/18 294f.
Passage Cottin 311
Passage de Beaujolais 95
Passage de l'Industrie 201
Passage de la Bonne Graine 265

Passage de la Reine d'Hongrie 106
Passage de la Trinité 214f.
Passage de Richelieu 95
Passage des Panoramas 191ff.
Passage des Princes 275f.
Passage du Caire 208ff., 211
Passage du Chantier 266
Passage du Désir 196ff.
Passage du Grand Cerf 216f.
Passage Hulot 95
Passage Jouffroy 193
Passage L'Homme 265
Passage Lemoine 204ff.
Passage Molière 119f.
Passage Ponceau 210f.
Passage Potier 95f.
Passage Saint-Paul 128f.
Passage Sainte-Anne 187
Passage Sainte-Avoie 112f.
Passage Sainte-Foy 206f.
Pavillon de la Reine 152
Pavillon du Roi 152, 154
Pei, Ieoh Ming 61
Père-Lachaise (Friedhof) 168, 314
Petersplatz (Rom) 22
Petit Palais 25
Petit, Claude le 250
Phantom der Oper 223
Philipp der Schöne 239, 248
„Philippe Égalité" 33, 82, 88
Philippe-Auguste 63, 112, 117, 129, 227, 234
Piaf, Edith 269, 272, 273
Picasso, Pablo Ruiz 252, 291, 297, 303, 314
Pissaro, Camille 276
Place Blanche 300
Place Colette 81, 95

Place Constantin-Pecqueur 290f.
Place Dauphine 173f.
Place de Grève 28
Place de la Bastille 31, 69, 256ff.,264f., 269, 289
Place de la Concorde 22, 28, 31, 36, 40, 42, 75, 77, 288
Place de la Madeleine 269f.
Place de la Nation 31, 256
Place de la République 280f.
Place de la Révolution 28, 31
Place des Pyramides 79
Place des Vosges 125, 149, 152ff., 221, 235
Place du Châtelet 197
Place du Marché Sainte-Cathérine 156
Place du Parvis Notre-Dame 158
Place du Tertre 305
Place Edouard VII. 56
Place Émile-Goudeau 303f.
Place Lépine 169
Place Louis XV. 28
Place Maubert 220f., 237f.
Place Mohammed V. 161
Place Royale 125
Plessis, Alphonsine (Kameliendame) 270
Poitiers, Diane de 71, 102, 129, 235
Polizeimuseum 213, 222ff.
Pompadour 47
Pompidou, Georges 60, 110
Pont d'Iéna 249
Pont de la Concorde 35, 176, 255
Pont de Sully 161, 176, 178, 249
Pont des Arts 69, 70
Pont Marie 181
Pont Neuf 9, 174, 175, 239ff., 246, 249ff.
Pont Saint-Louis 166, 183
Pont de Sully 176
Porte Saint-Antoine 269

Porte Saint-Denis 201, 203, 214, 280
Porte Saint-Honoré 269
Porte Saint-Martin 203
Poulbot, Francisque 296
Prévert, Jacques 252
Printemps (Kaufhaus) 58
Promenade Plantée 268
Quai aux Fleurs 166
Quai d'Anjou 176, 179, 181
Quai de Conti 250
Quai de l'Horloge 173
Quai de la Rapée 166
Quartier Latin 220ff., 282
Ramses II. 69, 258
Rasoir national (Guillotine) 30
Rattenkugel 67f.
Ravaillac, François 224
Renoir, Jean 293
Renoir, Pierre-Auguste 293, 297
République de Montmartre 296
Restaurants (Allgemeines) 19
Revolutionskalender 31
Richelieu, Kardinal 84ff., 128, 150, 254
Ritz (Hotel) 36, 95, 270, 287
Robespierre, Maximilien de 82f.
Rocky Horror Picture Show 220, 224
Rolling Stones 272
Rousseau, Henri 303
Rubens, Peter Paul 87
Rue Auber 56, 58
Rue Azaïs 305, 308
Rue Boissy d'Anglas 46f.
Rue Boutebrie 237
Rue Brantôme 126
Rue Caulaincourt 290, 314f.
Rue Chabanais 187f.

Rue Chanoinesse 169
Rue Charlemagne 129
Rue Cortot 311
Rue d'Aboukir 210
Rue d'Alexandrie 209f.
Rue d'Arcole 169
Rue d'Orchampt 303
Rue Dauphine 249f., 252
Rue de Chantres 166
Rue de Charenton 266f.
Rue de Charonne 264f.
Rue de Cloche-Perce 144
Rue de Hanovre (Nr. 4, ehem. Bordell) 274f.
Rue de Harlay 173, 175
Rue de l'Ave Maria 135
Rue de l'Éperon 234
Rue de l'Hirondelle 231ff.
Rue de la Bucherie 230
Rue de la Cerisaie 261
Rue de la Colombe 168
Rue de la Fidelité 198
Rue de la Folie-Méricourt 293
Rue de la Huchette 230
Rue de la Michodière 274
Rue de la Mire 304
Rue de la Montagne Sainte-Geneviève 222, 224
Rue de Lutèce 170f.
Rue de Nesle 252
Rue de Nevers 251f.
Rue de Paradis 198
Rue de Paris (Conciergerie) 172
Rue de Rivoli 35, 37f., 65ff., 79, 98, 145, 189
Rue de Sévigné 129
Rue de Turenne 129, 154
Rue de Venise 121ff.
Rue des Anglais 224

Rue des Deux-Ponts 181, 184
Rue des Ecouffes 146
Rue des Francs-Bourgeois 147ff.
Rue des Grands Augustins 252
Rue des Jardins Saint-Paul 132
Rue des Lions Saint-Paul 63, 133
Rue des Mauvais-Garçons 146
Rue des Moulins 186
Rue des Prêtres Saint-Sévérin 237
Rue des Rosiers 146
Rue des Saules 311, 314
Rue des Ursins 168, 169
Rue du Chat-qui-pêche 230
Rue du Faubourg Saint-Denis 196, 198ff., 203
Rue du Faubourg Saint-Honoré 46, 47
Rue du Faubourg Saint-Martin 196
Rue du Figuier 139
Rue du Jardinet 234
Rue du Mont-Cenis 311
Rue du Nil 210
Rue du Pélican 98, 99
Rue du Pont-de-Lodi 252
Rue du Roi-de-Sicile 145f.
Rue Dussoubs 214, 216
Rue Eginhard 129
Rue François-Miron 140, 142
Rue Galande 224f., 227
Rue Gît-le-coeur 233
Rue Jean-Jacques Rousseau 98ff.
Rue Lepic 294, 300
Rue Marie-Stuart 217
Rue Montorgueil 217f.
Rue Norvins 296, 299, 304f.
Rue Pavée 146ff.
Rue Quinquampoix 119, 121
Rue Réaumur 211

Rue Richelieu 188
Rue Royale 36, 39f., 42, 45f.
Rue Saint-André des Arts 234
Rue Saint-Antoine 129, 154, 156, 262f.
Rue Saint-Denis 105, 196, 201ff., 209ff., 214, 217
Rue Saint-Eleuthère 305
Rue Saint-Jacques 230, 238
Rue Saint-Julien-le-Pauvre 227, 229
Rue Saint-Louis en l'Île 179
Rue Saint-Martin 119, 121, 196, 203
Rue Saint-Paul 129, 133, 135
Rue Saint-Sauveur 214
Rue Saint-Spire 208, 210
Rue Saint-Vincent 291, 314
Rue Sainte-Foy 208
Rue Sauval 104
Rue Scribe 56, 58
Rue Soufflot 282
Rue Tholozé 300, 303
Rue Tiquetonne 214
Rue Traversière 267
Sacré-Cœur 276, 293, 297, 306, 308, 310f.
Saint-Aignan (Chapelle) 168
Saint-Denis 87, 152, 196, 283
Saint-Eustache (Impasse) 107
Saint-Eustache (Kirche) 105f., 243
Saint-Germain l'Auxerrois 67
Saint-Germain-des-Près 240
Saint-Julien-le-Pauvre 227ff.,
Saint-Martin des Champs 125
Saint-Merri 115f., 118f.
Saint-Paul (Kirche) 127f., 156
Saint-Paul (Viertel) 124, 128
Saint-Paul-Saint-Louis 127f., 156
Saint-Pierre-de-Montmartre 308, 311
Saint-Pôl, Hôtel de (Königspalast) 62, 128, 133

Saint-Roch 310
Saint-Saëns, Camille 119
Saint-Sévérin (Kirche) 237f.
Saint-Vincent (Friedhof) 314
Sainte-Chapelle 158, 171
Sainte-Marie Madeleine („la Madeleine“, Kirche) 36, 40, 47, 49
Salle d’armes (Fechtsaal) 233
Salle des gens d’armes (Conciergerie) 171f.
Salle Saint-Louis (Louvre) 76f.
Salon Carrée (Louvre) 64
Samaritaine (Kaufhaus) 243, 245f., 249
Sanson, Charles Henri (Henker) 30f.
Sarkozy, Nicolas 14f.
Savoyarde (Glocke, Sacré-Cœur) 310
Schiller, Friedrich 124f.
Schneider, Romy 70, 176, 179
Schwanenwerder 35
Sedan (Schlacht) 34
Sentier 206, 208, 215
„Shakespeare and Company“ (Buchhandlung) 230
Siegessäule (Bastille) 69
Simenon, Georges 126, 146, 149, 154, 173, 175f., 180, 220f., 290f.
Sorbonne 228
Square Barye 178
Square de l’Île de France 165
Square de l’Opéra-Louis Jouvet 56
Square Jean XXIII. 165
Square Louis XVI. 36
Square Viviani 228
St. Helena 36, 89, 150, 257
Stadtplan (Allgemeines) 18
Stanislas von Polen 218
Starck, Philippe 246
„Stern“ (Gravuren) 192
„Stohrer“ (Feinkost) 217ff.
Straßencafés (Allgemeines) 18

„Studio 28“ (Kino mit Terrassen-Café) 301, 303
„Studio Galande“ (Kino) 224
Talleyrand, Charles-Maurice de 210
Tankstellen (Allgemeines) 12
Taxis (Allgemeines) 12, 14
„The Highlander“ (Pub) 251
Théâtre Athénée 56
Théâtre de Vaudeville 271
Théâtre des Variétés 190, 276f.
Théâtre du Palais Royal 95
Théâtre Libertaire de Paris 285
Théâtre Molière Maison de la Poésie 121
Théâtre-musée des Capucines (Parfummuseum) 274
Tinguely, Jean 115
Toulouse-Lautrec, Henri de 186, 297, 311
Tour Bonbec 173
Tour César 173
Tour d’Argent 173
Tour de l’Horloge 172
Tour Montparnasse 21
Tuilerienschloss 32ff., 75
Tuileriengärten 10, 32, 36
Twain, Mark 75f.
Tzara, Tristan 295
Ulbricht, Walter 34
Unabhängigkeitskrieg, amerikanischer 40
UNESCO 249
Ur-Meter 95
Utrillo, Maurice 297
„Vagenende“ (Brasserie) 237
Van Gogh, Vincent 297, 300
Vereinigte Staaten von Amerika 39, 40
Versailles 34, 60, 64, 88, 125, 218, 269
Vichy-Regierung 147
Victor Hugo 158, 204, 212, 258
Villa Léandre 293

Village Royal 46
Village Saint-Paul 132f.
Waterloo 33, 89, 257
Wellington, Duke of 89
Weltausstellung 25, 52
Weltkulturerbe 249
Wilhelm I. 34
Yachthafen 10, 19, 259f.
Yokohama 98, 105
Zola, Émile 105, 190f.
Zweites Kaiserreich 52
Zwiebelsuppe 109